植田健一
Ueda Kenichi
=著

金融システムの
経済学

Economics of Financial Systems

日本評論社

はしがき

■ 本書の目的

　本書の目的は、「金融業をどのように分析できるか」「金融を取り巻く制度や政策のあるべき姿とは何か」などの難題に対して、これまでに提示されてきた数多くの研究成果を俯瞰し、整理してお伝えすることです。筆者の関心に基づいてまとめているため、関連する筆者自身の研究成果も随所に織り込まれています。

　ここ 10 年ほどの金融業界は、世界金融危機の混乱が冷めやらぬ中で、フィンテックや暗号資産の興隆などの大きな変化やコロナ禍による経済停滞など、稀に見る激動を経験しました。そして、こうした状況の中で金融制度・政策も右往左往してきました。しかし、どんな変化の中でも金融の仕組みの基本的な考え方は変わらないということ、そして新しい状況や問題に対する答えはこれまでの経済学の研究成果とその延長線上にあるということを、本書を通じて示していきたいと思います。

　読者対象としては、まずは経済学の基本を一通り学んだ学部上級から大学院初級程度の方々を想定しています。加えて、金融関連の実務家で日々の業務だけでは飽き足らず、もう一歩深く金融の仕組みを考え、未来に備えたいと思っている方々にもぜひ手にとっていただければ幸いです。

■ 本書の構成

　本書は、経済学を学ぶ学生や実務家向けの隔月誌『経済セミナー』の 2019 年 8・9 月号から 2021 年 8・9 月号まで、2 年間・13 回にわたって連載した内容を再構成および加筆修正したものです。東京大学での授業が 1 回・1 時間 45 分、1 科目につき通常 13 回あり、それに対応した分量を想定してまとめ上げました。書籍化に当たりまとめ直したため、本書は全 12 章で構成されています。

　第 1 〜 3 章は、金融とマクロ経済の関係の歴史と世界の潮流を概観します。

とりわけ 1970 年代頃までの（日本では「護送船団方式」と呼ばれたような）政府による直接的介入を特徴とする金融抑圧に対して、1980 年代以降の金融自由化・国際化が持つ意義を分析します。そして、自由化・国際化が経済に良い効果をもたらしたことを理論・実証双方の視点で解説します。

第 4 ～ 6 章は、数学的には少々難しくなりますが、金融には基本的に政府の介入が必要ないこと、すなわち自由化の根拠を、最新の理論もふまえて詳しく解説します。ただし第 4 章は、その背景知識となる一般均衡理論の基礎に関する詳細は他の教科書に任せつつまとめる形としたため、数学的な議論に慣れていない読者にはやや読みにくいかもしれません。この章の数理的な展開はスキップしても後続の各章を読み進めるうえで支障はありませんので、読みにくい場合は第 5 章へ進んでください。

第 7 章では、家計から見た金融に関する実証研究を解説します。この章の内容は、第 4 ～ 6 章で解説した理論に対する実証と、第 10 章で解説する企業金融に対しての家計の金融、という 2 つの側面を持っています。また、金融とマクロ経済を考察する理論の中には家計と企業を一体とした自営業者をベースとしたものも多く見られますが、これに対する実証研究も紹介します。

第 8 ～10 章では、金融抑圧のような直接的規制は不要である一方、資本規制のような間接的規制が必要となる理論的背景を示します。それは、自由な金融のもとで生じうる金融危機の理論でもあります。そのうえで、金融自由化・国際化は全体として経済に良い影響をもたらしつつも、金融危機を起こりやすくしているのではないかという指摘をふまえた実証研究も紹介します。さらに、そうした状況下での最適な金融制度はいかに設計すべきかについても議論します。また、コーポレート・ガバナンスの重要性など、企業金融に含まれるトピックにも触れます。

第 11、12 章では、フィンテックに代表されるデジタル・ファイナンスや、暗号資産、中央銀行デジタル・カレンシーを包摂した概念である「デジタル・カレンシー」を考察します。こうしたテクノロジーの進化は、基本的には従来の金融の経済理論における仮定の変化と捉えることができます。その観点から、どんな理論・実証分析が可能か、そこから得られる政策的含意とは何かを示します。なお、実は金融の理論は貨幣を考慮しない実物経済のみのモデルで考えることができ、第 11 章まではほぼそれで説明しています。第 12 章では、「貨

幣とは何か」「中央銀行とは何か」に関する経済理論を概観したうえで、暗号
資産や中央銀行デジタル・カレンシーの意味を考えます。

■ 執筆の背景

　連載を始めた頃、フィンテックの興隆に対し関連法令をどう改善していくべ
きかについての議論が金融庁金融審議会等で行われており、筆者も一部に参加
していました。その頃は、ビットコインなどの暗号資産への関心が年々盛り上
がると同時に、中央銀行デジタル・カレンシーという言葉が聞かれ始めた時期
でもありました。それらは、連載中からこの「はしがき」を書いている2022
年2月時点まで、引き続き世界中で金融における重要トピックと認識されてい
ます。

　また2019年は世界金融危機、とりわけ2008年のリーマン・ブラザーズの破
綻から約10年が経ち、バーゼルIIIに代表される一連の国際金融規制強化のた
めの制度改正がほぼ終了した年でもありました。世界金融危機以来、多くの理
論や実証研究がなされ、今後は強化された規制の実証的評価が始まろうとして
います。2020〜21年には、バーゼル銀行監督委員会などが主導してその公的
な評価を進めており、筆者も一部の議論に参加しました。

　2020年には新型コロナウイルス感染症の世界的蔓延が始まり、経済にも大
きな影響を及ぼしています。一部の新興市場国などは、国際収支危機や国家債
務危機などにも見舞われています。先進国の銀行はそれほど影響を受けていま
せんが、それは一部には、国際金融規制が強化されたことで資本に余裕がある
こと、そして多くの先進国で財政出動によって貸出先である企業が救済され、
そのために銀行のバランスシートもそれほど毀損していないことを反映してい
るというのが、2021年末の状況です。

　筆者は世界金融危機が起きた当時、国際通貨基金（International Monetary
Fund：IMF）で主に金融に関する調査・研究業務に就いていました。それまで
は主にマクロ景気循環論の研究者が忙しくしていましたが、危機が起きてから
は比較的人数の少ない金融の研究者が急に忙しくなりました。大規模火災現場
に飛び込んだ消防士のような状況と言えばよいでしょうか。対応を間違えると
さらに火が燃え広がりかねない状況でした。そして、ある程度消火活動が進ん
でからは防災のあり方、すなわち金融規制のあり方の再検討が急務となりまし

た。そもそも、火災は勝手に起きたのか、それとも起こりやすい要因があった
のかを精査するところから始まりました。その議論は、「特定の誰かが悪いこ
とをした（放火した）」という犯人探しでなく、「金融の仕組み（地域全体の防災
体制）に不適切な部分がなかったか」を深く考えるものでした。そうした議論
は今も続いています。

　思い起こせば、筆者が大学卒業後に（旧）大蔵省で勤務していた数年間、特
に 1995 年に住宅ローンが焦げついて貸出していた住宅ローンの専門会社が
次々と破綻する住専問題が起き、日本の金融危機が始まるという途方もない状
況に身震いしていました。実は、1990 年前後には日本だけでなく北欧でも金
融危機が起き、1980 年代を通じてアメリカでも（日本の信用組合に当たる）貯
蓄貸付組合（S&L）危機が発生しました。しかし、1990 年代初めに GDP 世界
第 2 位、1 人当たり GDP でも世界トップクラスの国であった日本が経済全体
を揺るがすほどの金融危機に見舞われるという事態は、1929 年にアメリカで
起きた大恐慌以来のものでした。現在の金融庁にあたる組織を抱えていた
（旧）大蔵省は、国内外から大きな批判を浴びていました。しかし、国際会議
の場でよく批判をしていたアメリカの Lawrence H. Summers 財務副長官（当
時）や Joseph E. Stiglitz 経済諮問委員会委員長（当時）といった稀代の経済学
者（それぞれハーバード大学とスタンフォード大学を休職して任に当たっていまし
た）ですら、解決策を持っていたとは思えませんでした。

　実際、1990 年代半ば頃の（そして今でも往々にして）金融論はミクロ経済学
の応用分野と位置づけられ、マクロ経済はあまり研究の対象とされません。一
方、当時のマクロ経済学は金融契約などをしっかりと組み入れて分析する段階
までは進んでいませんでした。つまり、当時は経済分析の最先端の学者ですら
日本経済の難問に確たる答えを持っていない状況だったのです。それに気づい
たことは、筆者のシカゴ大学の博士課程でこの分野の研究に取り組むという転
身の大きなきっかけとなりました。博士号取得後は IMF に就職し、主に金融
とマクロ経済関連の調査・研究に従事しました。世界金融危機対応も 2014 年
に一区切りつき、縁あって母校の東京大学で教鞭をとることになりましたが、
働く場所は変われど大学卒業以来ずっと同じ内容の仕事をしていることを実感
しています。

　本書は、このように「金融とマクロ経済の本質的な関係は何か」「制度や政

策はどうあるべきか」という自身の興味関心に基づいて調査・研究してきたことをまとめたものです。近年の経済学では、研究の主な発表手段は学術論文とされ、書物を著すことはあまり推奨されない風潮があります。しかし日本に帰国した1年後に大病を患い、その手術が無事に済んでしばらくしたタイミングで連載の話が持ち上がり、これまでに蓄えた知識を一度まとめておこうと考えるに至りました。本書を通じて金融システムの現状とあるべき姿をお伝えすることで、金融業で働く方には実務に役立てていただくことを、政策関係者には制度・政策形成に活かしていただくことを、そして学生や研究者の方にはこの分野の研究をさらに進める一助となることを、それぞれ願っています。

■ 謝　辞

　この分野での筆者の知的な資産の大部分は、シカゴ大学での恩師であるRobert M. Townsend 教授（現マサチューセッツ工科大学）に負っています。また、博士論文の副アドバイザーであり、かつ2年ほどIMFで上司でもあったシカゴ大学の Raghuram G. Rajan 教授、東京大学経済学部での恩師の奥野（藤原）正寛名誉教授などの先生方からも、大変な恩恵を受けました。就職後も幸いなことに論文の共著者に恵まれ、多くを学び考察を深化させることができました。中でも、IMFの上司でもあった Stijn Claessens 氏（現 国際決済銀行）からは多くの影響を受けました。ここですべての方々のお名前を挙げることはできませんが、これまでの職場の先輩や同僚たちからさまざまな刺激と支援を受け、今日に至っています。

　学生からは、授業でのやりとりなどを通じて新鮮な見方を示してもらいました。特に、連載終了後から加筆修正のために、2021年度の東京大学経済学部の筆者のゼミ生には、本書の草稿を読んでもらい、わかりにくいところなどを指摘していただきました。日本評論社の編集者の尾崎大輔氏には、連載から本書の完成までさまざまな形で助けていただきました。最後に、これまで長い間筆者を支えてくれた家族に、この場を借りて感謝します。

　2022年2月

植田　健一

目　次

第1章

金融システムのあゆみ
規制と国際化・自由化の変遷

1 金融システムの経済学はなぜ必要か？

1.1 金融と金融システム

　「金融システム」は、実体経済全体の裏方として機能するものです。他に「金融規制」や「金融制度」という用語もよく登場しますが、本書では、**規制**は特に金融業に対する法的なもの、**制度**は一般的な破産法制、コーポレート・ガバナンス・コードのような業界によるものや、裁判の判例などを含むものとします。さらに、こうした制度に影響を受ける金融全体がどのように実体経済と関係を持っているかという機能に着目したものを**システム**として使い分けます。

　普段は金融システムの機能を実感できなくても、一度機能不全に陥ってしまうと、実体経済もまた大きく影響を受けることは、金融危機の例を考えれば明らかです。2007〜08 年に発生した世界金融危機から 10 年以上を経て、日本でも世界でも、金融システムを頑健なものとするために規制などの制度が変わってきました。しかし、昨今のいわゆるフィンテックの興隆や異業種からの参入を受け、これからの金融システムはどこに行くのか、どうあるべきか、今までの常識にとらわれず、根本的に原理原則から考える必要が出てきました。

　とはいえ、それは一筋縄ではいきません。そもそもマクロ経済における金融は、経済の効率性、ひいては経済成長を支えるものとしても理解されてきました。端的に言えば、有用な商品のアイデアを持ち、安価に生産できる技術を持

った企業にいかにお金を回して、経済全体の効率性を高めるかということです。ここで、たとえば銀行の安全性を過度に求め、リスクの高い企業にはお金を貸さないような仕組みをつくれば、金融危機をより防ぐことはできるかもしれませんが、経済成長を促すという面ではうまくいかないこともありえます。金融のイノベーションが進む中でこうしたトレードオフを見極めるのは、ますます難しい状況になっているとも言えます。

　歴史的には、「家計が困ったときにはお金を借り、余裕のあるときには返す、または他者に貸す」というやりとりがそもそもの**金融**の始まりです。そのため、**金融システム**は、銀行預金、証券投資、保険購入などの家計行動にも影響を与えます。マクロ経済全体では、このような資金の出し手側と、借りる側の家計や前述の企業といった資金の受け手側の両方を考慮した**一般均衡モデル**に基づいて考える必要があります。なお、本書では基本的には一国の閉鎖経済を考えますが、グローバル化が進んだ現在の状況を反映して、国際的な側面も多少取り入れていきます。ただし、本格的な取り扱いは、いわゆる国際金融の教科書や専門論文に譲ります[1]。

　金融は、原初的なもの、たとえば親子間のお金の貸し借りなどでは、途中に業者が入っていません。金融業者、とりわけ預金を預かる一方で資金を貸し出す銀行という形態は、貸出債権が預金者と直結していないという意味で、**間接金融**と呼ばれ、特によく研究されてきました。なお、これに対して、証券売買を行う主体同士の間に立ち、それを成立させる業者である、いわゆる証券業者の場合は、その証券（債権）は投資家が直接保有していますので、このような形態は**直接金融**と呼ばれます。

1.2　理論と実証のループによる前進

　金融は私たちの身近にある一方で、よく考え始めるとさまざまな論点が出てくるのですが、どの論点にしても、社会全体の厚生を考えるには、基本に立ち返り、経済学の理論と実証研究という両輪で明らかにしていくしかありません。経済理論においては、現実の背後にある真の関係性（メカニズム）を「定理」として発見することが重要です。そして、その「定理」というのは、「前提」

---

1) 国際金融の入門書としては、植田・服部（2022）などがあります。

に基づいて、しっかりとした論理で証明することが求められます。それらの集まったものが経済理論です。

さらに実証研究では、理論から導かれるデータの特徴が現実のデータと合致するかを統計的に確認します。実証研究で問題がある場合、理論の論理構造はおかしくはないことが証明されていますので、理論の前提に問題があるということになり、現実的な前提に改良した理論を改めて提唱していくことになるわけです。もちろん、この段階で突然変な前提を置くことはできません。今までの研究で認められている前提からの乖離は、研究者の間（学界）で認められることは難しいでしょう。すなわち、これまでに判明していることと矛盾しない前提だけが認められ、その理論的帰結と実証による検証が、新たな経済学的知見として蓄積されていきます。金融システムに影響を与える規制や制度の効果を特定する際にも、研究者はこのような**理論と実証のループ**に従っていると言ってよいでしょう。

1.3 ミクロとマクロの視点

逆に言えば、このように積み上げられた社会全体の厚生に関する経済学に基づいた知見を有効に活用しなければ、金融システムはいつでもおかしくなりかねません。というのも、金融システムの関係者が、各々の立場から利害を主張するからです。1つには金融業者を中心として、できる限りその事業がやりやすい環境を要求する声が大きいことがあります。その一方、金融を「金貸し」と呼んで（実業に比べて）低く見たり、また借りた人（で返せない人）を「弱者」とみなして、それを助けることを正義とみなす弁護士や政治家などがいるわけです。そのままでは、単に両者の力関係で、金融制度が決まってしまいます。しかしながら、本当によい金融システムというものは、そのような力関係で決めるものではなく、しっかりとした理論と実証に基づき、知的に解答を探り当てるべきものなのです。

金融に関する経済学は、伝統的にいくつかの分野に分かれてきました。銀行論、企業財務論、金融工学、マクロ金融政策、マクロ資産価格論、国際金融などです。これら前半の3つは主にミクロ経済学、部分均衡論であり、後半の3つは主にマクロ経済学、一般均衡論です。ミクロ経済学では全体像がつかめず、たとえば、新しい金融規制が経済全体の厚生に及ぼす影響を判断するのが難し

い一方、伝統的なマクロ経済学では情報の不完全性のもとでの最適契約などを
しっかりと導き出すことは、なかなか難しい状況でした。そのため、金融シス
テム全体を考える際には、主に理論的にはミクロ的な視点を主軸に直観的理解
をしつつ、実証はマクロ的な分析を行うことが多いと言えます。本書でもこう
した研究を多く紹介することになります。

　しかし、目指すところは、ミクロとマクロの双方のアプローチのよりしっか
りとした融合であり、そのような研究もできる限り紹介していきたいと思いま
す。また、マクロ経済の現象としては、(1)中長期的なトレンドである**経済成
長**、(2)そのトレンドの回りで上下に変動する**景気循環**、(3)トレンドから大き
く乖離し滅多に起こらない**経済危機**の3つがありますが、本書では、あくまで
一国経済を大きく揺るがす基本構造としての金融システムを論じたいので、マ
クロ経済の現象としては(1)の経済成長と(3)の経済危機（特に金融危機）を主
な対象とします。

2 金融危機と金融規制をめぐる歴史

2.1 戦前からの金融システムのあゆみ

　世界の金融制度の歴史をさかのぼってみると、少なくとも主要国では1920
年代まで非常に自由なものでした。Rajan and Zingales（2003b）は、データの
とれる主要な20ほどの国々においては、1913年の方が1980年よりGDPに比
して金融は活発で、2000年頃にようやく1913年のレベルを超えたという事実
を示しています（図1.1参照）。約80年もの間、金融が低迷していた理由とし
ては、1930年代の世界大恐慌、その後の第二次世界大戦などがあり、その間、
金本位制の崩壊に伴う国際資本取引の減少などもありますが、その根底には、
当時アメリカも含めて全世界が統制経済化したことが挙げられます（Cole and
Ohanian 2004）。

　第二次世界大戦後には、直接的な金融規制が全世界で広がっていました。日
本も例外ではなく、金利規制、貸出先指示、国有銀行、参入制限、国際資本取
引規制、中央銀行の政府への従属など、いろいろな意味で非常に厳しい直接的
な金融規制を、各国が採用していたのです。日本ではいわゆる「護送船団方

図1.1　金融の活発さの変遷：主要約20カ国の平均

（出所）Rajan and Zingales（2003b）、Table 1より。

式」と呼ばれた金融規制体系があり、また戦中と終戦直後は、生産計画を巻き
込んだ統制経済の様相を呈していました。世界各国でも、戦前からの統制経済
体制の残滓は戦後しばらく見られました[2]。

　それにも増して、これら直接的規制による**金融抑圧**（financial repression）と
呼ばれる政策の特徴は、政府が人為的に預金金利を低く、貸出金利を高くする
ことで銀行の利益を保証し、それをアメとしながら、銀行に低利で国債を引き
受けさせるというものです。これが、第二次世界大戦に伴い膨らんだ国家債務
の広義の債務整理政策として機能しました（Reinhart and Rogoff 2014）[3]。

　世界各国でその金融抑圧が緩和されてきたのが、1980年代、90年代のこと
で、**金融自由化・国際化**と呼ばれます。これは日本でも同様です。そうした潮
流の中、完全に銀行への規制をなくすわけにもいかないということで、**プルー
デンシャル規制**と呼ばれる間接的な規制（主にバーゼル銀行監督委員会での国際
的合意に基づく資本規制）が各国で採用されました。これは金融抑圧をもたら
す直接的な規制とは明確に区別されます。詳細な議論は第8章で解説しますが、
風評による銀行取付を防ぐための預金保険や中央銀行の**最後の貸し手**機能から
生じるモラルハザードを防ぐために、資本規制が必要となります（Kareken and
Wallace 1978）。

　2）日本の例については、岡崎・奥野（1993）、岡崎ほか（2002）等を参照してください。
　3）当時の日本では大蔵省が財政と金融の両方を司っていましたが、この状況下ではその
　　　連携が実際に意味のあることでした。

2.2 日本の経済と金融は特殊だったのか?

　日本では、1960 年代から 80 年代にかけて高度成長期とバブル期があり、1980 年代最後には 1 人当たり GDP が世界第 2 位となり、総資産で見た世界の銀行ランキングのトップ 10 の多くを日本の銀行が占めるなど、経済でも金融でも圧倒的な強さを誇っていました。それと同時に、いわゆる「日本型経済システム」が世界的にも特殊であり、そこに強みを見出すことが当時の風潮としてあったかと思います。しかしながら、筆者がここで強調したいのは、さまざまな傍証から[4]、日本経済の特徴の根幹を成していた金融システムは、実は世界の流れから見てそれほど特殊ではなかったということです。

　さらに大局的に見れば、金融システム、特に産業資金を分配するシステムは、経済発展の歴史と絡み合い、たとえば Gerschenkron (1962) によって、次の 3 つに類型化されています。

　1 つ目は、多くの起業家が、株式などを通じて多数の投資家から資金を得て牽引する経済発展です。この例としては、産業革命の最初である 18 世紀イギリスの事例や、アジアでは第二次世界大戦後の台湾の工業化、またここ 20〜30 年ほどではアメリカのシリコンバレーなどが知られています。

　2 つ目は、金融資本家(大銀行)を中心として関連分野への投資が行われ、その結果さまざまな事業を抱える企業グループとなり、その発展と軌を一にする経済発展です。これは、産業革命期のドイツ、フランス、アメリカ、そして日本が例とされ、ドイツや日本はある程度その影響をいまだに引き継いでいます。第二次世界大戦後でも、韓国、タイ、インドネシアなど東アジアの多くの国が、このような道をたどりました。また、現在でも実はヨーロッパの多くの国も、こうした企業グループが中心の経済だということがわかっています。

　3 つ目の類型は、国家による計画経済であり、かつてのソビエト連邦(ソ連)が典型ですが、戦中や戦後しばらくの間の日本なども当てはまると言えます。1978 年からの中国における鄧小平による改革開放や、1989 年のベルリンの壁崩壊に象徴されるソ連と東欧の社会主義体制の崩壊は、この 3 つ目の類型をほぼ亡き者にしたと言えます。

---

　4) 前述の Rajan and Zingales (2003b)、Cole and Ohanian (2004)、Reinhart and Rogoff (2014) や、後述する Abiad, Oomes and Ueda (2008) などを参照。

　さらに 1980 年代、90 年代の金融制度の自由化と国際化は、金融システムの2つ目の類型も弱体化し、いわば1つ目の類型に国際的に収束していく端緒を開いたとも言えます。

2.3　金融危機と制度改革

　1990 年代に入り、金融制度が世界的にかなり自由になってから、1997〜98 年にかけてアジア金融危機が起きました。アジアの多くの国では、2つ目の類型である金融を中心とした企業グループ中心の経済成長をしており、それ自体は理論的には決して悪いわけではありません（Ueda 2013）。しかし、コーポレート・ガバナンスの問題が生じやすいのも事実です。つまり、往々にして、グループの中心となる創業家や持株会社が、出資比率は低くとも企業をコントロールする仕組みをつくり、また不透明な会計などを通じて、一般投資家（少数株主）の利益を損ないかねないという問題が生じやすいのです。

　この問題は特にアジア金融危機の際に、欧米投資家が東南アジアにおけるそのようなカラクリに気づき、資金を引き揚げた一因としても知られています。そのため、2000 年代初頭には、OECD（経済協力開発機構）や世界銀行、アジア開発銀行などを中心に、コーポレート・ガバナンスのあるべき姿に関する報告書がつくられ、各国がコーポレート・ガバナンスを前後して改革してきています（OECD 2003）。

　なお、時を同じくして、2000 年前後から、それまでいわゆる銀行中心主義、債権者中心主義で、債務者の保護には消極的であったドイツや日本で、民事再生法や会社更生法のような制度がつくられました。それらは経済学的に考えれば、債務者がより前向きかつ早めに新しいスタートを切れるような仕組みであり、債務者保護を重視するアメリカやフランスなどの制度に寄せる形でできています。

　こうした、世界的な金融制度の自由化、国際化、それに伴う金融システムの頑健化の努力を経ても起きたのが、2007〜08 年に発生した世界金融危機です。それを受け、2010 年代に、何が金融システムに不足していたのかを考えつつ、ただし一部は、おそらくヒステリックな（1930 年代の世界大恐慌後のような）リアクションもあって、金融のルールの強化が図られました。

　ルールの強化の中心は、銀行の資本規制でした。しかし、それまでと違い、

大手の非銀行業（リーマン・ブラザーズのような投資銀行業〔証券業〕、AIG のような保険業）が危機の中心の1つになったこともあり、いわゆる**大きくて潰せない（Too Big to Fail：TBTF）**問題が議論の中心となりました。通常の預金保険や中央銀行の業務とは異なり、制度として確立していなくても、大きい金融機関は政府がいざというときに救済するだろうと多くの人が予測するために、そのような金融機関はリターンが高ければリスクは厭わない、また人々もそのような金融機関との取引への懸念をしないというような悪のり（**モラルハザード**と呼ばれる状況）が起きるという理論です。これは実証的には、Ueda and Weder di Mauro（2013）や Lambert et al.（2014）で確かめられています。そのため、それを防ぐような規制が、非銀行の金融機関にも必要となり、資本規制強化とそれ以外の新しい間接的規制なども含み、国際的に合意を受け、各国で採用されてきているところです。

3 金融規制・制度の経済学の潮流

3.1 世界金融危機後の規制の動向

これまでの経済学の研究では、1980～90 年代の金融自由化・国際化のあたりから、しっかりとした理論が考えられ、また理論に基づいた実証研究がなされてきています。そうした研究によれば、自由化・国際化は、ほぼ正しかったと評価されています（たとえば、Rancière, Tornell and Westermann〔2006〕、Abiad, Oomes and Ueda〔2008〕など）。ほぼというのは、情報が不完全な状況で完全に自由放任な行動がとられると、悪意をベースとした行動もありえたり、また悪意はなくとも貸借や投資の水準が過大または過小となったりする可能性があるからです。このような考え方のもと、市場経済において何らかの規制が必要かという問題は、銀行に関する経済学の中心命題と言ってよく、Kareken and Wallace（1978）や Diamond and Dybvig（1983）に端を発した多くの議論があり、本書でも後に詳しく紹介します。

さらに、1997～98 年のアジア金融危機を経て、銀行だけでなく、企業金融の制度全体も見直されてきました。そして 2000 年代以降、各国で会計基準、コーポレート・ガバナンス、破産法制などを改善しようという動きが現れまし

た。それらの改善も有意義であったことが経済学の研究で明らかになっています[5]。

　2008 年以降の世界金融危機後、スイスのバーゼル等で、国際的な金融規制のさらなる強化が議論され、採択されました。特に前述の「大きくて潰せない」（TBTF）問題が議論の中心となりましたが、そうした場には、経済学の知見を生かすよう経済学の研究者がかなり活発に議論に参加しました。このときの制度変更の実証的な評価は、学界や規制当局などで現在進行中です。

3.2　新しい金融の可能性と金融制度のあり方

　2019 年までには、世界金融危機から約 10 年を経て、プルーデンシャル規制の強化などの危機対応の制度改善がほぼ落ち着きました。しかしながら、規制の遵守にはコストがかかるため、規制外にある新たな金融関連企業とのコスト差が広がってしまった側面もあります。当然のことですが、世界金融危機のときに問題となったバランスシートに記載されていない（オフバランスの）資産や、アメリカであたかも銀行口座のように使用されているために強く保護されたマネーマーケットファンドなどにも、ある程度規制の網を広げてきています。

　しかしながら、規制外の新たな金融サービスが次々と出てきている状況です。もちろん、情報通信技術の進展やビッグデータの活用による、いわゆるフィンテックは、決して「規制のあだ花」というだけではないでしょう。スマホ決済などニッチなサービスの提供に特化する企業の興隆、AI（人工知能）など新しい技術に基づいた金融業自体の変革、またインターネット販売で高いシェアを誇る小売業などの異業種企業の参入の高まりとともに、金融業の勢力地図が大きく変わろうとしています。特に、銀行、証券、保険といった従来の大きな業態ごとのカテゴリーで括れない、たとえば決済に特化した小回りの効く企業や、また逆に決済を手がけつつも貸金業も行うというような、金融の細かい機能をいくつか横断的に行う企業が出てきており、今後も現時点では予測がつかないようなサービスが勃興する可能性があります。

　このような昨今の金融業の動きに応じて、従来のような、銀行、証券、保険

---

[5]　たとえば、de Nicolo, Laeven and Ueda（2008）、Claessens, Ueda and Yafeh（2014）などを参照。

といった業態別に対応してきた金融制度もまた変わらなければならなくなりました。すなわち、業態別から機能別にならざるをえません。さらに、どの機能にどのような規制が必要かを問い直すことが必要となります[6]。

　そして、このような制度の見直しの際には、経済学徒は、改めて金融システムをめぐる経済学が蓄積してきた知見を確認し、現時点では不明な学問的フロンティアを見極める必要があります。そのうえで、学術的に進歩を図り、実務にフィードバックをしてよりよい金融システムの構築を目指すべきです。本書は、その一助となることを目指しています。具体的には、この分野の発展の中で、肝要と思われる研究の内容をある程度しっかりと説明することを通じて、次代を担う読者に、深く金融システムを理解していただきたいと思っています。

---

[6] 金融審議会（2018）、植田（2019）を参照。

第 **2** 章

金融自由化・国際化と経済成長

 イントロダクション

　筆者が経済学を勉強し始めた 1980 年代から、日本では金融自由化・国際化をめぐる侃々諤々とした議論が続いていました。実際、その大きな潮流は、当時は知りませんでしたが、まさに世界的に起きていたことなのです。日本では、1983 年から始まった日米円ドル委員会でのアメリカからの要求など、日本固有の金融システムを脅かしかねない外圧として捉えた人たちもいました。

　1980 年代から 90 年代に進められた金融自由化・国際化は、特に発展途上国においては（日本と似たように）、アメリカ系の銀行とアメリカ政府、またワシントンに本部のある IMF（国際通貨基金）や世界銀行による外圧によって進められたと感じる人々も多数いました。1997〜98 年のアジア金融危機を経て、特に金融自由化・国際化とそれに伴う各種制度改革は「ワシントン・コンセンサス」と、半ば批判的に呼ばれることにもなりました。これを受け、2000 年頃には、世界銀行で当時チーフエコノミストを務めていたスティグリッツ（現コロンビア大学教授）を中心に、金融自由化・国際化に反対する論陣を張っていました。しかし、ワシントン D.C.の狭い道を隔てた向かいにある IMF の当時のチーフエコノミストであったロゴフ（現ハーバード大学教授）を中心に、金融自由化・国際化を肯定する研究も進みました[1]。いずれにせよ、経済学は、しばしば感情的になりがちな政策議論に知的枠組みを与え、政治力学によらない論理的結論を導き出します。

1） 筆者は当時 IMF で働いており、そのように見ていたということです。

　本章と第 3 章では、金融の発展と経済成長の関係について、理論と実証の双方でどのような議論がなされてきたかを紹介します。特にこの章では、金融の発展を「金融深化」の概念として示し、それと経済成長との関係に関する簡単な実証分析を説明します。おおむね、実証研究の結果は、金融深化が経済成長をもたらすことと整合的です。一方、「金融自由化」を指標化し、それと経済成長との関係の簡単な実証分析では、よい結果が得られません。次に、これらを頭に入れたうえで理論の説明へと進みます。金融市場が十分に発達した場合とそうでない場合の経済成長への理論的帰結を、2 つの代表的な理論を通じて解説します。実は正負の両方向への影響がありえます。つまり、理論の示唆として、簡単な実証分析ではなかなかうまく因果関係を捉えきれないことを認識します。そのため、さらなる研究が必要となるわけです。それらについては第 3 章で紹介します。

1 金融自由化・国際化と経済成長の実証

1.1 金融深化とは

　金融の発展とともに経済成長がもたらされるという議論はかなり以前からあります。物々交換の時代から貨幣経済への変化、将来の生活のために貯蓄したり事業資金を借りたりできる銀行ができ、そしてそれへのアクセスが富裕層だけでなく庶民にも可能になることなど、金融システムの発展は経済成長に確かに有益のように思われます。たとえば、タイでは 1976 年には全国の家計のうちほぼ 6 ％しか、いわゆる普通の銀行に貯蓄または借入の口座を持っていませんでしたが、1996 年には 26 ％になりました[2]。その間、タイは飛躍的に経済成長を遂げています。

　一般的に金融の発展は新しい商品などが生み出される「イノベーション」（financial innovation：進化）と区別して、より多くの人がさらに貯金をしたり借入をしたりするという意味で、**金融深化**（financial deepening、または development）と呼ばれます。特に、学界でも実務でもよく使われる指標として、「民間信用 / GDP 比」があります。**民間信用**（private credit）というのは、民間金

---

[2] たとえば Townsend and Ueda（2006）参照。ただし「money lender」と呼ばれる、町や村の貸金業者や親戚縁者からお金を借りている人は多くいます。

図2.1　民間信用 / GDP比

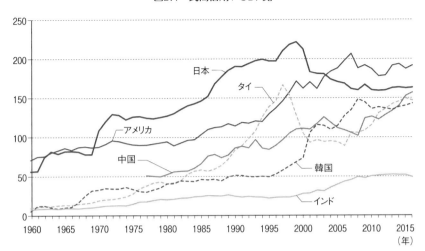

（出所）IMFデータ、世銀ウェブサイト（World Development Indicators）より。

融機関による民間非金融部門向け貸出です。

　図2.1には、先進国の例として日米、アジアの発展途上国の例としてタイ、中国、韓国、インドの民間信用 / GDP比の1960年から2016年までのグラフが示されています。日米はRajan and Zingales（2003b）の指摘通り、戦前からの回復途中を示しており、1960年頃はまだ60〜70％程度だったのが、2000年代はおおむね150〜200％程度になっています。発展途上国は、ほとんど金融活動がないとも言える1960年の10％程度から、まずタイがアジア金融危機まで急速に伸び、その後は伸び悩んでいます。中国は、改革開放が始まる1970年代終わり頃からしかデータがありませんが、それから着実に金融が深化してきているのが見て取れます。韓国は、1人当たりGDPはかなり高いにもかかわらず、金融面では、中国と同程度の深化をたどっています。これら3つの国は2016年には150％近くを示し、日本に肉薄しています。それらに比べると、インドは着実に伸びてきているものの2016年でまだ50％程度と、まだまだ金融活動が十分に民間に行き渡っていないことが見て取れます[3]。

1.2 金融深化と経済成長の実証

金融の発展と経済成長との関連に関する本格的な実証研究は、ある程度発展途上国のデータが出揃い、コンピュータによる実証研究が一般的な経済学研究者にも簡単にできるようになった 1990 年代から本格的に始まったと言えるでしょう。その嚆矢は King and Levine（1993）でした。彼らは、世界 80 カ国の1960〜89 年の 30 年間にわたる国レベルのパネルデータを用いて、次の関係を回帰分析で明らかにしました。

$$GDPgrowth_{k,t} = \alpha + \beta\,FinDev_{k,t-1} + \gamma\,Control_{k,t} + \varepsilon_{k,t} \tag{2.1}$$

ここで、被説明変数の $GDPgrowth$ は 1 人当たり実質経済成長率です。添字の k は国を示し、t は時間を示します。被説明変数はこれ以外にも、1 人当たり資本の成長（ほぼ資本労働比率の成長に等しい）や全要素生産性（TFP、ソロー残差）などを用いて、その頑健性を確かめています。また、説明変数の $FinDev$ は金融深化を示すもので、前述の通り、民間信用の GDP 比が代表的に使われます。さらに、金融深化を示す他の指標を使っても調べており、回帰分析の結果の頑健性を確かめています。他の指標としては、民間信用の信用全体に占める割合、銀行貸出の信用全体に占める割合、M3（広義の貨幣）の GDP 比などです[4]。

いずれにしても、注目すべきものは金融深化の経済成長への貢献度を示す β で、それは King and Levine（1993）によって、統計的に有意にプラスの値をとる、すなわち経済成長は金融深化によって上昇するということが明らかにされました。とりわけ、この分析で用いられた変数である民間信用の GDP 比と 1 人当たり実質経済成長率との間の関係は、この後さまざまな研究者によって研究がさらに進められることになりました。

なお、多少なりとも回帰分析の知識があれば、（2.1）式の回帰分析で、貢献

---

[3] アジア金融危機のときのタイや現在の中国のように、1 人当たり GDP に対してこれほど民間信用があってもいいのかという議論は、また第 10 章で議論します。

[4] 一般に回帰分析では、コントロール変数（$Control$）というものを入れます。これは、説明変数（ここでは $FinDev$）以外のサンプルの違いを平準化して比較するために、当初の GDP 水準や人口密度、さらにはアジアやラテンアメリカなど地域を示すダミー変数など、さまざまなものが用いられます。

という「因果関係」を示すのは実はかなり難しいということがわかるでしょう。というのも、ここでは金融深化度がどのように経済成長に貢献するかという因果関係を調べたいのですが、一方で直感的にわかるように、金融深化度も経済成長に依存するからです（いわゆる逆因果関係〔reverse causality〕の問題）。より理論的に言えば、貸出（とその元となる貯蓄）は企業や家計が主体的に選択する結果としての変数であり、経済成長と密接に関わっている変数であって、たとえば大きな隕石が落ちてきたから経済が悪影響を受けたというような明確な「外生的」な変数ではなく、「内生的」な変数（内生変数）なのです。

　これに対する計量分析の実証戦略については、1993 年当時のパネルデータ分析はまだ黎明期であり、King and Levine（1993）は基本的には説明変数の過去の値を使う（ラグをとる）ことで問題を回避しようとしました。つまり、過去の金融深化度は現在の経済成長に影響を与えるが、その逆はありえないというわけです。

　具体的には、第 1 段階として、経済成長というのは、景気循環を除いた中長期のトレンドですので、被説明変数は 30 年（1960～89 年）の平均成長率を使用し、説明変数では金融深化（*FinDev*）の初期値（1960 年の値）だけを使用した（時系列を利用しない）クロスセクショナルデータを使用した回帰分析を行いました。次に第 2 段階として、経済成長という被説明変数を 10 年ごと（1960～69、1970～79、1980～89 年）に 3 つつくり、説明変数の *FinDev* の初期値もそれに合わせて 3 つ（1960、1970、1980 年）を設定する形で、80 カ国 × 3 期間のパネルデータ分析を行いました[5]。

　その後、Levine と世銀の研究チームは計量経済学の手法の発展を受けた形で、分析のアップデートを発表しました。(2.1) 式では、1 期前の *FinDev* を使用するのですが、それはしかし 1 期前の *GDPgrowth* に影響を受けています。そしてそれは、2 期前の *FinDev* に影響受けるというループが存在します。そうした双方向の因果関係は、よく考えると存在します。それらを考慮すると何

----

[5]　たとえば、50 カ国で 5 年の成長率などのデータがあり、それをエクセルで示すと50×5 個の表（パネル）ができます。この全体を利用して分析すれば**パネルデータ分析**と呼ばれます。それに対し、1 国だけに注目して年ごとの変化だけを分析すれば**時系列分析**と呼ばれ、逆に各国で 5 年の平均をとったり、最初の年だけを見たりして、国ごとの違いのみを分析すれば**クロスセクショナルデータ分析**などと呼ばれます。

期も前からの説明変数と被説明変数がすべての説明変数の操作変数（instru-ments）になりえます。このようなケースに対して、Arellano and Bond（1991）、Blundell and Bond（1998）らはパネル一般化モーメント法（GMM）を確立しました[6]。そのパネル GMM 推定法を（2.1）式に応用したのが、Beck, Levine and Loayza（2000）です。それは、King and Levine（1993）の結果を再確認することとなりました。さらに、多くの研究者が類した研究を行いましたが、ほぼどれをとっても、金融深化が経済成長に及ぼす影響は統計的に有意にプラスという結果を得ており、（2.1）式の推定結果は確立されたものであると言えます。

1.3　金融自由化と経済成長の実証

　これに対して、金融自由化・国際化の反対派は次のような回帰分析の結果を根拠としていました。

$$GDPgrowth_{k,t} = \alpha + \beta\, FinLib_{k,t-1} + \gamma\, Control_{k,t} + \varepsilon_{k,t} \tag{2.2}$$

ここで、説明変数の *FinLib* は金融自由化（と国際化）の程度を示すものです。研究によっては、ある国の特定の年を特に金融制度の主な影響のあった年として、それ以前を 0 、それ以降を 1 としたダミー変数とすることもありますが、多くの研究では、金融自由化・国際化の程度を地道に調べて、段階的な指標（index）として表します。この点は次節以降で詳細に説明します。なお（2.1）式と同様に、通常は（2.2）式の分析に当たっていくつかのコントロール変数を入れて分析を行います。

----

[6]　それぞれ、difference GMM、system GMM と呼ばれます。なお、Bertrand, Duflo and Mullainathan（2004）は、クロスセクション方向にはある程度の変数がある一方、時系列方向の変数はあまり多くない（たとえば、50 カ国で 5 年のパネルデータのような）パネルデータ分析をする際のいくつかの推定方法の優劣を、モンテカルロ・シミュレーションを用いて確かめています。それによれば、固定効果モデル（fixed effects model）を用い、分散不均一性（heteroskedasticity）はクロスセクションではゼロと仮定する一方、時系列には存在する（系列相関、autocorrelation）と仮定して、すなわち係数の共分散を国レベルのクラスターとして評価することが、最も適切だと結論付けています。クロスカントリー・パネルデータの分析では、往々にして、このような固定効果モデルと system GMM の双方の推定がなされ、頑健性が確かめられます。

　金融自由化度（*FinLib*）は、主に一国全体の法律の変化のことですから、一民間経済主体の行動にとっては外生的だと言えます。したがって、(2.2) 式は、内生的に決まる貸出や貯蓄などの金融深化度を使用する (2.1) 式に比べると、計量分析の理論的基盤からすれば、優位であると言えます。

　多くの研究者が (2.2) 式をさまざまな手法で推定しましたが、端的に言えば、「金融自由化の経済成長への貢献を示す β はゼロ」というのが、コンセンサスとなっています。すなわち、いくつかの研究ではプラス（主に推進派）と推定されていますが、他のいくつかの研究ではマイナス（主に反対派）と推定されており、また多くの研究では統計的に有意にゼロと異なるとは言えないという結果が出ています。したがって、反対派としては、経済成長に明確なプラスの影響がない以上、消極的立場としても金融自由化・国際化を推進するのはおかしいし、またそれによる不平等の増大など悪影響が示されているので（不平等関連の研究は第 4 節で触れます）、積極的に反対するという主張が展開されるのです。

　しかし、(2.2) 式にも内生性の問題がありえます。Abiad and Mody (2005) は、金融自由化・国際化自体が、金融危機の後の改革として実施されることが多いということを明らかにしました。その意味では、金融自由化という政策自体が、経済成長率との関係で内生的であるとも言えます。すなわち、危機直後の成長率が低いときに改革が行われれば、金融自由化度の係数 β はマイナスやゼロになりやすいということになり、その推定には下方バイアスがあると考えられるのです。

　さらに重要なことは、上記のような経済論争は、実証研究だけで決着がつくものばかりではないということです。優れた実証分析をしたり、その結果を正しく解釈したりするには理論的裏付けが肝要です。たとえば、すでに見たように、金融深化度を利用した回帰分析の結果を簡単には解釈できないというのは、経済理論的に考えてそれが内生変数だからです。つまり経済理論の裏付けがあって、実証研究の意味や整合性を判断できるわけです。そこで、次節以降で、金融深化、自由化と経済成長についての理論を考察したいと思います。

2 金融自由化・国際化と経済成長の理論

　金融の自由化と国際化による貯蓄や投資、ひいては経済成長への理論的帰結を考えるために、まずはメルクマールとなる完全情報下の競争市場のケースから議論を始めます[7]。この場合、金融の重要な役割の1つとして、**リスク・シェアリング**が挙げられます。たとえば家計において、所得が予想外に多かったときには貯蓄し、予想外に少なかったときは借金をするということです。貯蓄は誰かお金を必要とする人に貸し出される一方、自分の借金は誰かの貯金を原資とします。そのため、家計で見ると貯蓄と借入ですが、経済全体で見ると1人ひとりの所得の変動の波をならすようにお金が移動していることになります。このリスク・シェアリングを提供しているのが、金融です。

　このような仕組みは、病気などによる所得増減リスクに対する保険の提供などによっても可能です。農作物の収穫の増減なども、先物やデリバティブでリスクがヘッジできる場合があります。これらは、総じて**リスク・インシュランス（・メカニズム）**とも呼ばれます。なお、さまざまなリスク（すべてのありうる「世界の状態〔state of the world〕」）に対応する金融商品がある状態を、経済学では**完備市場**と呼びます。

　金融業に対する直接的な規制は、完全情報下の競争市場において、自由な取引に対する障壁とみなせます。つまり、規制が**不完備な市場**を作り出す要因となっているという見方です。たとえば、国際取引規制（外国人投資家による株式取得制限など）があると、国と国との間の貯蓄や投資の資金フローが十分に円滑ではなくなってしまいます。国ごとのリスクに対応する市場が閉じているためです。規制緩和後、すなわち国際化後には、国と国との間のフローが自由になります。

　国内でも、たとえば、アメリカでは以前はユニット・バンキングという制度がとられており、銀行は本店のみでの営業が許され、隣町に支店を出すことが許されていませんでした。そのような状況では、町ごとに貯蓄と投資がかなり

---

[7]　本章では外部性などのない完全競争の状況を考えます。不完全情報や不完全競争、外部性などのケースは第4、5章で説明します。

完結しており、その規制緩和、すなわち自由化も、町と町の間の資金フローを自由にするという意味で、国と国の間の自由化、すなわち国際化と似たように考えられます。

　日本を含む先進国のかつての状況や、一部の発展途上国の現状でも、規制によって地域内で貯蓄と投資が完結する形になっている場合が多々ありますが、それらの自由化の影響も国家間の場合と同様に捉えられます。

　金融自由化と経済成長の理論の1類型では、金融自由化によって、1地域や1グループが生産や投資に伴うリスクを低減できるようになることが、どのような経済的帰結をもたらすかを研究します。以下では、その中の代表的な2つの研究をコンパクトに解説します。

2.1 経済厚生と経済成長のトレードオフ

　1つ目の研究は、Devereux and Smith（1994）です。ここでは、投資が1地域のみでしかなされないなど、投資所得の変動を抑えてリスクを低くすることができない場合と、投資のリスクに対して何らかのリスクヘッジ手段があり、（極端ですが）まったく投資リスクがなくなる場合を考えます。前者を規制緩和前、後者を規制緩和後とみなすことができます。

2.1.1 規制緩和後のケース

　投資リスクのない場合の方が理論モデルは簡単なので、はじめに後者から描写します。

　まず、無限期間生きる代表的個人を考えます。消費（c）から毎期、期間効用（u）を得ます。毎期の所得（y）は資本（k）によるものだけとし、労働の問題は捨象します。なお、簡単化のため資本減耗率は100％とします（つまり、次期に繰り越される資本はゼロ）。翌期（$t+1$ 期）の資本は、今期（t 期）の生産高から消費を除いた以下の式（資本遷移式）、

$$k_{t+1} = y_t - c_t$$

で表され、今期の生産は、

$$y_t = Ak_t$$

という生産関数で表されるとします。

　割引率を β とすると、代表的個人（家計）の効用最大化問題は以下のように書けます。

$$\max_{\{c_0, c_1, c_2, \cdots\}} \sum_{t=0}^{\infty} \beta^t u(c_t) \tag{2.3}$$

　初期の資本量を k_0 とすれば、これは初期資本量をうまく利用することで得られる生涯を通じた効用ということになります。ここで、そのような生涯効用を $V(k_0)$ で表すと、

$$V(k_0) = \max_{\{c_0, c_1, c_2, \cdots\}} \sum_{t=0}^{\infty} \beta^t u(c_t) \tag{2.4}$$

となります。さらに、入れ子構造のようにも書くことができ、

$$V(k_0) = \max_{\{c_0, c_1, c_2, \cdots\}} \left\{ u(c_0) + \beta \max_{\{c_1, c_2, \cdots\}} \sum_{t=1}^{\infty} \beta^t u(c_t) \right\}$$

となりますが、$\{\cdot\}$（波括弧）の中の第2項は翌期以降の効用最大化問題であり、翌期の最初にある資本量 k_1 をもとに、(2.4) 式から1期ずれただけの翌期からの生涯効用 $V(k_1)$ であることが容易にわかるでしょう。すなわち、

$$V(k_0) = \max_{\{c_0, k_1\}} u(c_0) + \beta V(k_1) \tag{2.5}$$

と表せます。このような形で通時的な最大化問題を表す方法を**動的計画法**と呼び、$V(k)$ は一般的には**価値関数**、そして (2.5) 式は**ベルマン方程式**と呼ばれます[8]。さらに、実は、(2.5) 式の関係は何も初期（0期）と1期との関係だけでなく、どの今期（t 期）と翌期（$t+1$ 期）でも成り立ちます。そこで、翌期の変数は添字「 ′ 」（プライム）を付けて表すことにすると、特定の期にこだわらず、代表的個人の問題は以下のように表せます。

$$V(k) = \max_{\{c, k'\}} u(c) + \beta V(k')$$

　さらに、生産関数と資本遷移式により、今期の消費は今期と来期の資本で表され、

---

[8]　動的計画法の詳細は Stokey and Lucas with Prescott（1989）などの教科書を参考にしてください。

$$V(k) = \max_{k'} u(Ak - k') + \beta V(k') \tag{2.6}$$

となります。もともとの効用最大化問題 (2.3) 式が $\{c_0, c_1, c_2, \cdots\}$ という無限期間の消費を決めなければならない「動的」なものだったのに対し、この動的計画法 (2.6) 式では来期の資本量 k' を決めるだけという「静的」でむしろ簡単な問題になっています[9]。

1階の条件（k' に関する微分）と包絡線定理（k に関する微分）を導出して組み合わせれば、いわゆる**オイラー方程式**が得られます。

$$u'(c) = \beta A \, u'(c') \tag{2.7}$$

2.1.2　規制緩和前のケース

次に、規制などで投資所得のリスクを低減できない場合を考えてみましょう。その場合、所得が攪乱項 (ε) を持つと考えられます。マクロ経済学では、生産性にショックがあるとよく仮定されるので、以下のように生産関数を表しましょう。

$$y = (A + \varepsilon)k$$

生産性ショック (ε) は一般的に過去の値にも依存し、ここでは1期前の値に依存する、いわゆる1次の自己回帰過程、AR(1) に従うものとします。それに応じて、今期の価値関数の状態としては、今期の資本 k だけでなく今期あった生産性ショック ε にも依存します。そして、ベルマン方程式は翌期の生産性ショックに関する期待値、$E[\cdot]$、を含んだものになります。このリスクがある場合の生涯効用を W で表すと、

$$W(k, \varepsilon) = \max_{k'} u((A + \varepsilon)k - k') + \beta E[W(k', \varepsilon')]$$

となり、オイラー方程式も (2.7) 式から若干変わります。

$$u'(c) = \beta E[(A + \varepsilon')u'(c')] \tag{2.8}$$

---

[9] 右辺にある今期の k は現状を示すので、**状態変数**（state variable）と呼ばれ、左辺を最大化するために動かす k' は**制御変数**（control variable）と呼ばれます。

図2.2　所得リスクがある場合のオイラー方程式の特徴

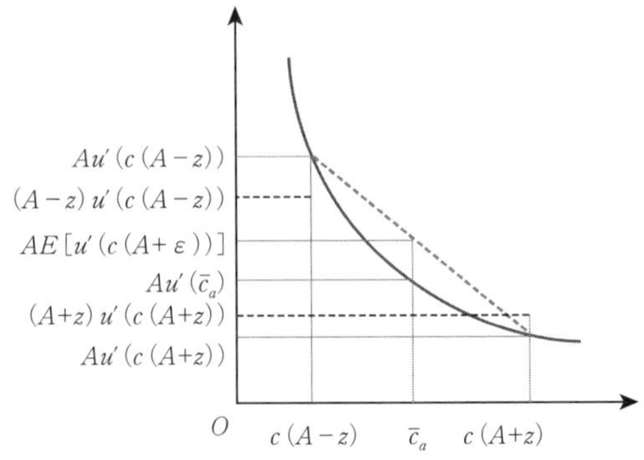

　さて、この所得リスクがある場合のオイラー方程式 (2.8) の特徴を、図2.2
で詳しく見てみましょう。なお図2.2では、簡単化して、生産性ショック (ε)
が $+z$ か $-z$ という値をそれぞれ 2 分の 1 の確率でとる場合を描いています
(図内では翌期を示すプライムも捨象しています)。曲線は $Au'(c')$ を表します。
限界効用に関する性質より、消費が高いほど逓減しています（2 階微分が負、
$u'' < 0$）。
　簡単化のために、マクロ経済学でよく使われる、

$$u(c) = \frac{c^{1-\sigma}}{1-\sigma}$$

という**相対的リスク回避度一定**（Constant Relative Risk Aversion：CRRA）の効用
関数を仮定します。このとき限界効用は、

$$u'(c) = c^{-\sigma}$$

です。
　オイラー方程式 (2.8) の右辺にある c' は翌期の消費ですので、リスクをヘ
ッジしていない以上、良いとき $c'(A+z)$、悪いとき $c'(A-z)$、の 2 通りが起
こりえます。それぞれに対応する限界効用が、$u'(c'(A+z))$ と $u'(c'(A-z))$ で、
それぞれに生産性 A を掛けたものが、図2.2の y 軸の一番上と一番下に示さ
れています。その中間が $AE[u'(c'(A+\varepsilon))]$ です。これは (2.8) 式の右辺（で β
を無視したもの）の $E[(A+\varepsilon)u'(c'(A+\varepsilon))]$ に近く、z が（A に比して）小さけ

れば、ほぼ同じとなることが、図 2.2 からわかります。一方、良いとき $c'(A+z)$、悪いとき $c'(A-Z)$ の消費の平均を $\bar{c}_a$ と表すと、x 軸上では両者の中間に位置します。それに対応する消費の限界効用の平均は $u'(\bar{c}_a)$ で、それに生産性の平均を掛けた $AE[u'(\bar{c}_a)]$ は、明らかに $AE[u'(c'(A+\varepsilon))]$ よりも小さいことが見て取れます。すなわち (2.8) 式から、以下の不等式が成り立ちます。

$$u'(c) = \beta E[(A+\varepsilon)u'(c')]$$
$$\approx \beta A E[u'(c')]$$
$$> \beta A u'(\bar{c}_a)$$

ここで、相対的リスク回避度一定の効用関数の限界効用から、

$$\frac{\bar{c}_a}{c} > (\beta A)^{\frac{1}{\sigma}} \tag{2.9}$$

となります。左辺は、翌期の消費水準を今期の消費水準の平均で割ったものであり、すなわち消費の平均成長率です。さらに、定常均衡における消費の成長率は生産の成長率と等しくなるので、これはリスクのある経済における平均経済成長率とみなせます。

2.1.3 規制緩和の理論的帰結

一方、金融が十分に行き渡り、たとえば地域間でリスクがヘッジされた地域の経済成長率は、(2.7) 式のオイラー方程式より導かれます。つまり、

$$\frac{c'}{c} = (\beta A)^{\frac{1}{\sigma}} \tag{2.10}$$

です。この場合の経済成長率は、(2.9) 式と (2.10) 式を比べれば、リスクのある場合より明らかに低くなることがわかります。すなわち、もし金融システムがしっかりと機能を果たし、所得リスクによる消費の変動を抑えることに成功するのであれば、経済成長率が低くなるということです。

ところが、一般的な経済主体はリスクを回避することでより高い効用を得られる（すなわち、リスクは回避したいと考えている）ことが知られています。具体的には、相対的リスク回避度 σ はマクロ経済学では 1.2〜2.0 程度と計測されていますが、この場合、リスク回避的な効用を示します[10]。したがって、効用の面で見ると、同じ資本 k を持っていれば、明らかに $V(k) > E[W(k,\varepsilon)]$

であり、リスク・シェアリングができるように金融システムが発達した社会の方が、人々は高い効用を得ます。

　なお、一般的な効用関数では、限界効用が図2.2のように凸関数でないと、上のような結果が導かれません。その条件は、3階微分が正（$u''' > 0$）のときですが、これは人々が**予備的動機に基づく貯蓄**（precautionary savings）を行う条件として知られています。すなわち、将来の所得などにリスクがある場合、いざというときに備えて貯蓄をするというわけです。これは、現実でも一般的に見られる現象とも言えます。

　一国全体の経済成長率は、往々にして貯蓄が多い方が高くなります。しかし、だからと言って、たとえば生命保険を禁止したり、年金制度を朝令暮改したりして、政策的に無理にリスクを高めて貯蓄を増やす方向に導き、それによって経済成長率を高めたとしても、生涯効用で見た人々の経済厚生はむしろ悪化してしまいます[11]。なお、このとき人々は、単に今期の消費を抑制して翌期以降に回していて、数字的には成長しているように見えるわけです。

　人々の効用水準の成長は、しばしば、いわゆるGDP成長率によって評価されており、ほとんどの場合は両者の間に理論的にも正の関係が成り立つのですが、今見たようなリスク・シェアリングのケースでは、両者は明確に異なるわけです。つまりDevereux and Smith（1994）の理論では、金融自由化などによって経済厚生は高くなっても経済成長率は鈍化する可能性が示されているのです[12]。

----

[10] 他の分野、たとえば株価のリスク・プレミアムを計測する分野などでは、リスク回避度はさらに大きい値をとりうる（さらにリスク回避的である）ことが実証されています。

[11] 理論的には、貯蓄が経済成長を高めるのは、個々の経済成長理論モデルに依存します。たとえば、いわゆる新古典派経済成長理論では、発展途上国のキャッチアップの過程においては、貯蓄が経済成長の源泉となります。その一方、日本のような先進国では、必ずしも貯蓄が経済成長の源泉とはなりません。詳細は、Acemoglu（2009）やBarro and Sala-i-Martin（2003）などの経済成長論の教科書を参照してください。

[12] なお、Devereux and Smith（1994）は、投資の外部性などを仮定すると、貯蓄の低下は経済成長の低下だけでなく、経済厚生の低下にもつながる可能性を指摘しています。しかしながら、外部性は理論的には市場の不完備として捉えることができ（コースの定理）、それもまた金融システムの問題とも考えられるので、本章ではその議論は捨象します（外部性などについては、第4、5章で解説します）。

2.2 リスク・シェアリングによる厚生と成長の両立

Devreux and Smith（1994）に対し、同年に出版された Obstfeld（1994）の理論では、金融システムの発展などによるリスク・シェアリングの効果で、経済成長率も高くなることが示されています。Obstfeld（1994）の理論を細かく説明するにはさらに数学的な議論が必要となるので、ここではそのエッセンスを解説します。

この理論では、生産（y）と保険や投資による（保険料や手数料込みの）リターンなど最終的な所得（e）を分けて考えます。生産には必ずリスクが伴うと考え、

$$y = (A + \varepsilon)k$$

と表します。しかし、最終的な所得の変動はリスク・シェアリングにより軽減され、ベストな状態では、完全にリスクをヘッジできるでしょう。つまり、

$$e = (A + E[\varepsilon])k$$

となります。もちろん、リスクがヘッジできない場合は、$e = y$ のままです。

さてここでは、Devereux and Smith（1994）とは異なり、人々はさまざまなリターンとリスクの組合せを持つ事業の中から、最も適した事業を選ぶと想定しています。ここで、それぞれの事業の生産関数の攪乱項（ε）に注目し、その平均 $E[\varepsilon]$ が高ければ**ハイリターン**、その分散 $Var(\varepsilon)$ が高ければ**ハイリスク**と呼びます。問題は、人々がどのようなリターンとリスクの組合せを選ぶかです。

ここで、リスクがヘッジされていないとして、図 2.3 (a) を見てください。いくつかある丸は、さまざまな事業のリターンとリスクの組合せを示しています。x 軸が分散（リスク）で、y 軸が平均（リターン）です。その組合せの集合の境界が実線で示されており、増加する凹関数のように描くことが現実的です。つまり事業の集合の境界（フロンティア）は、ハイリターンであれば、ハイリスクにならざるをえないわけです。それを、**平均分散フロンティア**（mean-variance frontier）と呼びます（Markowitz 1952）。その内側は、リスクが同じならリターンが低く、リターンが同じならリスクが高い事業なので、そのような事業に投資することは馬鹿げているわけです。

図2.3　リスクとリターンの組合せの選択

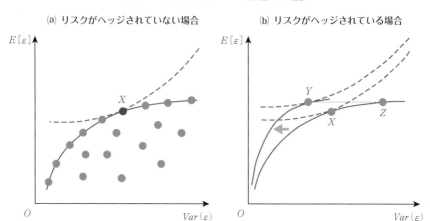

(a) リスクがヘッジされていない場合　　　(b) リスクがヘッジされている場合

　同じ図 2.3 (a) の中に、破線で凸の増加関数が示されていますが、それは人々の効用水準が同じ点を結んだ無差別曲線です。つまり、あるローリスク・ローリターンの所得と同じだけの効用水準を、ハイリスクの事業から得るには、その事業はかなりのハイリターンでなければ、リスク回避的な人々から投資を受けることができないわけです。

　これら 2 つの曲線の接するところが均衡点 (X) で、人々が選ぶ最適なリスクとリターンの組合せとなります。平均分散フロンティアは世界の投資機会の状態を示すものですので、これを動かすことはできません。この図では、左上に行く（ハイリターン、ローリスク）ほど、より高い効用水準のもとでの無差別曲線を描けますが、現実に存在する投資機会を含むものは、それが平均分散フロンティアと接するところまでです。

　次に、完全ではないものの、ある程度リスクがヘッジされている状況を考えましょう。生産の意味での投資機会は前と同じですが、リスクがヘッジされた後の所得の意味では、すべての事業のリスクは低減すると考えられます。すると、図 2.3 (b) の矢印で示されるように、所得の平均分散フロンティアが左にシフトすると考えられます。それに従い、均衡点は、所得の意味ではハイリターンでローリスクなもの (Y) となり、それはもともとの生産の平均分散フロンティア上ではハイリスク・ハイリターンなもの (Z) が選ばれていることに

なります。

　まとめると、所得のリスクがヘッジされていれば、生産の段階ではよりハイリスクでハイリターンな事業を選べるというわけです。マクロ経済で考えると、リスク・シェアリングによって、経済成長率が平均的に高くなることを意味しています。すなわち、この理論では、リスク・シェアリングはより高い経済成長率をもたらすのです[13]。ただし、生産（GDP）の平均の回りの上下動（景気変動）は大きくなっています（Z）。一方、所得の変動はそれほど大きくはなりません（Y）。そして、左上に位置する無差別曲線から明らかですが、所得の意味ではリスクが軽減されていて、かつリターンが高いわけですから、リスク・シェアリングは、同時に人々により高い経済厚生をもたらすことも、この理論では示されています。

3 金融自由化の回帰分析の再考

　さて、この章の第1節で考察した金融自由化・国際化の影響を考える指標を用いた典型的な回帰分析 (2.2) 式の意味を、前節の2つの理論をふまえてもう一度考えてみましょう。

　金融自由化・国際化が、金融システムをより深化させ、リスク・インシュランス・メカニズムがよりよく働くようになり、所得のリスクが低減するとしましょう。理論的には、予備的動機に基づく貯蓄の低下とともに経済成長率は低くなるかもしれませんし、また、よりハイリスク・ハイリターンな事業が選ばれるようになって、経済成長率は高くなるかもしれません。しかしながら、両方のケースで人々の経済厚生は高まっています。

　すなわち、これら Devreux and Smith（1994）と Obstfeld（1994）の2つの理

---

13) 実は、リスク・シェアリングによる予備的動機に基づく貯蓄の低下はこのモデルでも起こりえます。それによる経済成長の鈍化よりも、平均的に高くなったリターンによる経済成長の伸びが大きいことを、Obstfeld（1994）は、家計の異時間の代替の弾力性とリスク回避度の異なる「Epstein-Zin 型」と呼ばれる効用関数を用いて、動的計画法で示しています。詳細は論文を直接参照してください（なお、Obstfeld〔1994〕では、安全資産の存在も仮定しており、ポートフォリオ選択は安全資産とリスク資産の間で選ばれます）。

論から言えることは、金融自由化が経済成長に及ぼす影響は理論的には一概に言えないものの、影響が正・負のどちらであっても経済厚生を高めるという点で望ましいということになります。したがって、そもそも (2.2) 式のような誘導型の回帰分析を行って β を測定しても、その結果を用いて政策を決めるという目的に照らすと、実はまったく無意味ということになるのです。

　もっとも、理論だけでは、人々の経済活動の根本にあるメカニズムを明らかにするという意味での経済学は発展しませんし、そのため政策にも使えません。何らかの実証的な研究が必要となります。この場合、2つの方法が考えられます。1つは、理論的に正負がかなり明らかな関係について、誘導型の実証分析を行うことです。もう1つは、理論的には正負の関係がはっきりしない中で、しっかりとした経済厚生を分析できる理論を導出し、その理論による予測と現実のデータが合っているかどうかを検証することで、理論の正しさを判定するという方法です。次節でまず前者について詳しく解説します。

4 「見える手」と「見えざる手」：
　　理論的に明らかなことを実証する

　金融自由化で理論的に優劣が明らかなこととは何でしょうか。経済学の始祖であるアダム・スミスはその著書『諸国民の富』(『国富論』) の中で、人々の自由な競争による財の売買による価格の形成と、それに基づく財の生産と分配の最適性を説き、それは「見えざる手」によるものだと述べています。その後、これは**厚生経済学の基本定理**として、ある条件のもとで、市場における競争均衡が社会的にパレート最適であるとして証明されたことは、周知の通りです。

　これに対し、多くの独裁政権や共産主義国家などにおける財の価格やその生産と分配は、「見える手」によるものです。そこまで極端な例でなくても、日米欧などの資本主義国家でも、かつて金融抑圧が行われました。それらは、次の5つに大別されます。

⑴ 国家による民間銀行の預金や貸出金利の決定 (interest controls)

⑵ 民間銀行から民間企業への貸出先とその額の指定 (directed credit)

⑶ 民間銀行の本支店の開設や新商品の取り扱いの制限 (bank entry restrictions)

⑷ 政府系金融機関を通じた民間貯蓄の吸い上げと民間企業への貸出（state
owned banks）

⑸ 外国銀行の国内市場参入や外国投資家の国内株の売買許可など国際為替規
制（capital controls, capital account restrictions）

しかし、このような直接的な「見える手」の介入は、往々にして大統領や王様
の親戚や知人などへの優遇と、コネを持たない者や政敵への差別として顕現し
かねません。

投資に関する最適な水準は、市場がよく働いていれば、企業の利潤最大化問
題を解くことで得られます。資本投入を k、労働投入を l とすれば、企業の生
産関数は一般的に 1 次同次の関数 $f(k, l)$ で表されます[14]。また資本と労働の
限界生産性は、それぞれ逓減すること（2 階微分 $f_{kk} < 0, f_{ll} < 0$）が一般的です。
このとき、市場金利を r と賃金を w で表せば、企業の利潤最大化問題は、

$$\max_{k, l} f(k, l) - rk - wl$$

となり、資本に関しては、限界生産性が金利と等しくなるように、つまり、

$$f_k = \frac{\partial f}{\partial k} = r$$

で決まります。これは国内のどの企業にも当てはまります。つまり、資本の限
界生産性のバラツキは、もし金融資本市場がよく働いていれば、かなり小さい
はずです[15]。

一方、仮に金融抑圧のもとで差別されている企業があり、その企業は他の企
業が面している金利より高い金利 $r + \lambda$ に面しているとします。すると、資本
投入に関する最適条件は

---

[14] 生産要素である資本や労働を x 倍にすれば、生産量も x 倍になるというのが、1 次同
次関数の特徴です。これはまた、「規模に関して収穫一定」ということにもなります。
つまり、両生産要素を同時に増やしたら生産量はそのまま増えるわけです。しかしなが
ら、労働をそのままで資本だけを x 倍に増やしても、生産量は x 倍とはなりません。む
しろ、同人数の労働力に資本をどんどん与えていっても、それに応じた生産の伸び自体
はだんだん小さくなっていくことが通常です。これを「資本の限界生産性は逓減する」
と言います。労働の限界生産性も同じです。

[15] これらの議論は、ほぼ Abiad, Oomes and Ueda（2008）に沿ったものです。

$$f_k = r + \lambda$$

となります。限界生産性は逓減しているので、高い金利の分だけ、その企業は借りることを控え、資本投入が少なくなります。

　同様に、貸出先指定があるようなときには、差別されている企業は、たとえば本来の資本投入量より少ない K までしか借入が許されないとしましょう。すると、企業の利潤最大化問題に、

$$k \leq K$$

という制約が付きます。この制約式のラグランジュ乗数を μ とすれば、資本投入に関する最適条件は、

$$f_k = r + \mu$$

となり、これは高い金利に面している状況と数学的にはまったく同じだということがわかります。

　さらに、もしある企業が優遇を受けていて、他企業より低い金利に直面している、または貸出を多く受けるというような場合には、逆の状況（λ や μ が負の値）が成り立つことも理解できるでしょう。政府が効率的な資本量を考慮せず、多くの企業に資金をばらまく場合は、両方の状況が表れ、限界生産性がさらにばらつきます。

　すなわち、為政者などの「見える手」によって、市場の「見えない手」による最適な条件とは離れた優遇や差別がある場合、企業の資本の限界効率性にはバラツキが出ることがわかります。一般的な製造業では、1次同次の生産関数はかなり当てはまりがよいと考えられますが、このとき、資本の限界生産性は総資産利益率（ROA）と比例します。Hsieh and Klenow（2009）は、そのような企業の利益率のバラツキは、中国やインドではアメリカと比べてかなり大きいことを示しました。

　さらに言えば、先にも述べたようにマクロ経済学でよく使われる生産関数には生産性ショックがつきものです。つまり、資本と労働を投入してから実際に生産が行われるときには、常に同じ投入量から同じ生産がなされるのでなく、生産性に攪乱項（ε）があることがよく仮定されます。年初の計画通りには生産

されないということです。つまり、生産関数は、

$$F(A + \varepsilon, k, l) = (A + \varepsilon) f(k, l)$$

と表されます。このとき、資本の投入は生産性ショックが生じる前に決められることから、その最適条件は、

$$E[F_k] = r$$

というように、資本の限界生産性の期待値と市場金利が等しくなるところで決まります[16]。

　2.2項の Obstfeld（1994）の説明でも述べたように、金融システムがよく機能している場合、よりハイリスク・ハイリターンな事業を企業が選ぶことがあるでしょう。つまり、生産性ショックの分散が高い事業を納得して選んでいるわけです。その場合、期末での財務諸表から総資産利益率などを見てバラツキがあると言っても、それは問題ではありません。あくまでも事前の期待値の意味で資本の限界生産性が、企業間でバラツキが少なければいいのです。

　それでは、資本の限界生産性の期待値はどこから計測できるのでしょうか。これも通常の製造業のような1次同次の生産関数を持っているとすれば、時価総額（将来の利益の流列の割引現在価値の期待値）を総資産で割ったもの（いわゆるトービンの Q）が、資本の限界生産性の期待値と比例することが知られています（Hayashi 1982）。この関係を用いれば、少なくとも上場企業（の製造業）に関しては、トービンの Q のバラツキを見ることで、資本が最適に分配されているか確かめることができます。

　Abiad, Oomes and Ueda（2008）では、1980年代から1990年代前半に起きた金融自由化の前後で、データがとれる主要な新興市場国（インド、ヨルダン、韓国、マレーシア、タイ）で、企業レベルの財務諸表や株価に基づくパネルデ

....

16）前年度の生産性ショックが、AR(1) などで今年度にも影響を及ぼし、かつ資本の急な調整ができないとき（投資の調整コストがある場合）、資本量を調整中の企業があることから、必ずしも $E[F_k] = r$ とはなりません。しかし、調整の過程を $a(\varepsilon)$ とし、前年度の生産性ショックで正規化して考えれば、上にも下にも資本を調整する会社が同じようにあり、$E[F_k + a(\varepsilon)] = r$ というように考えられます。なお、調整コストを含んだより正確な計量分析については、第10章で解説します。

図2.4　トービンのＱの金融自由化前後の変化（ジニ係数）

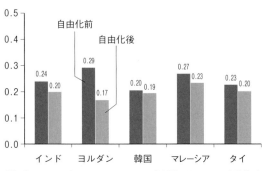

（出所）Abiad, Oomes and Ueda（2008）、Figure 1 より作成。

ータを用いて、トービンのＱの企業間のバラツキをジニ係数などによって、国ごとに毎年計測しました。ジニ係数を使ったのは、資本の限界生産性の期待値のバラツキは、金融へのアクセスの差別度合い、いわば不平等度合いを示すからです。

　図 2.4 は、それぞれの国の金融自由化前後の、トービンのＱのジニ係数を棒グラフで示しています[17]。この論文では、金融自由化は、前述の５つの項目ごとに指標化し、それをまとめて１つにした**金融自由化指標**（Financial Liberalization Index）を用いています。金融自由化は、ある日突然大きく変わる（金融ビッグバンのあった）国もあるのですが、そうした国は少なく、徐々に進められていくことが多いので、このような指標を作成して研究に使用することが多々あります。図 2.4 では、一番大きく変動した年の前後でのトービンのＱの変化を見ています。

　もちろん、図を見せただけでは実証研究とは言えません。Abiad, Oomes and Ueda（2008）では、さらに国ごとの固定効果を用いた固定効果推定を用いて、

17）　１つの会社のトービンのＱについては、株価（時価総額）を用いて導出することもあり、測定誤差が多いと言われます。しかし、ここでは１つの国の中のすべての上場会社のＱのバラツキを見ています。もちろん、測定誤差の分布のバラツキの分だけ、Ｑのバラツキは本来より大きくなります。しかし、異なる年で異なる測定誤差の分布があるという特別な理由がない限り、そのバラツキの上乗せ分は同じ国では毎年同じはずです。したがって、国ごとに金融自由化の前後のバラツキを比べる場合には、その変化分は本来のＱのバラツキの変化分に対応していることになります。

金融自由化に従って国ごとにそのバラツキが低下していること、すなわち、

$$Q\_Gini_{k,t} = \alpha_k + \beta FinLib_{k,t-1} + \gamma Control_{k,t} + \varepsilon_{j,t}$$

を推定し、β が統計的に有意に負の値をとることを示しました。なお、金融自由化指標（*FinLib*）は大きく動いた年だけでなく、すべての時系列の値を用いています。さらにパネル GMM 推定も用いて、分析結果の頑健性も確かめています。

　すなわち、為政者の「見える手」から市場の「見えざる手」による資本の分配へと舵が切られたことによって、これらの国の企業の資本へのアクセスの不平等度合いが低下したことが、計量的に確かめられたのです。

　同様に、かなり理論的に明らかなこととしては、競争市場のもとでは、銀行経営が効率的になることが挙げられます。たとえば、人事は出自や性別などによらず、各人の能力をベースになされるようになるでしょう。これに対して、金融抑圧のもとでは、金利規制や参入規制などにより、銀行の利益が守られたこともあり、銀行内部の経営も競争による効率的なものにならず、人事において能力や適性よりもコネや好き嫌いが優先されかねません。

　この点について、アメリカの例で、金融自由化後に銀行内の人事が効率的になったことが検証されています。第2節で述べた通り、アメリカでは、ユニット・バンキングの時代が長く続きました。その後、1970 年頃から州ごとに次第に別の町への支店開設が許されるようになり、まだら模様の自由化が 1990 年代半ばまで続きました。1994 年には連邦レベルで（州をまたぐものも含め）支店開設が自由化され、その時代に終止符が打たれました。Jayaratne and Strahan（1996）は、銀行支店開設自由化をした州の方が、しなかった州よりも経済成長率が高かったことを示し、その後その理由を探すべく、さまざまな研究がなされました。特に、Black and Strahan（2001）では、そのような銀行業界への競争の導入によって、それまで少なかった管理職への女性登用が多くなされるようになってきたことを示しています。つまり、銀行内部の人事も自由化による競争によって、差別が少なくなり、能力中心主義に移行し、より効率的になったと考えられます。

金融深化の意味
理論に基づく定量的分析と厚生評価

イントロダクション

　第2章では、金融の自由化・国際化に関する代表的な理論研究を2つ紹介したうえで、理論的裏付けのない単純な回帰分析では因果関係を決めることができず、政策議論に用いることができないことを説明しました。そのうえで、理論を検証する方法の1つとして、理論的に自明であり、回帰分析によって理論の裏付けができる例について解説しました。

　本章は、金融の自由化や深化の影響を確かめるもう1つの方法として、理論的には優劣がはっきりしない中で、しっかりした経済厚生の分析が可能な理論を構築し、その理論から得られる予測と現実のデータが合っているかどうかを確かめることで、理論の正しさを判定するという方法を紹介します。この方法は、マクロ景気循環論ではよく使われている、理論を基礎とした**定量的分析**（quantitative analysis）と呼ばれます。これは、理論で使うさまざまなパラメータ（割引率 β や相対的リスク回避度 σ など）をどのように置くかにより、次の2つに分類できます。1つは、他の研究で明らかにされたパラメータの値を使う**カリブレーション**（caibration）という方法であり、もう1つはそれらの値自体もデータを使って推定する方法です（シミュレーションによる一般化モーメント法〔Simulated Moment Method：SMM〕など）。

　実際には、多くの論文がその中間の形をとっています。つまり、先行研究でかなりよく使われ、おおむねコンセンサスがあるパラメータについてはその値を用い、それ以外のパラメータは論文ごとに各自で推定するという方法です。

1 理論を基礎とした金融深化の定量的分析

1.1　理論の実証分析へのさらなる示唆：回帰分析の意味

　金融深化が多くの国で経済成長とともに徐々に進んできたことを示すグラフを、第2章の図2.1（13頁）として掲載しました。そのグラフでは、1960年からの「民間信用 / GDP 比」の推移をいくつかの国について示していますが、韓国、タイ、インドなどではゼロ近辺から始まっています。その一方で、日本やアメリカなどでは、150〜200％程度と、高位安定の状況です。

　一般に、

$$y_i = \alpha + \beta x_i + \varepsilon_i$$

のような回帰分析が有効となるためには、被説明変数 (y) と説明変数 (x) の間に、誤差 (ε) はあっても、ある程度安定した定常の（stationary）関係があることが必要で、それが係数 β として推定されるわけです。ところが、経済成長率 (y) は、おそらく金融が深化しつつある（日本の高度成長期のような）発展途上の過程では高いと思われる一方、その前の経済発展がほとんどなく金融活動がほとんどゼロの段階や、逆に現在の日本やアメリカのように大きく金融が発展して、これ以上 GDP 比で伸び代があまりないような段階では低いだろうと推測されます。このような金融深化の特徴は、さまざまな理論で示されます。つまり、経済成長率 (y) と金融深化の度合い (x) の間には、定常的な関係がありそうにありません。

　また、たとえば大きな戦争などがない限り、かなり深化した金融が再びゼロに向かって逆戻りすることも考えられません。つまり、基本的にはあるところで高位安定するまで一方向に動いている（transient）わけです。たとえば、トレンドを除いた景気循環を示す経済成長率は、上下に行ったり来たりしていて（recurrent）、多くの期間のデータをとれば、可能性のあるあらゆる経済成長率が顕現するような状況（ergodic）ですが、金融深化のような**移行過程**（transitional path）は、それとは異なります。

　しかし、回帰分析（より一般的には GMM 推定）で正しい係数を推定するためには、こうした**定常性**（stationarity）と**エルゴード性**（ergodicity）が必要な

ことが知られています（Hansen 1982）。つまり、金融深化のような移行過程は、実はそもそも回帰分析になじまないのです。ここからも、理論に基づいた分析が必要となることがわかります。

なお、マクロ景気循環論で扱う景気循環を示す変数や、先進国の株価などは、トレンドを除いた後は、何度も同じような状態が現れ（recurrent）、多くのサンプルをとればあらゆる状態を網羅できる（ergodic）ため、いわゆる時系列分析という計量経済分析にもなじみます。この点は、金融深化、そしてより一般的に移行過程の経済発展の分析とは異なります[1]。

1.2 金融サービスとリスク・シェアリング

ここで、金融深化と経済成長についての理論に基づいた定量的分析を、Townsend and Ueda（2006）に基づいて考察します[2]。このモデルでは、金融深化は（フォーマルな）金融サービスを利用するか否かを、人々が内生的に選ぶことを明示的に取り入れています。基本的には、第2章で示したような典型的な動的計画法に基づく消費者の問題を考えます。つまり、今期の資本 k を所与として、今期の消費 c と来期の資本 k' を最適に選ぶことで、生涯効用を最大化するわけです。しかし、来期の資本 k' は、金融サービスを利用する場合と利用しない場合では異なります。

このモデルでは、安全性の高い伝統的なプロジェクト（農業にリスクがないとは言えませんが、ここでは伝統的農業のようなものを安全性が高いと仮定）と、新しいリスキーなプロジェクト（この研究ではタイを念頭においているため、たとえばゴムを生産・販売するビジネスなどを想定）を考えます。安全性の高いプロジェクトからは、δ のリターンがあり、リスキーなプロジェクトからは経済全体の攪乱要因を持つリターン θ とそれに個々の家計ごとの平均ゼロの攪乱要因 ε が加わった $(\theta+\varepsilon)$ のリターンがあると仮定します。

金融サービスを使わない場合、自分でどちらのプロジェクトをとるかを決め、また個々のプロジェクトのリスクはシェアできない状況にあります。リスキー

---

1) なお、金融危機のような大きなショックがあり、往々にしてその前後で通常とは異なる動きを示す金融指標などは、ある意味で移行過程とも言え、このような状況の分析についても、方法論としてさまざまなアプローチがなされています。
2) 理論モデルは、Greenwood and Jovanovic（1990）に準じます。

なプロジェクトへの貯蓄 s の配分率（ポートフォリオ・シェア）を ϕ とすれば、家計 i の期末の所得＝来期首の手持ち資金（k'）は次のように表せます[3]。

$$k_{i,t+1} = \{\phi_{i,t}(\theta_t+\varepsilon_{i,t})+(1-\phi_{i,t})\delta\}s_{i,t} = e(\phi_{i,t_t},\theta_t,\varepsilon_{i,t})s_{i,t}$$

なお簡単化のために、（第2章と同様）資本減耗率は100％とし、期首の手持ち資金は消費するか資本として使用する（貯蓄する）、つまり

$$k_{i,t} = c_{i,t}+s_{i,t}$$

とします。

金融業者は2つのサービスを同時に提供すると考えます。1つは、リスク・シェアリングで、個々の家計から預かった資本 s を多くのプロジェクトに投下すること（リスクのプーリングと分散）で個々のプロジェクトのリスクはゼロにできます。つまり、攪乱要因 ε を消すことができるのです。

もう1つは、いわば情報産業やコンサルティング的な側面としてのサービスであり、どのプロジェクトに投資すべきか判断し、助言を与えることができます。ここでは簡単化のために、（極端かもしれませんが）金融業者はリスキーなプロジェクトを実施すべきか否かを毎年判断できるとします。たとえば、ゴム産業がリスキーなビジネスだとすれば、ゴムの国際先物取引はシカゴ商品取引所などで行われているので、タイの田舎の農家はそれを知らなくても、バンコクにある大銀行はその先物価格の動向を解析することで、今年はゴムを生産すべき年かどうかを判断して、助言するというような状況を考えます。

ただし、これらのサービスの提供には、毎年 $(1-\gamma)$ の実物的コスト（変動費用）がどうしてもかかり、その分を（金融業者の利潤をゼロとする均衡では）家計からサービス料としてとるため、γs がプロジェクトに投下される資本となります。この場合、すでに金融サービスを利用している家計 i の期末の所得は、次のようになります。

$$k_{i,t+1} = \gamma R(\theta_t)s_{i,t} \equiv \max\{\theta_t,\delta\}\gamma s_{i,t} \tag{3.1}$$

---

[3] 通常の経済成長理論では、この s は資本投入量 k であり、資本投入の結果であるここでの k' は産出高 y と表しますが、ここでは Greenwood and Jovanovic（1990）に従った表記とします。

　ここで、上記の金融サービスに利用する意味があるとするため、毎年の変動費用分を支払っても金融サービス利用が得である、すなわち

$$E[\gamma R(\theta_t)] > E[\theta_t]$$

と仮定します。

　この場合、明らかにすべての家計が金融サービスを利用するはずです。しかしながら、金融サービスの利用を始める際には、金融業者が家計の信用を調べたり、また家計側が金融サービスを理解したりといった実物コスト q（初期固定費用）がかかるとします。これも金融業者のゼロ利潤均衡では、家計が金融サービスを利用し始めるときに支払うことになります。

1.3　カリブレーションによる検証

　ここで、ある1時点で、金融サービスを利用している家計と利用していない家計の2つがあるとします。そして、それぞれの価値関数を V と W で表すことにしましょう。価値関数の状態変数は期首の資金 (k) とします[4]。金融サービスを利用するかどうか自体も家計の自主的な決定であり、$d = 1$ なら利用、$d = 0$ なら利用しない、という決定 d を、翌期の期首で行うとします。つまり、金融サービスの利用状況は翌期には変わりえます。

　ただし、すでに初期固定費用 q を支払い、金融サービスを利用している家計は、その便益を手離すのは合理的でありません。したがって、単に金融サービスに預ける資本 s のみを決めるという、次のような比較的単純な問題に面します。

$$V(k) = \max_{\{s\}} u(k-s) + \beta E[V(\gamma R(\theta)s)]$$

　一方、まだ金融サービスを利用していない家計は、今期においては、どれほどの資本 s を2つのプロジェクトにどんな配分率 ϕ で分けて投資するかを決定します。さらに、翌期の期首に初期固定費用 q を支払い、金融サービスを利

　4）通常、経済成長理論では、生産のための資本を価値関数の変数（状態変数）とすることが多く、それが k で表されることが多いのですが、ここでは生産のための資本は s で表されています。そして、k は期首の資金を表しており、それはまた前期の算出高（通常は y として表されるもの）でもあります。

用し始めるかどうか (d') も決めなければなりません。

$$W(k) = \max_{\{s, \phi, d'\}} u(k-s) + \beta E[(1-d')W(e(\phi, \theta, \varepsilon)s) + d'V(e(\phi, \theta, \varepsilon)s-q)]$$

　この2つの価値関数 V と W を同時に解くのですが、複雑な形であるため、解析的にいくつかのことはわかるのですが、完全には解けません。そこで、他の研究でよく使われているパラメータの値を用い、典型的な家計について、最適な投資 s、ポートフォリオ選択 ϕ、金融サービスの利用開始の決定 d、のそれぞれをまず（コンピュータを使って）数値的に解明します。つまり、カリブレーション分析をします。

　解析的には、少なくとも、金融サービスの利用について、ある資産の水準が閾値 (k^*) として存在し、それを超える資産を貯めた家計が金融サービスを使い始めることがわかります。よく考えれば、金融サービスの便益は、資産を豊富に持っている家計の方が高いことと、初期固定費用 q を支払わないといけないことから、ある期にそれを支払ってもある程度の消費に充てる資産が一定以上残る家計しか金融サービスの利用を始めないわけです。

　この理論モデルでは、家計がお金持ちになるにつれて（つまり、経済が成長するにつれて）、金融サービスの利用が増加します。なお、金融サービスを利用する家計が増えることは、**金融アクセス**（financial access）の増加、または**金融包摂**（financial inclusion）の拡大（SDGs〔持続可能な開発目標〕の一小項目）などと呼ばれます。また、それが増加することで、リスクがより広くシェアされ、より効率的な投資がなされ、経済成長もおそらく促進されるという、双方向の因果関係が内在していることに注意が必要です。なお、どちらか一方向の因果関係を仮定せざるをえない回帰分析では、こうした双方向の因果関係はなかなか正しく捉えられません。

　このような経済成長と金融アクセスの双方向の関係を示す理論モデルが正しいかどうかは、データに照らして判断します。具体的には、タイ政府のセンサス（国勢調査）である「タイ社会経済家計調査」の1976年版（入手できる中で最も過去のもの）を用いて、それを初期資産 (k_1) の分布とし、1000の架空の（コンピュータ上の）家計で代表させます。その1000の家計のシミュレーションを20年間行い、それぞれの家計の所得や金融サービスの利用状況をまとめます。そのようにして、1996年までシミュレートした実質GDP成長率（経済

図3.1　タイの実質GDP成長率と金融アクセス率

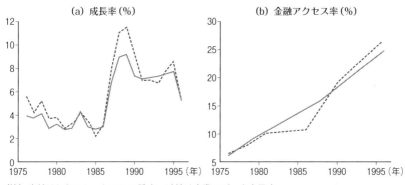

(注)実線はシミュレーションの設定、破線は実際のデータを示す。
(出所)Townsend and Ueda（2010）、Figure 11より。

成長率）と金融深化（ここでは銀行口座を持っている家計、すなわち金融アクセス
率）が、図3.1の実線のように求められます。なお、破線は実際のデータの推
移を示しています。

　図3.1(a)からわかるように、経済成長率については破線で示された実際の
データはかなりの変動があるのですが、理論モデルに基づくシミュレーション
でもそれをうまくトレースできています。ただしこれは、カリブレーションを
する際に、うまくトレースするように設定しているためでもあるので、このこ
と自体が理論モデルの正しさを示しているわけではありません。

　一方、経済成長率をトレースするようにカリブレートしたにもかかわらず、
金融アクセスの推移についても、かなりうまくトレースできているように見え
ます（図3.1(b)）。つまりこのシミュレーションでは、1976年時点でタイ全体
では6％の家計しかフォーマルな銀行へのアクセスがなかった状況から、1996
年時点で26％と順調に伸びた金融深化を、トレンドとしてはほぼうまく捉え
ていると言えるでしょう。なお、Townsend and Ueda（2006）では、さらに確
率的に、この理論モデルに基づくシミュレーションがタイの状況を説明しうる
かをチェックし、肯定的な結果を得ています[5]。

　ただし図3.1(b)では、1980年から1986年までの金融アクセスの実際のデー
タ（破線）は足踏み状態なのに対し、理論モデルのシミュレーション（実線）
では、ほぼまっすぐ、線形に上昇しています。一般的に、そしてこの理論でも、

経済成長率は毎年の生産性ショックによりかなり変動しえます（図3.1(a)）。その一方で、この理論によれば、金融サービスを利用し始めるかどうか（図3.1(b)）は、今後の利用状況を見極めてお得だと思ったときにサービス利用を開始するというフォワード・ルッキングな意思決定を行うため、それほど毎期の生産性ショックに依存せず、ほぼ線形な金融アクセスの増加として現れるわけです。

2 金融抑圧と金融自由化の評価

2.1 金融抑圧と自由化を組み入れたモデル

　Townsend and Ueda（2010）では、実際のデータの背景をさらに調べました。実は、タイでは1979年の第二次オイルショックの影響を（多くの国と同様に）受け、インフレ率が20％程度に達しました。しかしながら、金融抑圧のもとで、預金金利や貸出金利は（当時の日本と同じく）政府・中銀が決めており、その前からあまり動かず、名目預金金利は12％前後でした。したがって、実質預金金利は大きくマイナスとなり、銀行預金が流出し、多数の銀行が倒産するなど、銀行危機を招いたわけです。金融自由化の後で銀行危機が起きると考えている人が多いかもしれませんが、雁字搦めの金融抑圧のもとでも起きるのです。

　その際、多くの金融機関が国営となり、貸出市場における政府のシェアが、10％程度から30％程度に跳ね上がりました。実は、1986年までは法律的にはあまり動きがなく、**法令上**（de jure）の金融自由化指標（Abiad, Oomes and Ueda〔2008〕等で用いられたもの）はそれほど変化がないのですが、1980年頃

5）移行過程にある経済では、特定のショック（ここではθ）の実現値に依存せざるをえません。この点は、一般的なショックを仮定した分析が容易にできる景気循環論とは異なるところです。そのため、Townsend and Ueda（2006）では、1000の家計からなる架空の経済20年分のショックをランダムに発生させたシミュレーションを1000回繰り返し、その中で、現実のタイの経済成長率、金融アクセス、資産の不平等の歴史的データが、95％信頼区間に入っているかを調べ、肯定的な結果を得ました。つまり、特定のショックの実現値だけでなく、ランダムなショックの実現値に対しても、理論が現実と整合的であることを示しました。

に**事実上**（de facto）の金融抑圧が強まったわけです。その後、1986 年に金利
の自由化や国営銀行の民営化など、一連の金融自由化が始まり、政府の貸出市
場におけるシェアはかなり低下しました。

　Townsend and Ueda（2010）では、理論モデルにこうした事実上（de facto）
の金融抑圧と自由化を反映させるために、いわゆる「見える手」である政府の
金融活動は、「見えざる手」である民間より z だけ効率が低いと仮定しました。
そのうえで、貸出市場における政府のシェア α を掛けて、マクロ経済におけ
る金融システムの非効率性の推移を、理論モデル上の毎期の費用の増減とみな
しました。政府による金融仲介は $\alpha(1-z)$ 分となり、民間は $(1-\alpha)$ 分です。つ
まり、金融サービス利用者の翌期期首（今期末）の資金を前出の（3.1）式から、
次の（3.2）式のように変更したということです。

$$k_{i,\,t+1} = (1-\alpha z)\gamma R(\theta_t)s_{i,\,t} \tag{3.2}$$

　変動費用は $(1-\gamma)$ から $1-(1-\alpha z)\gamma$ になり、その推移を図 3.2 に実線で表し
ています。なお、γ に関してはカリブレーション上では 1（つまりコストはゼ
ロ）としていたので、これは実は αz です。カリブレーション上で z は 0.05、
つまり、政府の見える手は 5 ％だけ民間より非効率と設定しています。そのた
め、破線は政府の貸出シェアの実績値に 0.05 を掛けたものを示しています
（つまり破線の値に 20 を掛けたものが政府の実際の貸出シェアとなります）。この推
移はかなり大きく変動していますが、実際の制度要因がそれほど変わっている
わけではないので、モデルのシミュレーションではそれをならした場合の推移
である実線の値を、それぞれの年の変動費用とみなして使用しています。

　この金融抑圧と自由化を考慮した変動費用を用い、改めてシミュレーション
を行った結果が図 3.3 です。ここで右側 (b) の図に着目すると、金融アクセス
は 1980 年代前半に伸びが止まり、1986 年から急速に進んだ状況が再現できて
いることがわかります。簡単な理論モデルですが、タイの金融深化と金融自由
化、そして経済成長の関係をうまく記述することのできる理論モデルだと言え
るでしょう[6]。

　6） ただし、これはあくまで経済成長モデルであり、1997 年のタイの金融危機（アジア金
　　融危機の発端）を内生的に説明できるような経済危機の理論モデルではありません。そ
　　のため、シミュレーションも 1996 年止まりです。

図3.2　金融抑圧と自由化に伴う変動費用の変化

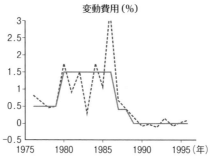

変動費用 (%)

（注）実線はシミュレーションの設定、破線は実際のデータを示す。
（出所）Townsend and Ueda（2010）、Figure 12より。

図3.3　金融抑圧と自由化を入れたシミュレーション

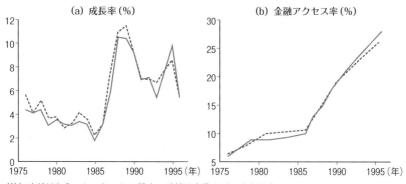

(a) 成長率 (%)　　　　(b) 金融アクセス率 (%)

（注）実線はシミュレーションの設定、破線は実際のデータを示す。
（出所）Townsend and Ueda（2010）、Figure 12より。

2.2　自由化が経済厚生に及ぼす影響

　この理論モデルを使って 1986 年にあった金融自由化の影響を調べてみましょう。現実に対応した理論モデルが構築できているので、それを用いて「金融自由化がなかったとしたらどうなっていたか」という仮定の状況（**反実仮想：** counterfactual）に基づく予測も可能となります。そこで、図 3.2 で 1986 年以降も変動費用が図 3.2 にある 0 ％でなく、1.5％に高止まりしていたと仮定して分析を行います。

　図 3.4 (a) には、価値関数で表される生涯効用について、実際の金融自由化

図3.4　生涯効用の差と補償

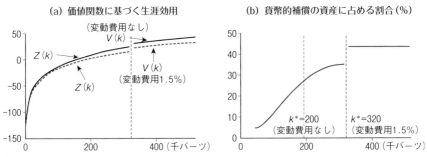

(注) 左図の実線は金融自由化が起きた場合、破線は仮に起きなかった場合を示す。
(出所) Townsend and Ueda (2010)、Figure 20より。

が起きた場合（実線）と仮に起きなかった場合（破線）が描かれています。こ
れによれば、生涯効用は自由化があった方が高いことがわかります。なおここ
では、$Z(k) = \max_{(d)} \{(1-d)W(k)+dV(k)\}$ であり、金融サービスの利用開始を
決める直前の生涯効用を示しています。縦の破線が開始の閾値であり、それよ
り左側が金融アクセスのない家計、右側が利用している家計ということになり
ます（x 軸は千バーツ、1990年価格）。

　図3.4(b)には、「金融自由化がなかった場合に同じだけの効用を維持するた
めにはどの程度の補償が必要となるか」という、貨幣的補償の資産に占める割
合（%）を示しています。具体的には、金融サービス利用者の場合、V_0 を自
由化前の価値関数、V_1 を自由化後の価値関数とした場合、

$$V_0(k+\tau_h) = V_1(k)$$

で表される τ_h が、金融自由化がない場合の「自由化しないことに対しての必
要な補償（**ヒックス基準での補償**)」ということになります。逆に

$$V_0(k) = V_1(k-\tau_k)$$

の τ_k は、金融自由化をすることに対してどれほど支払ってもよいかという、
「自由化することへの対価（**カルドア基準での補償**)」ということになります。
これら2つの補償水準は精密に計算すると異なりますが、マクロ経済学で扱わ
れる問題では、ほぼ同じような数値となることが多いです。

　いずれにせよ、補償水準は保有資産に応じて家計ごとに異なります。金融サービスを利用している家計が、自由化をしないと実際に損害を被ることになるので、そうした家計が要求する補償水準が高いわけです。しかし、まだ利用していない家計も、遅かれ早かれ利用する予定なので、その時期が早いと考えられる、金融サービスの利用開始の閾値 (k^*) に近い資産を持つ家計ほど、補償の要求水準が高くなります。

　こうした家計の資産水準ごとの補償水準に 1986 年時点での資産分布を掛けることで、マクロ経済全体での補償水準、すなわち自由化をしない場合の厚生コストを計算することができ、Townsend and Ueda（2010）ではそれを国全体の平均資産 (k) の 27％程度と推計しています。なお、この理論モデルでは、資産のレベルが、GDP 水準に比例し、それはまた、通時的な（トレンドを除いた後の）恒常所得、恒常消費の水準とほぼ比例します。ですので、恒常消費で見ても、27％の厚生コストがあるとみなせます。それは裏を返せば、金融自由化による厚生の増加分であるわけです。

　それでは、この厚生の増加は大きいのでしょうか。比較のために、先進国や途上国で景気循環を完全になくした場合の厚生の増加を見てみましょう。アメリカなどの先進国では簡単な計算により恒常消費の 0.5％以下（Lucas 1987）、発展途上国では、中進国で 3％程度、後進国で 6％程度（Prasad et al. 2003）の増加という推計があります。これらに比べると、金融自由化による厚生の増加はかなり大きいことがわかるでしょう。

　なお、同時に金融自由化がある場合とない場合の経済成長の違いも、同じシミュレーションで求められます。しかし、それには確定的な違いがありませんでした。これは、金融自由化による効率性の向上と、（Devereux and Smith〔1994〕が指摘したような）リスク・シェアリングがなされることによる貯蓄率の低下が、相殺しあっているからであると考えられます。しかし、経済成長への影響はほとんどないとしても、前述の通り厚生は大幅に増加しています。そのため、金融自由化は進めるべき政策であるというのは間違いありません。また、このように経済厚生の増減まで定量的に確かめることができる点は、理論モデルをもとにした分析の大きなメリットだと言えます。

3　公的援助は常によいことなのか？

　前節では、金融抑圧は強権的な規制で、人々が自ら選択した結果として進んでいく金融深化に対して、ブレーキをかけるものであり、厚生コストが大きいことを示しました。それでは逆に、政府が積極的に人々の金融アクセスを高める政策は、よい政策と言えるでしょうか。実際、途上国において金融アクセスを高める政策や、日本などの先進国で全国津々浦々に金融サービスを提供するような政策は、よくあります。

　前述の理論モデルにおいて、2つの価値関数 V と W を同時に解く問題は、1つひとつの家計が面している問題として設定し、その全体を市場均衡として解きました。それは、実は、資産の異なるそれぞれの家計を等しく扱うような社会計画者の問題の解と一致します[7]。もちろん、あくまで社会計画者も、家計と同じような（生産関数に集約される）技術制約と（金融コストに集約される）金融制約に面している場合の、制約付きの最適化問題を解くわけです。市場均衡は**制約付きパレート最適**（Constrained Pareto Optimal）となり、厚生経済学の基本定理（第1と第2の両方）が成り立ちます。

　逆に言えば、このモデルではいかなる政府介入も悪い結果をもたらします。たとえば、政府が消費税を財源として初期固定費用 q を支払い、家計の負担がゼロになるような政策を考えてみましょう。この場合、すべての家計が瞬時に金融アクセスができるようになります。単純にすべての家計が貧しく、まだ誰もアクセスしていないような初期状態を考えると、それらの家計は本来ならある程度資産を貯めてから、割に合うと思うときに q を支払って金融サービスを使い始めるわけです。しかし、政府が初期時点で全員分のそのコストを支払う場合、その1家計当たりのコスト q を1家計当たりの税金 q で賄うわけです。

---

[7]　資産が異なると、それぞれの家計は異なる意思決定を行うので、代表的個人（representative agent）の問題とはならず、異質な個人のマクロモデル（heterogeneous agent macroeconomic model）となります。一般に、金融市場が不完備のケース（ここでは金融サービスにアクセスがない人々がいる状況）では、代表的個人の問題には、必ずしもなりません。社会計画者の問題は、個々人の（生涯）効用に社会ウェイトを掛けて足したもの（社会厚生関数）の最大化という形をとります。

したがって、この政策は実質的には、すべての家計に初期時点でqを支払って金融サービスを使うように強制する政策と同じことになるのです。こうした介入がなければ、同じコストのもとで、自分で最適な時期を選択することができるので、初期に金融サービスの使用を強制される政策は、明らかに厚生水準が悪化するわけです。

　なお、もし初期状態において、ある程度の家計がすでに金融サービスにアクセスしていて、さらにqを支払う必要がない場合には、まだアクセスしていない家計にコストqを政府が立て替える政策であれば、1家計当たりの税負担はqより低くなります。この場合は、まだアクセスのない家計は、たとえ強制加入でも得をする可能性もあります。しかし、すでにアクセスのある家計は、自分たちにはまったく見返りのないことに税をとられるわけです。したがってこの場合も、パレートの意味で良い政策とはいえません。また、もしすでにアクセスしている家計に補償してこの政策を実施することを考えるのであれば、やはり彼らが支払った分だけ補償せねばならず、それを含めると税額はアクセスのない1家計当たりやはりqとなります。つまり、初期状態ですべての人が金融サービスにアクセスしていないケースと同じとなり、潜在的にもパレートの意味で改善しないわけです[8]。

　よく、「現代のマクロ経済学とは動学的一般均衡理論である」と言われています。前節で示したモデルでは、実は生産からのリターンはδやθなどで確定しており、その仮定のもとでは一般均衡ですが、限界生産性（＝金利）も内生的に決まるという意味での本来的な一般均衡は扱ってはいません。しかしながら、金融深化自体を経済主体の時間を通じた最適化に基づく意思決定によるものと捉えるだけで、政府が金融深化に介入することは、強権的な規制はもちろんのこと、一見積極的に進めるように見える政策さえ、望ましいことにならないという結論が得られました。経済に内在するメカニズムとそれへの政策の関わりを、一段と深く理解できたかと思います。以下では少し視点を変えて、通時的な意思決定をめぐる問題を捨象し、一般均衡に内在する論点を考察します。

---

[8] もちろん、フィンテック等の技術革新で、そもそもの実物的費用が低下することは非常に良いことになります。

4 金融深化の効果はランダム化比較試験で測れるか？

　本書ではここまで、理論と回帰分析、および理論に基づくシミュレーション
を用いて、金融自由化や金融深化の経済への影響をどのように捉えるかについ
て説明してきました。しかし、金融がより供給された場合の経済への影響は、
そもそも**ランダム化比較試験**（Randomized Controlled Trials：**RCT**）で検証でき
るのではないか、と考える方もいるかもしれません。しかし実は、この手法は
ミクロ的、部分均衡論的考え方に基づいているため、金融システムと（一般均
衡である）マクロ経済全体への影響に対しては、なかなかうまく適用すること
ができません。

　一例を挙げましょう。たとえば、ある家具の産地と知られる地域において、
似たような木の椅子をつくる会社が40社あったとしましょう。RCTを実施し
て、このうちの20社をランダムに選び、市場金利より安い金利で、日々の運
転費用に対するローンを与えることにします。1年後、調べてみると、この
20社は、選ばれなかった20社に比べて、市場シェアも利益も上昇していたと
いう結果が出ました。しかしこの結果をもって、政府はこのような中小企業に
金利を安く提供するような融資制度を、政策としてつくるべきだと言えるでし
ょうか。

　実際には、各社の活動を詳細に見る必要があるのですが、ある程度成熟した
産業であれば、（たとえば、ある産地の木の椅子に対する）需要はかなり一定であ
ると考えられます。その状況下、より安い金利で資金を調達できた20社は浮
いたお金の一部を使って価格を安くすることで市場シェアを伸ばし、利益を上
げることができます。他の20社はその分だけ市場シェアを落とし、利益が下
がってしまうわけです。逆に言えば、もし政府がこの低利融資制度をすべての
会社に提供しても、すべての会社が同じような戦略をとるため、おそらく利益
もマーケットシェアも変化しないでしょう。

　もちろん、低利融資の分だけ椅子の価格が下がりうるので、消費者にとって
は便益があります。しかしこれは、税金を使って他の財に比べて椅子を特に安
くする補助金を出していることになります。これは、消費者にとって本当に良
い政策でしょうか。むしろ、本来の財の配分を歪めることになるので、最適な

資源配分の観点からは国民全体にとって悪い政策となります（もちろん対象となる財が、公共財やそれに準ずる特徴を持つ教育、医療、道路などであれば、そのような財配分への介入が正当化されることもありえますが）。

　いずれにせよ、このような場合、RCT は一般均衡の影響を測れないため、一国全体の金融システムに関する制度や政策の評価や提言には使いにくいと言えます[9]。そこで、一般均衡を考慮した理論モデルに基づいて、金融深化に対する政府の介入を具体的に考察する研究が必要となります。

5　金融制約と起業における一般均衡分析

　金融取引を行う際には、過去の信頼や評判（レピュテーション）などが重要な役割を持ちます（理論的には第5章で説明します）。しかし、一般的な家計の場合はそれらをまったく持っていないと想定されます。したがって、そうした一般的な家計が起業する場合に、最もきつい金融摩擦に直面することになります。本節では Giné and Townsend（2004）をもとに、金融制約と起業は一般均衡でどのように捉えられるかについてのエッセンスを紹介します[10]。

　理論的には、そもそもどういった人が起業すべきかを考えなければなりません。おそらく起業する人々は、アイデアが豊富でやる気に満ちあふれ、事務能力にも優れています。かなりの部分は後天的な資質だと思われますが、とりあえず「能力」が高く、その能力によって端的にスタートアップのコスト（x）が低くなると仮定します。

　家計はまた、その保有資産（b）の水準でも異なると仮定します。そして、各々の資産を使ってスタートアップコストを支払い、残りの資産を生産に回す

---

[9] ただし、一般均衡の問題が生じない、個々にとって良いことが、何人同時にそれを受け取っても同じように良い場合（たとえば新しい英語の教授法）や、多くの人が受け取るほど全員にとってより良くなる（正の外部性のある）場合（たとえばインフルエンザワクチン）は、RCT での結果をそのまま政策評価や提言に生かすことができます。

[10] Giné and Townsend（2004）では、一定の貯蓄率を仮定した通時的モデルが示されています。また、労働者と起業家以外に、伝統的（農業）セクターで働くという選択も考慮しています。なお、彼らの論文は理論的には Lloyd-Ellis and Bernhardt（2000）に従っています。

と同時に、市場から金利 r で資本を借りてきたり、運用したりすることもできるとします。

　企業の生産関数は一般的なコブ・ダグラス型 ($Ak^\alpha l^{1-\alpha}$) とし、賃金水準を w とします。オーナーである起業家の取り分 (z) として、生産量から労働者 (l) への賃金支払 (w) を除いたもの（営業収益）に、余裕資産（初期資産からスタートアップコストと資本投下量を除いたもの）の運用収益（営業外収益）を加えた額が得られます。

$$z = Ak^\alpha l^{1-\alpha} - wl + r(b - x - k) \tag{3.3}$$

　なお、右辺の最後の項がマイナスの場合（資本投下量がもとの保有資産よりも多いとき）は、その借入金への元利支払いとなります。

　ただし、この経済（たとえば発展途上国の村）には、N 人が住んでおり、そのうち l 人が労働者で、$N-l$ 人が労働者を雇う起業家です。労働者の所得 (y) は、資産運用も含めると、

$$y = w + rb \tag{3.4}$$

となります。

　そして、起業家と労働者が資本と労働量の決定をする前に、まず人々は起業するか労働者として働くかを決めます。家計は最初に、職業選択をした後の均衡で得られる利得を予測して、家計ごとに異なるスタートアップコストに応じて、その選択をするとします（ここでは、ゲーム理論におけるサブゲーム完全均衡の考え方を用いています）。

　職業選択をした後で、もし金融制約が何もなく、市場が完全であれば、資本の限界生産性が金利と等しくなる ($MPK = r$) ところと、労働の限界生産性が賃金と等しくなる ($MPL = w$) ところで、生産に使用される資本量と労働量が決まります。

　職業選択の際には、起業することと労働者として働くことの間で比較検討され（裁定が働き）、$z = y$ という関係が成り立ちます。それらの定義 (3.3) 式と (3.4) 式からわかるように rb は両辺から消去することができます。つまり、金融制約がない（金融市場がよく機能している）状況では、初期資産と関係なく、スタートアップコストの差、すなわち能力だけで、起業家となるのか労働者と

図3.5　能力と資産と起業

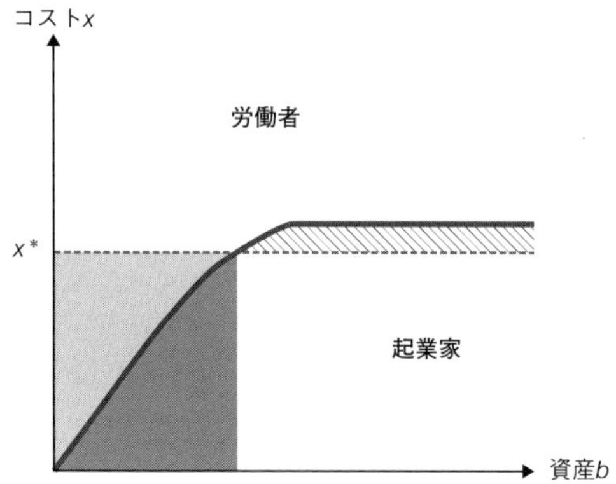

なるのかが決まるわけです。

　図3.5のように、x 軸に資産 (b)、y 軸にスタートアップコスト (x) をとった2次元のグラフ上で、どのような家計が起業するかを表すことができます。ここでは、金融制約がない場合、閾値 x^* が決まり、その破線で表された水準より低いスタートアップコストを持つ人（能力の高い人）が、初期資産（親からの相続など）にかかわらず起業することになります。そして、そうでない人々が労働者として働くことになります。

　次に、金融業が機能していない場合を考えてみましょう。極端ですが、自己資金でのみ起業でき、次の金融制約がかかるとします。

$$k \leq b-x$$

　この制約のラグランジュ乗数を λ とすると、(3.3) 式の利潤最大化で導き出された $MPK = r$ という均衡条件は、$MPK = r+\lambda$ に変わります。ただし、十分に多い資産を持つ人はこの金融制約にかからず、むしろ余裕資産を運用に回す状況にあり、$\lambda = 0$ となります。つまり、ある閾値より多い資産を持つ場合は、金融制約に直面しないわけです。そういう富裕層は、（そもそも金融制約がないケースと同様に）スタートアップコストの高低だけで起業家となるか労働者となるか決まります（図3.5の実線のフラットな部分）。

　しかしながら、それほど多い資産がない場合、$k = b-x$ で制約される過小な資本量での起業となります。そのもとでは、起業家としての所得 z が少な

くなり、資産 *b* が少ない人ほど、起業を諦め労働者として働くことになります（図3.5の実線の増加関数の部分）。上記の2つのケースを合わせると、起業家と労働者を分ける境界は、図3.5の実線のように描けるわけです。

　この実線は、金融制約がない場合を表す破線と比べると、資産の多い人たちはより起業家になるように描かれています（斜線部分）。なぜかというと、まず、金融制約のもとでは、能力はあっても資産の少ない人たちが労働者とならざるをえず、労働供給が増えます（薄いグレー部分）。それは起業家がその分だけ少なくなることを意味し、労働需要が減ります。そして、以上から均衡賃金水準が下がります。すると、能力は低いけれども資産の多い人たちは、彼らが直面する低賃金で労働者になるよりも、能力が劣っていたとしても起業家になった方が収入が多くなると予測するため、より多くの人々が起業するわけです（斜線部分）。なお、資産が少ないながらも起業した人たちは、制約下の資本で小規模で経営することになります（濃いグレー部分）。つまり、このような金融制約がある経済では、人を雇う側に立ち大規模に経営するためには、能力よりも資産（つまり出自）が重要だということになります。しかもこの経済では、各人の能力が適材適所で使われておらず、企業ごとの限界生産性にバラツキが出るとともに、マクロ経済全体で生産性が低くなっています。

　よく金融自由化をした場合、貧富の差が拡大すると言われますが、この理論からわかる通り、むしろ市場の機能が不十分であるような場合に、貧富の差が出自で固定されやすくなるわけです。結果的に、金融を自由化した場合としなかった場合のどちらで貧富の差が大きくなるかはパラメータの大きさなどによりますが、社会階層のモビリティ（出自が貧しくても能力があれば成功する可能性）を考えれば、どちらの社会がよいか、そして厚生が高いかは、数理的に解かなくても明らかでしょう[11]。

　なお、Rajan and Zingales（2003a）は、発展途上国等では、このような階級の固定化があることを金持ちが理解したうえで、彼ら自身の子孫に有利なよう

11）なお、前述の Townsend and Ueda（2006）では、不平等と経済成長の回帰分析にも、金融深化と経済成長とまったく同様な問題があり、不平等、金融深化、経済成長の3つの変数で、同時決定するシミュレーションをしています。いずれにせよその理論モデルでは、市場均衡が社会的に最適なため、金融コストへの補助金と同様、いわば自然に起きる不平等への政府介入も、むしろ有害となります。

に政治に影響を及ぼし、実際にそれを実現するための規制や政策を実施させて
きたということを、いくつか証拠を挙げつつ糾弾しています。たとえば、企業
家への貸出の際などには学歴を参考にすることが多々あると言われますが、貧
困層に必要な小中学校教育に付ける予算は不十分である一方で、富裕層の子弟
しか利用しない大学教育に大きく予算を付けているなどといった状況が、一部
の発展途上国で見られます。そして彼らは自身の著書に、「そのような（悪徳）
資本家から、本来のあるべき（政治介入のない）資本主義を守ろう」（*Saving
Capitalism from the Capitalists*）というタイトルを付け、このことを主張していま
す。第2章のテーマにもつながりますが、できる限り「見える手」から「見え
ざる手」に経済を委ねるべきということを強調しているのです。

第**4**章

一般均衡理論
金融と効率性の基礎

 ## イントロダクション

　この章から第6章までは、金融の意義にフォーカスして一般均衡理論を解説します。まずこの章では、基礎的な一般均衡理論から始めます。いわゆる基礎的な一般均衡理論は、市場がよく機能しており、ありとあらゆる金融証券（契約）が存在することが前提となっています。その均衡の存在証明の1つとして、ゲーム理論によるものがあり、本章ではそれを軸に説明します。ゲーム理論的な考え方は、第5章以降で扱う不完全情報や不完備市場といった状況で一般均衡を考える際に応用しやすいからです。

　競売人が市場を仲立ちしていると考えると、非常に一般的な条件のもとで、競争市場均衡が存在します。むしろ、そうでないケースを考える方が難しいくらいです。また、その均衡が社会的に最適になります。一方、投資が投資を呼ぶといった「正の外部性」がある場合、通常の競争市場均衡では投資水準が社会的に過小になりますが、銀行が競売人の代わりに（しかし競争的に）資本を仲介すれば、社会的に最適な投資がなされるという理論も紹介します。なお、信用組合のような組合の中では、字義的にむしろ構成員が協力し合って資本を分け合いつつも、信用組合のレベルでは構成員獲得競争をしている場合も、競争市場均衡となることを説明します。

　なお一般均衡理論の基礎は、かなりの数学的な議論が必要になります。大学院レベルのミクロ経済学の教科書を読み終えている方々にとってはここでの議論は単なるおさらいですが、初見の読者にはわかりにくいかもしれません。その場合

は、できれば標準的な教科書（Mas-Colell, Whinston and Green〔1995〕など）
を参照しつつ、読み進めてください。

1 完備競争市場のベンチマーク

「市場が完備である」とは、すべての状況や場所などの条件付きの財の受け
渡しに関する契約が（これを**アロー・ドブリュー証券**と呼びます）、市場を通じて
売買できる状況のことです。これは、あらゆる状況などについての情報がない
と成立しませんので、情報の側面から言えば完全情報でもあります。このよう
なとき、競争市場には均衡が一般的に存在します。

そのフォーマルな証明の最初のものである Arrow and Debreu（1954）では、
価格を提示する競売人を通じた市場を考え、それによる財の配分に均衡が存在
することを示しています。そのような均衡はワルラスの考えをもとにしている
ので**ワルラス均衡**とも呼ばれ、また特にフォーマルなモデルでの均衡は**アロ
ー・ドブリュー均衡**とも呼ばれます。

さらに、この競争市場均衡は、計画経済において各人の社会ウェイトを丁寧
に選ぶことで再現できます（Negishi 1960）。ここでいう**計画経済**とは、所与の
社会ウェイトに従いつつも、域内のすべての人の効用のこと（だけ）を考慮す
る博愛主義的な中央集権的社会計画者（政府など）が、財の配分を決定する社
会のことです[1]。定義的に、そのような人が計画した財の配分は、社会的に**パ
レート最適**（Pareto optimal）なものとなります。競争市場均衡が計画経済の結
果を再現するということは、社会的にパレート最適な配分を達成するというこ
とです。これを**厚生経済学の基本定理**と呼びます。これらの議論を少々おさら
いしてみましょう[2]。

---

1) そうした博愛主義的独裁者が存在するかについて、多くの経済学者は懐疑的です。し
　かし、これは虚構のものとして便宜的に仮定し、理論を完成させてきています。
2) 以下の説明のいくつかは、一般均衡論の教科書 Ellickson（1993）にある程度従ってい
　ます。

1.1　ベルジュの最大値定理

綺麗な半球のお椀を考えて、それを逆さにして平らなテーブルの上に置き、下敷きを上に載せると、一番上の1点で接します。四角のテーブルの一片を x 軸、もう片方を y 軸としてみると、接点の xy 平面（テーブルの平面）上への投射点があります。接点はお椀のてっぺんで、高さ方向（z 軸）で最大値をとっています。

ここでたとえば、何らかの理由で、下敷きはてっぺんには置けないとし、その制約をテーブル上の x と y のとれる範囲で考えて、その範囲内で、最大値がとれるように下敷きを動かしてみましょう。その下敷きの斜面とお椀はどこか1点で接します。制約を非常にキツくすると、お椀の端でしか下敷きと接することができず、その傾斜が急になります。逆に、その急なところから、制約を徐々にゆるくして、てっぺんに至るまで、下敷きを徐々に動かしていくと、下から上に向かって、接点が動いていきます。この接点の動きを、お椀の乗っているテーブルの上、xy 平面に投射してみると線が引けます。ここで説明するのは、このような関数をどのように特徴付けられるかを考える定理です。

これは数学では、**ベルジュ**（Berge）**の最大値定理**として知られているものになります。フォーマルには数学的に一般的な空間を考えます。制約は、定義域 X から値域 Y への対応 $\phi(x)$ と考えられ、それが連続でコンパクト（有限実数空間では、有界かつ閉集合であること）とします[3]。この空間は一般的にとることができ、たとえばゲーム理論で扱われる｛左、右｝といった数値でないような選択肢をとる空間を含みます[4]。さらに、定義域を $X \times Y$ とし、値域（お椀の高さ）を実数空間 $\mathbb{R}$ とする連続関数 f を考えます。それぞれが1次元の実数空間であれば、これは xy 平面から z への写像となるような3次元で描けるものです。そして、y がとれる値の集合が x に応じて制約 $y \in \phi(x)$ がある状況です。図4.1には、この状況を、お椀でなく、より一般的な立体を描いて、

---

3) 本書における**関数**とは、x と y が1対1の対になっている写像のことです。また、**対応**は correspondence の訳で、1つの x に多くの y があるような写像を指します。なお「一般的な空間」といっても、最低限の要請として、その中にある任意の2つの点の周りの2つの部分集合を分けて考えられるような空間（**ハウスドルフ空間**と言います）を仮定しています。

4) 一般的な空間でのコンパクト性は、Ellickson（1993）などを参照してください。

図4.1 制約のもとで選択可能な空間

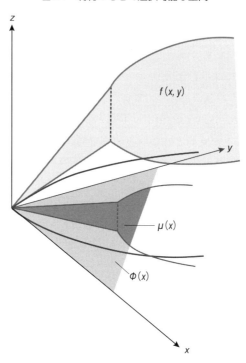

表しています。

　そのとき、各 x において、（z 方向に）最大値をとるように y をうまく選ぶと します。その最大値は x ごとに決まります。すなわち

$$m(x) = \max_{y \in \phi(x)} f(x, y)$$

を考えます。これは、動的計画法では**価値関数**（value function）と呼ばれるも ので、ゲーム理論では最大の利得に当たります。ここで、それぞれの x に関し て、最大値を可能にするように選んだ（maximizer）y は、以下のように表され ます。

$$\mu(x) = \underset{y \in \phi(x)}{\mathrm{argmax}} f(x, y)$$

これは、動的計画法では**政策関数**（policy function）と呼ばれるもので、ゲーム 理論では次項で説明する最適反応に当たります。

このとき、ベルジュの最大値定理は、$m(x)$ は連続関数で、$\mu(x)$ は上半連続でコンパクトな対応となることを示します[5]。なお、目的関数 $f(x, y)$ の下の集合（逆さにしたお椀の下にできる空間）と制約集合 $\phi(x)$ が凸であれば、対応 $\mu(x)$ はそれぞれの x に関して凸になります。

なお、上半連続の対応に関連してよく知られているのが**角谷の不動点定理**です。これもおさらいしておくと、x の定義域 X が非空かつコンパクトで凸な空間（ただし足し算と掛け算ができる空間、すなわちベクトル空間）とし、凸で上半連続な対応を $\Psi(x)$ とすると、対応 Ψ は不動点を持つこと、すなわち以下のような x が存在することを示す定理です[6]。

$$x \in \Psi(x)$$

1.2　ナッシュ均衡

ここで、一般的なゲームを考えます。そこには、$i = 1, 2, \cdots, I$ のプレイヤーがいます。それぞれの戦略 s_i はそれぞれ S_i という戦略空間（ベクトル空間の部分集合と仮定）からとられる（$s_i \in S_i$）とし、すべてのプレイヤーの戦略が $s = (s_1, s_2, \cdots, s_N)$ とすると、その戦略空間は $S = \Pi_{i \in I} S_i$ と表せます。ここで $S = \Pi_{i \in I} S_i = S_1 \times S_2 \times \cdots \times S_I$ であり、S は要素 S_i のカルテシアン積（いわゆるベクトルの形）と呼ばれます。なお、Nash（1950）にならって混合戦略を考えます。たとえば、純粋戦略が（右、左）のときに、混合戦略では p の確率で右（$1-p$ で左）をとるとするので、$p \in [0,1]$ が戦略となり、その足し算や掛け算も普通に定義でき、戦略空間がコンパクトかつ凸の空間になるわけです。さらに、期待利得も p に依存して滑らかに変化し（連続となり）、とりわけ急に凹むことがない（期待利得の集合が凸になる）ことがわかると思います。ただし、混合戦略のフォーマルな定義と表記法は少々複雑です。第 5 章でまた取り上げますが、とりあえずここではその表記法を無視して、純粋戦略のような書き方を保ったままで、実際は混合戦略であるとして議論を進めます。

----

[5] **上半連続**は、ここでは一般的な空間で定義されており、upper hemicontinuous の訳です。簡単に言えば、xy 平面上にグラフを書いたときに、その定義域と値域上で、すべて閉じているようなグラフが書ける状況です。

[6] **凸空間（集合）**とは、任意の 2 点の中間点が、同じ空間（集合）に入るような状況です。

ゲームでは各プレイヤーが、自分以外のプレイヤーの戦略 s_{-i} を所与として、自分の利得を最大化する戦略を選びます。これを**最適反応**といい、次のように表します。

$$s_i = B_i(s_{-i})$$

ここで、全員分の戦略をカルテシアン積の形で書き、それぞれが最適反応をとる場合の戦略に＊を付ければ、

$$s^* \in B(s^*) = \prod_{i \in I} B_i(s^*_{-i})$$

と表せるような戦略 s^* が考えられます。つまり全員が互いに最適反応となっているような戦略のベクトル s^* は、最適反応対応の不動点になっています。これが**ナッシュ均衡**の定義です。

ここで、混合戦略を考えたうえで、ベルジュの最大値定理を用いることで、最適反応は上半連続な対応であることがわかるとともに、同時にそれは凸になります。そして、角谷の不動点定理により、最適反応対応の不動点の存在が証明されます。これが、Nash（1950）によるナッシュ均衡の存在証明の内容です。この存在証明は非常に一般的であり、いったん知ってしまうと、均衡が存在しない状況を考える方が、むしろ非常に難しい問題となるわけです。

1.3 アロー・ドブリュー均衡

さて、次もミクロ経済学の基本のおさらいですが、Arrow and Debreu（1954）は、このゲームに 2 点ほど手を加えました。1 つ目は、戦略空間が自分と他人の戦略によって制約を受けるということです。フォーマルには、戦略空間は $K_i(s)$ というような**制約付き対応**（constrained correspondence）によって、その中の戦略のみ選択可能になります。これは、たとえば予算制約や資源制約のようなものを指します。つまり、単なるゲームであれば、たとえば {左、中、右} のような 3 つの戦略からなる戦略空間のいずれの選択肢も常にとりうると仮定するのに対し、通常の「経済」（economy）では、{車、家、車と家} のような 3 つの（消費）戦略空間のどれでも常にとることができるわけでなく、これとは別に予算制約を考え、それによって（消費）戦略空間が制限されるわけです。ただし、このような制約を受けた戦略空間は依然としてコンパクトであ

ると仮定します。Arrow and Debreu（1954）は、このように拡張されたゲーム概念を**抽象的経済**（abstract economy）と呼びました。そして彼らは、そこでは、通常のゲームにおけるナッシュ均衡と同じように、ベルジュの最大値定理と角谷の不動点定理により、最適反応の不動点が存在することを示しました。これも、一般的なゲームのナッシュ均衡から、ほんの少々変更を加えただけですので、均衡が存在しない方がなかなか考えられません。

　次に、Arrow and Debreu（1954）における2つ目の変更は、I人のプレイヤーを3種類の人々に分けたことです。1種類目は消費者でM人、2種類目は生産者でN人、そして3類目は競売人で1人です。競売人は日本では今でこそ豊洲の魚市場くらいでしか見られないかもしれませんが、かつては、そして国によっては今でもかなり見られるものです。たとえばアメリカでは、サザビーズなどのオークションは、テレビなどでもしばしば見られる光景です。

　もともとのゲームや抽象的経済においては、プレイヤーの戦略と利得はかなり一般的で自由であり、それぞれ違うものでもよかったのですが、このような**アロー・ドブリュー経済**（Arrow-Debreu economy）においては、それぞれの戦略や利得もある程度規定されます。消費者は財の消費などが戦略で、そこから得られる効用が利得です。生産者は財の生産などが戦略で、利潤（より一般的な効用でもかまいません）が利得です。

　とりわけ特徴的なことは、競売人の戦略を価格の設定とし、その利得を超過需要の価額（価格×数量）としたことです。この場合、ナッシュ均衡においては、他のプレイヤーの戦略を所与として自分の（最適）戦略を決めることから、競売人の戦略である価格は、消費者と生産者にとっては所与のものとなります。これは**プライス・テイカー**の仮定とも言われますが、これがいわゆる完全競争市場経済における均衡の最も重要な基礎になります。より一般的な抽象的経済に均衡が存在したので、このようなアロー・ドブリュー経済でも当然均衡が存在します。これが、**アロー・ドブリュー均衡**です。またはより一般的に、**ワルラス均衡**（Walrasian equilibrium）、あるいは**競争均衡**（competitive equilibrium）とも呼ばれます。

　たとえば、資本市場で、1人の消費者、1つの企業、1人の競売人からなる2期間のアロー・ドブリュー経済を考えてみましょう。消費者は貯蓄で資本を供給すると考えます。初期保有量がw、今期の消費と来期の消費を(c_1, c_2)と

し、貯蓄を s とします。それぞれの期での効用関数は $\log(c)$ とし、割引因子を β とします。金利は元利合わせて R としますが、これは来期の消費の現時点での「価格」ですので、競売人の戦略であり、消費者にとっては所与です。

　そこで消費者は、生涯（2期）を通じた効用を最大化するよう貯蓄戦略（資本供給）を決めます。当然のことながら、戦略空間はコンパクトで凸な $[0, w]$ となります。しかし、予算制約が、貯蓄戦略空間を制約するものとして入ります。なお、消費者は企業を株主として保有しているため、最終的にはその利潤 π も手に入りますが、それは企業がとる戦略で決定されるため、消費者が貯蓄戦略を決断するときには所与となります。

$$\max_{s \in [0, w]} \log(c_1) + \beta \log(c_2)$$
$$\text{s.t.} \ c_1 + s \leq w$$
$$c_2 \leq Rs + \pi$$

　企業は資本 k を第1期の終わりに消費者から借り、第2期の終わりに返すとします。ここで生産関数は単純に $y = Ak^\alpha$（労働投入を1と考えればコブ・ダグラス型）とします。そして、使った資本は100%減耗すると仮定します。企業は金利 R（元本含む）を所与として、利潤を最大化するよう資本投入戦略（資本需要）を決めます。戦略空間は、これも $[0, w]$ と考えてよいでしょう。

$$\max_{k \in [0, w]} \pi = Ak^\alpha - Rk$$

　競売人は、超過需要の価額が効用であり、それを最大化するように価格 R を決めます[7]。戦略空間はコンパクトと考え、何らかの上限があるとし、$[0, T]$ としましょう。

$$\max_{R \in [0, T]} R(k - s)$$

この競売人の最適反応は、$k > s$ で資本の超過需要があるときには $R = T$ で上限となり、逆に $k < s$ で資本の超過供給があるときは $R = 0$ で下限になります。そして、需給がマッチしたところで、$R \in [0, T]$ のいずれの値もとりえ

7） なおここでは、競売人も企業体であり、その利潤は株主である消費者に還元されると考えます。

ます。さらに、これが全体として対応となります。なお、ここでは均衡は解きませんが、簡単に示すことができるのでチャレンジしてみてください。

　ここまで、今後必要となってくる議論もあるので、ミクロ経済学のおさらいを多少詳しく解説しましたが、これに付随する基本的な特徴は本書では触れません。ただし、重要なことを1つ挙げるならば、厚生経済学の基本定理です。すなわち、先に述べたような戦略集合や効用に関する基本的な条件を満たしたうえで、すべての（条件付きの）財に対応するアロー・ドブリュー証券が存在すれば、非中央集権的な市場経済がパレート最適な財の配分を達成することが知られています（第1定理）。また逆も真であり、あるパレート最適な財の配分は、適当な初期保有量を選ぶことで、市場経済によって達成されます（第2定理）。なお、パレート最適は**パレート効率的**（Pareto efficient）とも呼ばれ、また単に**効率的**（efficient）とも呼ばれます。そこで、しばしば「競争市場均衡は効率的な配分をもたらす」と言われます。

　特に、ここでのアロー・ドブリュー流のワルラス均衡がパレート最適となっていることについては、中央集権的な社会計画者の問題を考え、その1階の条件が、非中央集権的なアロー・ドブリュー経済のそれぞれのプレイヤーの1階の条件と同じになることで示されます。

　社会計画者は市場を使わず、直接、財の配分（ここでは資本と消費）を行いますが、企業の利潤は考えず、あくまで最終的な効用の享受者である消費者の効用を最大化します。そして、貯蓄 s はそのまま資本 k として生産に投入しますので、次のような問題を解くことになります。

$$\max_{k \in [0, w]} \log(c_1) + \beta \log(c_2)$$
$$\text{s.t. } c_1 + k \leq w$$
$$c_2 \leq A k^{\alpha}$$

　前述の競争均衡の解の（1階）条件と、この社会計画問題の解のそれとが一致しますので、この場合、競争均衡は社会的にパレート最適であることがわかります。なお、これらは M 人の同質の消費者、N 人の同質の生産者、1人の競売人のケースでもまったく同じです。その場合、競争均衡では、代表的消費者、代表的企業、そして1人の競売人の問題を解くことになります。社会計画問題では、（同じウェイト付けをした）M 人の消費者、N 人の生産者の、次の

ような問題を解くことになります。

$$\max_{s_i \in [0, w],\, k_j \in [0, w]} \sum_{i=1}^{M} (\log(c_{i1}) + \beta \log(c_{i2}))$$
$$\text{s.t.} \sum_{i=1}^{M} (c_{i1} + s_i) \le Mw$$
$$\sum_{i=1}^{M} c_{i2} \le \sum_{j=1}^{N} A k_j^{\alpha}$$
$$\sum_{i=1}^{M} s_i = \sum_{j=1}^{N} k_j$$

より一般的には、異質な消費者や企業が考えられ、社会計画者の問題では、社会ウェイトが人によって異なるように表すことができます。

2 外部性があるときのワルラス均衡

それでは、前節で議論した自由な非集権的市場での競争均衡がパレート最適とならないのはどのようなときでしょうか。従来はさまざまなケースで、自由競争が最適とならないと考えられてきましたが、近年の数々の研究により、そのようなケースは徐々に少なくなってきていると言ってよいでしょう。

たとえば、伝統的には「外部性があるときには競争均衡はパレート最適とならない」と指摘されてきました。前節の資本市場の例では、Romer（1986）の**内生的経済成長理論モデル**が有名です。そこでは、企業の生産関数は次のような形を想定します。

$$y_j = A K^{1-\alpha} k_j^{\alpha}$$

ここで、k_j はこれまで通り企業 j の資本投入量ですが、K はすべての企業の平均的な資本投入量とします。つまり、他の企業が多く投資をすればするほど、1つの企業の生産も増えるということです。実際、1つの企業にとっての全要素生産性（TFP）は、単なる A から $A K^{1-\alpha}$ に変わっています。

こうした状況は、産業革命期のイギリスを見て、経済学の大著を著したマーシャルによって議論が始められました。自動車の例で言えば、他の自動車メーカーによって、タイヤやブレーキなどの部品産業が発展すれば、それによって

ある1つの自動車メーカーにも、品質向上やコスト削減など、恩恵が波及することになります。ソフトウェア産業が集積しているアメリカのシリコンバレーなどでも、核となる企業がプログラマーの雇用を増やすことで、多くの学生がプログラマーを目指すようになり、その結果また他のソフトウェア企業にも好影響を与えてきています。もちろん、それらの企業に投資するベンチャーキャピタルの投資規模も大きくなり、優良企業を見抜く目も肥えてくるなど、エコシステム全体として育ってくるわけです。

このような場合、ある1つの企業の投資が他の企業に間接的によい影響を与えます。これを、議論を始めたマーシャルにちなんで**マーシャルの外部性**と言います。そして、これがあるとき、市場における金利はどうなるかが問題となります。1企業がその投資戦略を決める場合の1階の条件は、他の企業の戦略である K を所与としますから、

$$R = \alpha A K^{1-\alpha} k_j^{\alpha-1}$$

となります。ここでは同質の企業を仮定しているので、均衡では $K = k_j$ であるはずです。したがって、競争市場均衡金利は

$$R^{CE} = \alpha A$$

となります。

一方、社会計画者の問題はどのように考えられるでしょうか。社会計画者にとっては、外部性はわかっていることなので、はじめから $K = k_j$ であり、社会計画者にとっての代表的企業の生産関数は $y = AK$ です。そこで、社会計画者がもし金利を付けるとすれば、それは

$$R^{SP} = A$$

となります。

つまり、市場金利は $\alpha < 1$ の分だけ本来の社会全体のリターンよりも低くなります。1つひとつの企業にとっての投資から得られる収益は、他の企業へのよい影響という社会的リターンを含んでいないことを示します。そのため、投資（＝貯蓄）はその分だけ、本来より少なくなります。

この過小投資による問題は、オイラー方程式で確認できます。競争市場均衡

でも、社会計画者の問題でも、引き続き $\log(c)$ の効用関数を使うと、オイラー方程式は以下のように表せます。

$$\frac{c_2}{c_1} = \beta R$$

すなわち、金利 R が貯蓄・投資量を決め、消費の成長率を決定します。しかし、この金利が競争均衡と社会計画者の問題の解では異なるわけです。なお、第2期目の消費は第2期目の生産量と同じですので、経済成長率を決定することにもなります。このオイラー方程式は無限期間にしても同じなので、Romer (1986) の内生的経済成長理論モデルでは、市場の競争均衡では投資が過小となり、社会的に最適な経済成長率が達成されないことが示されます。

　ここで、**コースの定理**を思い出す読者も多いかもしれません。たとえば、工場からの有毒ガスの排出や、一国の二酸化炭素の排出に伴う**負の外部性**というものは、実はその排出権の市場が完備されていないことによるものです。その権利をうまく設定し売買する市場をつくれば、市場が完備化され、その結果ワルラス流の競争均衡が社会的にもパレート最適となります。これが、コースの定理です。改めて、市場が完備であることが、厚生経済学の基本定理においては重要な条件であることがわかると思います。

　そして、コースの定理は長らく現実的ではないと一部で言われてきたものの、二酸化炭素の排出権市場は 1997 年に採択された京都議定書に謳われ、欧州などではすでに実現しています。もちろん、こうした負の外部性には、市場を使わなくても、政府による規制や税（ピグーが唱えた、外部性を内部化するような**ピグー税**）で対応することができます。しかしながら、いろいろな情報の収集や技術の停滞などがありがちな政府の対応（**政府の失敗**）を考慮すると、政府の役割は排出権を設定して市場をつくるところまでで、後は民間の活力に任せた方がよいでしょう。少なくとも理論的には、市場を完備化すれば、市場の失敗が生じないことがわかっているわけです（なお、ここでは引き続き、情報の完全性を仮定しています）。

　さて、例に挙げている問題は、マーシャルの外部性であり、正の外部性です。経済にとっては特に困ったものではないので、排出権のようなものはなく、市場よりもむしろ政府の補助金政策（産業政策）を使った方がよさそうです。これが Romer (1986) の内生的経済成長理論の政策的含意です。しかしながら、

ここまでの議論とは別の角度から、もう一度市場を考え直してみることもできそうです。そこで、以下は Ueda（2013）の議論に基づいて、金融資本市場システムを考えてみましょう。

3 金融資本市場を再考する

　ここまで見てきた簡単な資本市場のモデルにおいて、Arrow and Debreu（1954）流の理論では、競売人が、消費者の貯蓄を生産者の資本に結び付けるという金融仲介を行う主体です。これは、証券取引所（特に 1990 年代末までいた立会人）がしていたことであり、魚で言えば豊洲市場で活躍している競り人のことになります。

　しかし、広い意味で資本の仲介のシステムを見てみると、日本を含む多くの国々では、証券取引所に代表される市場よりも、銀行による仲介がかなり重要な地位を占めています。例外的に株式市場が発達しているアメリカにおいてさえも、上場していない企業が大多数を占め、またそうした非上場の会社にとっては、シリコンバレーのベンチャーなどを除けば、基本的には銀行融資が資金調達の中心です。日本や欧州など、アメリカ以外のほとんどの先進国は、いわゆる**銀行中心型の資本主義**であり、大企業に対しても銀行融資が重要な地位を占めています。さらに発展途上国の多くでは、株式市場や債券市場があってもその機能は弱く、日本などと比べてもさらに銀行主体の金融仲介といってもよいでしょう[8]。

　そして、アメリカでさえも時代をさかのぼれば、やはり銀行または「金融資本家」が、金融仲介の中心だったと言ってよいでしょう。たとえば、1933 年に制定されたグラス・スティーガル法により商業銀行と投資銀行が分離させられる前は、モルガン家、ロスチャイルド家といった銀行家、実業家によって、かなりのファンドが集められ、広く投資されていたことがわかっています。日本では、戦前の三井、三菱、住友といった財閥（そしてその中心を占めていた銀

8）　なお、何が「銀行」かという点も議論になりえます。ここでは幅広く捉え、「市場」でないもので、預金や債券である程度広く資金を調達し、それを貸し出すということをしている組織体を指します。

行）が、ありとあらゆる業種の企業に投資をしていました。このような金融資本家を中心としたさまざまな企業への投資は、ときに家族のつながりもあって**ファミリービジネス**と呼ばれることがあり、今でもアジアやヨーロッパの多くの国で見られる形態です。もちろん、ファミリーでなくとも、ファンドを集め、多くの企業へ投資しているという意味では、現在のシリコンバレーの大手のベンチャーキャピタルや日本のソフトバンクなども、このような金融資本家とみなしてもよいでしょう。

　ここでは、消費者の貯蓄を預かり、企業へ投資をするという仲介をする主体のことを広い意味での**銀行**と呼びます。Arrow and Debreu（1954）では、競売人は1人でしたが、Ueda（2013）では複数の銀行があるとします。それから、競売人の戦略は価格（ここでは金利）を提示することでしたが、銀行の戦略としては価格と数量を提示することができるとします。これは、たとえばローンを借りるときに、ローン金利とローンの額は同時に決められることが通常だからです。ただし、数量については特定しないという戦略も許します。

　銀行は、貯蓄市場と貸出市場の2つの市場で競争することになります。ここで、銀行の戦略を考えましょう。まず、銀行は複数存在していますが、何らかの理由で、貸出市場で独占ができるとします。すると、どのような貸出戦略をとるでしょうか。元手は消費者から預かった貯蓄ですが、ここではとりあえず、ある一定額を保有しているとしましょう。貯蓄は手元に置いておいても何も生みません。そこで、それをすべて貸し出します。企業は同質であると仮定しているので、同じ金額ずつすべての企業に貸し出すことになります。それで、貸出の「指定」は終わりです。

　それでは、どれほどの貸出金利をとれるでしょうか。いま考えている銀行は貸出市場を独占しているので、ある1つの企業に貸し出して投資させることが、同様に貸し出しをしている他の企業の業績にも好影響を与えることを、当然考慮します。つまり、貸出市場に限って言えば、あたかも社会計画者のように正の外部性を内部化できるのです。このとき、独占銀行は、$R^M = A$ という外部性を内部化した金利を企業に要求できます。これは社会的に最適な金利と同じです。

　ただし、そのようなワルラス市場金利 αA より高い金利 A では、1つひとつの企業には、投資を他の企業より控えて、**フリーライド**（ただ乗り）をしよ

うとするインセンティブが生まれます。つまり、金利が所与のときの企業の1
階の条件が、

$$R = \alpha A K^{1-\alpha} k_j^{\alpha-1}$$

なので

$$\frac{k_j}{K} = \left(\frac{\alpha A}{R}\right)^{\frac{1}{1-\alpha}}$$

となり、$R > \alpha A$ のとき、各企業が自分の投資量も選べるのであれば、他の企
業の投資より少なくしよう（$k_j < K$）とするわけです。

　しかし独占銀行は、貸出量も貸出金利とセットの貸出契約をオファーするこ
とで、個々の企業の（私的に最適な）投資需要を超えた（社会的に最適な）投資
額を要求できます。このとき、既述の通り企業は同質ですので、すべての企業
に貯蓄を同じだけ割り振るというような形の貸出をオファーする戦略がとられ
ることになります。

　企業は、その貸出契約のオファーを断れば資金を借りられず生産できないの
で、それを受容することが最適反応となります。つまり、各企業の生産は
$k_j = K$ という銀行の貸出戦略をもとにすれば、結果的に生産量は $y_j = Ak_j$ と
いうことはわかり、そして元利返済は同じく Ak_j なので、利潤がゼロと予想
します。オファーを断って廃業するかどうかという2択が示されれば、この条
件を受容することが（弱い意味ですが）ベストな戦略となります[9]。

　ここで、銀行はかなり強力に融資をし、投資を促していますが、たとえば歴
史的にモルガン家のしていたことなどを書いた Chernow（1990）などを読むと、
金融資本家が、アメリカ全土で鉄道網やそれにつながる運河、そしてそこから
つながる海運業などを営む企業などにかなり積極的に投資をして、全体として
儲かるようにしたことが、よく記録されています。日本でも西武鉄道、阪急鉄
道などを思い浮かべれば、商業施設、宅地開発と一体化して利益を上げてきた
ことがわかるでしょう。現代でもシリコンバレーのベンチャーキャピタルなど
は、そうではないでしょうか。それぞれのサービスが相互に連関して発展して
きたのが、近年の情報産業と言えるでしょう。

　しかし、銀行が独占的であることはめずらしく、通常は複数で競争していま
す。ここで、銀行の元手となる市場、つまり預金市場での競争を考えます。貸

出市場で独占的な立場をとるためには、預金市場も独占しなければなりません。そこで、預金金利をつり上げて行くわけですが、どこまでつり上げられるかと言えば、もし独占になったら貸出から得られる金利 A までは、当然つり上げます。逆に、これ以下では均衡にならないことがわかるでしょう。もしこれ以下が均衡預金金利であれば、ある銀行がそれより少しだけ高い預金金利を付けて、独占銀行となり、貸出市場で A の金利を付けることで、正の利潤を得られるからです[10]。

なお、預金量を制限することもできますが、理論的にはどの銀行も行いません。というのは、とにかく多く預金を獲得して独占になろうとするわけですから、消費者が貯蓄をしたいままに受け入れることが、同じ金利であれば、銀行にとっても最もよい預金契約のオファーとなるからです。すなわち、この理論では、貸出側では銀行が貸出量を契約に入れますが、預金側では預金量には文句を言わないという契約を、最適なものとして銀行が提供することを示します。

さて、そのようにして預金市場でも競争すると、全体としては複数の銀行が均衡で存在し、預金金利も貸出金利も $A = R^{SP}$ という社会的に最適な水準と

---

[9] 利潤がゼロのときに操業するという仮定は、経済学では一般的な仮定です。なお、経済学では一般的に、資本 K に r の金利、労働 L に w の賃金を支払うとき、利潤は $\pi = y - rK - wL$ と定義し、それは競争均衡ではゼロになります。しかしながら、これは企業会計とは異なるコンセプトであることに注意してください。まず、経済学でいう金利 r というのは、資本家に対するすべての支払いを含み、必ずしも企業会計における利子支払いだけではありません。企業会計での「最終損益」からは税金と利子支払いが引かれています。それに税金を戻し、資本家への支払いである利子支払いを戻して（「特別損益」も除いた）企業会計での「営業損益」（より正確には EBIT）が、経済学で考える $\pi + rK$ となり、競争均衡ではこれが（π がゼロなので）rK となります。したがって、企業会計での「最終損益」や「営業損益」が通常ゼロと経済学で考えるわけではありません。そして、経済学の考え方では、会計上の「営業損益」からすべての資本の出し手に順番に、利子支払い、（その後の「最終損益」から）配当金支払いがなされ、さらに残りは剰余金としてキャピタルゲインをもたらし株価上昇を通じて株主に還元されると考えます。

[10] ただし、数学的にはさらに難しい問題をはらんでおり、証明はそれほど単純ではありません。実は、このような均衡を達成するには、銀行間市場を開き、貯蓄と貸出の差をそれぞれの銀行が調整できるようにする必要があり、さらにそこでも各銀行は戦略的に動く必要があります。そのような銀行間市場を入れることで、預金市場と貸出市場では、結果的にここで記述したような均衡になります。詳しくは Ueda (2013) を参照してください。

なります。そして、預金量はそのもとで消費者が選ぶ水準、すなわち社会的に最適な水準であり、それを銀行が各企業に等しく融資し、投資させることで、投資水準も社会的に最適となります。その結果、経済成長も社会的に最適になります。

　もう1点付け加えると、複数の銀行が均衡で存在しますが、各企業は1つの銀行から融資を受ければ、すでに各企業の観点からは十分すぎるほどの量の融資を得ることができており、さらに他の銀行からも借りようというインセンティブは持ちません。日本を含む多くの国で、1つの企業にはたいてい、メインとなる銀行が主に融資をしていることが知られていますが、この理論モデルではそのような特徴も捉えることができています。

　ここで大事なことは、アロー・ドブリューが定式化したワルラス流の（証券）市場での競争均衡では、社会的に最適な配分は得ることができなかった一方で、複数の銀行が戦略的な競争を通じて金融仲介を行うという金融資本市場の均衡では、社会的に最適な配分に達することが示されたわけです。前節で議論したコースの定理も含め、市場や仲介といったことを基本に立ち返って考え、その中で一般均衡を探るという試みが、ときどき思いもよらない結果を生むことを理解してもらえればと思います。

4 金融仲介における競争を振り返って

　金融仲介業が競争するという概念は、少なくとも Townsend（1978, 1983）にさかのぼります。そこでは、どちらかというと信用組合（や農協）のような組織を考え、そのメンバーになるとその中で貯蓄と投資が組合内で協力的になされます。ただし、どの組織もメンバーを募集しており、そこに競争があります。

　これは、非協力ゲームをもとにした Arrow and Debreu（1954）の非集権的経済の均衡と、協力ゲームを基礎とした**コア**という概念をもとにした非集権的経済の財配分を考えるアプローチの折衷案のような形になります。

　ここで簡単に、コアの議論をおさらいしておきましょう。2人2財の経済をエッジワース・ボックスで表し、2人の初期保有量は異なる、たとえば片方は財1をもう片方は財2を多くもっている、という状況を考えます。2人は、

(協力しあって) 財を交換するのですが、当然、2人とも納得のいくところまで
しか交換しません。このとき、財を交換する場合は、少なくとも交換前までの
効用と同じかそれ以上の効用が得られなければ、交換に参加することはないで
しょう。このとき、交換された後のありうる財の配分にはいくつか候補があり
ます。これらのありうる配分が、この経済のコアです。

　ところが、これを2財のまま、同じような2人を加えて4人に、そして6人
に、という具合に同じ初期保有量と効用を持つ2人組を増やしていくとします。
そのコアの行き着く先は、アロー・ドブリュー流のワルラス均衡となるという
結果 (**ドブリュー・スカーフのコア同値定理**；Debreu and Scarf 1963) があります。

　Townsend (1978, 1983) では、経済社会の中で、いくつかのグループができ、
そのグループ内では話し合い (交渉) によって貯蓄と投資をする、つまり、コ
アの配分を達成する (またはグループ内で市場をつくり競売人がワルラス均衡をも
たらす) 状況を考えます。そして、どのグループに入るかは、そのグループの
代表がメンバーの参加を募ることで競争し、そのときグループに参加する場合
の期待効用を示す、という状況を考えます。これは、たとえば信用組合 (かつ
ての日本の無尽講や発展途上国でのマイクロ・ファイナンスなども)、または複数
の証券取引所の間のメンバー獲得競争ともみなせます。そうした競争はワルラ
ス均衡となることを示したわけです。

　Stahl II (1988) は、よりスタンダードな非協力ゲームの枠組みを使い、仲介
人が預金市場と貸出市場でそれぞれベルトラン競争をする状況を分析しました。
それぞれの預金供給と貸出需要は簡単な関数形で与えられた部分均衡モデルで
すが、どちらで先に競争するかにより異なる結果を得ました。ただ、やはりま
ずは預金が元手として必要であるならば、一般的なベルトラン均衡と同様、ワ
ルラス均衡と同じくなることを示しています。これを発展させた Yanelle
(1997, 1998) は、両市場で同時のベルトラン競争を考えました。この場合、独
占的仲介人が生まれうるが、それが誰になるかは確率的に選ばれることを示し
ています。

　いずれにせよ、これらの研究では静学的でまた外部性のないモデルを考えて
おり、加えて基本的には仲介人による価格に関するベルトラン競争を想定して
いるので、たいていの場合はワルラス均衡でかつ社会的に最適な配分となるこ
とを示します。

　一方、Ueda（2013）では、外部性があるためワルラス均衡と社会的に最適な配分が異なります。そのうえで、価格だけのベルトラン競争でもなく、数量だけのクールノー競争でもなく、価格と数量の2つの次元での仲介人の競争としています。これは、第5章で説明するPrescott and Townsend（1984a, b）に端を発する、不完全情報のもとでのモラルハザードや逆選択がある場合の一般均衡分析で用いられている、価格と数量の同時決定を取り入れたものです。ただし、Prescott and Townsend（1984a, b）においても、第5章で詳述しますが、競争のあり方はUeda（2013）とかなり異なっています。

5　政策的含意

　どのように正の外部性を持つような産業をファイナンスするかは、「産業化」をめぐる大きなシステムの違いとして捉えれば、歴史的に重要な研究対象でありつつ、現代的な政策課題でもあります。Gerschenkron（1962）は産業革命の類型を3つに分け、(1)そもそも最初にイギリスなどで起きた（戦後の台湾などもですが）小規模な企業家による同時多発的な産業化、(2)その後ドイツ、アメリカ、日本で起きた、金融資本家を中心とした、競争環境にありながらも、ある程度組織化された産業化、そして、(3)その後のソ連型の政府による社会計画のもとでの産業化があったとしています。

　また、鉄道というインフラを例に挙げても、当初はイギリスでもアメリカでも日本でも、民間によって開発が始められたことは周知の通りであり、また一度は国営化されましたが、1980年代以降主要先進国で民営化されて運営されてきています。こうした中、正の外部性のあるインフラを政府主導で整備するのか、それとも民間主導で行うのかは、現実の政策実行に際しても大きな議論があります。特に、アジアに目を向ければ、端的に言えば、中国が主導しているアジアインフラ投資銀行（AIIB）を利用した社会計画的な政策（一帯一路政策）と、日本が主導しているといっても過言ではないアジア開発銀行（ADB）が推進しているような金融資本市場の整備などを通じた民間活力の利用という、いわば、金融システム間の競争があります（Dollar 2018；Ueda 2018）。

　さらに、現在のフィンテック業界、さらにデジタル経済全体の動向を考察す

れば、データのサイズやユーザー数など、規模の経済、ネットワークの外部性、そして業種間での補完性など、正の外部性が明らかな業態だと言えるでしょう。つまり、現在の先進国においてもまた、外部性のある状況での市場と政府の役割に関する理論的・実証的研究の必要性はますます高まっているのです。

第5章

不完全情報と一般均衡理論

イントロダクション

　不完全情報の問題は、大きく分けて2つあります。1つは努力水準がわからない（hidden effort）問題であり、これは「モラルハザード」を引き起こします。もう1つは、いろいろな人がいたり、いろいろな物があったりする中で、どれが良い人（物）か悪い人（物）かわからない（hidden type）という問題です[1]。これは、「逆選択」や「シグナル・ジャミング」などのさまざまな問題を引き起こしますが、根本的には逆選択の問題であり、その応用としていくつかの類似の問題があると考えることができます。ちなみに、モラルハザードと逆選択が組み合わさった理論もありますが、それは2つの問題を素直に足し合わせたものとなるため、特に複雑化するわけではありません。

　本章では、まず第1～4節では不完全情報下のモラルハザードがある場合の一般均衡論を説明します。よくある議論は、「情報が不完全で契約相手の努力水準がわからない（hidden effort）状況の場合にはモラルハザードが生じ、本来の適切な努力水準、したがって生産水準が達成されず、市場が失敗している。そのため、政府による対応が必要だ」というものです。しかしながら、この考え方は間違っており、政府がこの場合でも市場に介入する必要はないということが、Prescott and Townsend（1984a, b）によって証明されました。さらに、その考え方を進めた Atkeson and Lucas（1995）では、「結果としての所得の不平等は

1） これらとは別に、完全情報と不完全情報のハイブリッドのような状況でのモデルも存在しますが、それは第6章で説明します。

必然であり、それに対する（再分配などの社会主義的な）政府介入はむしろ害悪である」という含意が得られています。

　次に第5節では、逆選択のある場合の一般均衡論を説明します。これは、なかなか難しい問題であり、嚆矢となった Rothschild and Stiglitz（1976）の保険の理論では、「良いタイプ」と「悪いタイプ」がいて、保険会社には契約時に直接には見分けられないとき、そもそも均衡がないかもしれない、またあったとしても、タイプを分けない一括均衡となることがありえ、タイプ別に契約が成立している分離均衡も必ずしも社会的に最適な配分をもたらさないという、自由な市場の役割という面からは、悲観的な結果を示しています。しかし、Bisin and Gottardi（2006）によって、Prescott and Townsend（1984a, b）のモラルハザードの定式化のように逆選択の一般均衡が考えられ、均衡は必ずあり、それは分離均衡であると示されました。それでも、悪いタイプが良いタイプ向けの保険契約を購入したがるので、それを避けるために社会的に最適な配分とならないような契約を良いタイプに提示せざるをえないことになっています。しかしその悪いタイプの行動はある意味、負の外部性を良いタイプに与えているということです。そこでそれを防ぐために、コース流の「外部性の証券化」を考え、その市場を加えた経済における一般均衡を考察すれば、社会的に最適な配分になることが示されています。すなわち、政府介入は不必要ということになります。

1 モラルハザード、不完全情報、社会的最適の定義

　モラルハザードはよく使われる言葉です。若干ややこしいのは、英語・日本語にかかわらず、日常用語として使われるモラルハザードと、経済学で使われるモラルハザードの意味が少々異なる点です。まず経済学では、ある契約に際して仕事を引き受ける者の努力を証明できない場合（not verifiable）、努力という情報は不完全であり契約に盛り込むことができないため、努力水準に依存しない契約を締結せざるをえない状況で用いられます。この場合、たとえば努力をしてもしなくても得られる報酬が同じであれば、あまり一生懸命働かないという状況がありえます。経済学ではこの状況を、モラルハザードと呼んでいます。

　一方、日常用語としてのモラルハザードは、情報が不完全な場合に限りませ

ん。たとえば、銀行預金には預金保険があるため、資金の出し手である預金者はあまり銀行の貸出行動に関心を持ちません。そのため、銀行は多少リスクが高くても平均的リターンが高いと予想されるような投資先、たとえば急展開している不動産デベロッパーやその顧客などに集中的に貸し出したりします。これは、たとえ預金者が銀行行動に関する情報を完全に把握できていたとしても、預金保険があるために起こりうることです。こうした完全情報の場合は、経済学では**リスク・シフティング**と呼ばれています。つまり、リスクが他者（ここでは預金保険）に移転（シフト）するという状況です。また、この例のように貸出ポートフォリオが変わってしまうことを指して、**資産代替**（asset substitution）とも呼ばれます。それに対し、もし預金者が銀行の貸出行動情報を完全に把握できず、そのために銀行が優良な貸出先を選ぶ努力を怠り、貸出先の選別をいい加減にしてリスクを大きくする場合は、経済学的にも（狭義の）モラルハザードと呼ぶことになります。

　経済学で不完全情報下でのモラルハザードというと、多くの人はいわゆる1人のプリンシパルと1人のエージェント間の契約問題を思い浮かべるでしょう。その場合、労働経済学であれば企業と労働者の間の労働契約であり、開発経済学であれば地主と小作人の間の小作契約であり、企業金融論であれば株主と経営者のコーポレート・ガバナンスまたは経営者報酬、もしくは銀行論であれば銀行と借り手の間の貸出契約にフォーカスします。このようなプリンシパル・エージェント問題は、あらゆる契約の裏にある構造ということになります。しかし多くの読者は、その契約が不完全情報の場合は完全情報の場合と一致せず、したがってベスト（最適）なものではない、というところまでの理解で終わっているのではないでしょうか。

　そうした理解は、次の2つの点で不完全だと言えます。1つ目はそれが部分均衡だという点、2つ目は「ベスト」の意味を正確に解釈していないという点です。1つ目については、そもそも1人のプリンシパルと1人のエージェントについてだけの問題（部分均衡）を考えても、マクロ経済全体（一般均衡）で良いか悪いかは、不明だということです。この点は部分均衡で考えている限り、エージェントを複数にしても、プリンシパルを複数にしても同じことです。

　2つ目の「ベスト」の意味については、経済学で使われる「ベスト」には3つあるということをふまえる必要があります。「ファースト・ベスト」「セカン

ド・ベスト」「サード・ベスト」の3つです。**ファースト・ベスト**と言えば、それは完全情報下における社会計画者の解です。これは第4章で説明した通り、完備市場かつ完全情報などの仮定のもとでの競争均衡と一致するものです（厚生経済学の基本定理）。

それに対し、**セカンド・ベスト**は、たとえば不完全情報など、その経済内で生きている人々が直面している制約を仮定するときには、社会計画者（政府）も同様に直面していると仮定する場合における社会計画者の解です。つまり、もし銀行が貸し手企業の経営に関する正確な情報を得ることができないと仮定するならば、政府もまた、その企業の経営の正確な情報は得られないと仮定することになります。そして、もしこのようなときに、（政府なしで）市場に委ねた場合の均衡が、制約付き社会計画者問題の解と一致するのであれば、これは、非集権的な市場均衡がセカンド・ベストであると定義されます。つまり、厚生経済学の基本定理がここでも成り立っているわけです。そしてこの場合には、政府による市場均衡への介入余地がないことになります。

なお、**サード・ベスト**というのは、非集権的均衡がセカンド・ベストにならず、何らかの政策介入の余地がある状況を指すことを意味する用語です。

2 モラルハザードの一般均衡理論

2.1 不完全情報下での最適反応対応

Prescott and Townsend（1984a, b）は、不完全情報下のモラルハザードを考慮したうえでの非集権的な市場均衡はセカンド・ベストであることを示しました。したがって、この場合には規制や補助金などの政策対応を行う必要はないことになります。

具体的には、たとえば貸出契約の場合、多くの銀行がある中で、それぞれの銀行が多くの顧客に（部分均衡的に）モラルハザードを考慮した最適な貸出契約を結びます。ここでは、貸出金利と量が決まります。同時にその貸出契約をまとめて、それを（いわば資産担保証券、ローン担保証券として）証券市場で互いに売買します（2.5項でより詳しく説明します）。そこの証券市場はいわゆる競り人のいるアロー・ドブリュー経済を考えます。その市場での資産担保証券

の価格は、貸出金利に影響を与え、一般均衡としては、銀行の利潤はゼロとなります。

さて Nash（1950）によるナッシュ均衡の存在は、第4章で説明したように混合戦略で証明されました。第4章は、混合戦略のところを純粋戦略の書き方で単純化して説明しましたが、本章は混合戦略でしっかり解説します。その理由は次の通りです。

通常の経済学では、効用の無差別集合や生産可能性集合などの利得や生産物の集合を凸集合と仮定し、それをもたらす戦略の集合とそれに制約をかける資源集合や予算集合も凸集合と仮定するため、均衡での消費や投資などは、実は純粋戦略で決まることがほとんどです。そのため、一般のマクロ経済分析では混合戦略まで考える機会が少ないのです。

しかし、不完全情報を仮定する場合は状況が異なってきます。努力に関する情報が不完全な場合では、エージェントの努力を引き出すようなインセンティブを付与しなければなりません。それが2.3項で改めて詳しく説明する「インセンティブ条件」と呼ばれるもので、それを可能にする戦略（消費や投資など）である「インセンティブ集合」により、さらにとれる戦略が制約されます。しかし、これは（単純な）予算集合による制約と異なり、最終的な利得が常に凸集合だと仮定することはできません。そこで、混合戦略を考えることにより、凸でない部分は期待値の意味で凸にする必要が出てくるわけです（より正確には、角谷の不動点定理を適用するため、最適反応対応を凸化する必要があります）[2]。

たとえば、完全情報下で労働者への報酬を1、2、3、4、5とした場合、企業利潤はそれぞれ9、8、7、6、5と、賃金を高く支払うので低下していくとしましょう（ここでは離散的な数値例を示していますが、実際には報酬も利潤も連続な値をとるとします。図5.1参照）。しかし不完全情報で企業が労働者の努力水準を観察できない場合には、企業利潤は5、4、6、5、4と、労働者にある程度高い報酬を支払った方が努力を引き出すことができ、利潤そのものは必ずしも報酬を増やしても一定に低下しない可能性もあります。このとき、報酬1、2、3に対し、企業利潤が5、4、6と対応していますが、確率2分の1で報酬を1、確率2分の1で報酬を3という混合戦略を、純粋戦略である

2） 凸については第4章の注6（59頁）を参照してください。

図5.1　最適反応対応の凸化

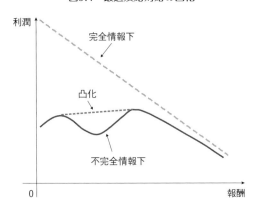

報酬2の代わりにとるとします。すると、期待値での報酬は同じく2ですが、対応する企業利潤は確率2分の1で5、確率2分の1で6であり、その期待値は5.5となり、純粋戦略での企業利潤の4より大きくなります。つまり、インセンティブ集合による制約が利得の集合を非凸にしていたところが、混合戦略を認めることで凸化することができるわけです。

2.2　完全情報下と共通のモデル構造

　上記の議論をフォーマルに表すと次のようになります。これは、銀行が資本kを貸し付けて企業家に努力させる（真面目に働く努力l）、または銀行が預金を住宅向けに貸し付ける（貸出先を真面目に選別する努力l）などする状況です。以下では便宜的に、企業家のケースで考えましょう。企業家は生産$y = \varepsilon A k^{\alpha} l^{1-\alpha}$ を行い、そのうちのある部分であるcだけ消費して効用を得て、努力にかかる不効用を支払い、合計で$u(c, l) = u(c) + v(1-l)$ を得ます（時間の初期保有を1として、努力はしっかり働いた時間lで測っています）。

　全要素生産性（TFP）Aと資本投入量kは銀行も観察でき、企業家も証明もできますが、努力lと生産性ショックεについては、企業家は銀行に対して証明できない状況を考えます。つまり、企業家の生産yが少なかった場合に、それは（外部環境などがもたらした）生産性ショックが原因なのか、企業家が努力を怠ったことが原因なのかが、銀行にはわからないという状況にあるわけで

す。

　ここでは1期モデルを考えます。そこで、貸付については、小国の仮定のもとで金利 r を所与とし、銀行は外国からお金を借り、それを企業家に貸し出すこととします。企業家は報酬のすべてを消費 c に費やします。銀行の利潤 u_b は、企業家の生産から報酬を支払い、さらに銀行自らが借入金の元利を支払った残りである $u_b = y - c - rk$ となります。銀行は、企業家の報酬 C を決めることで、貸出金利とその返済条件を決めることになるわけです（この場合は、ベンチャーキャピタルのような実績に応じた〔エクイティ・タイプの〕契約となる点に注意してください）。なお、銀行の利潤は家計であり企業家でもあるエージェントに最終的には分配されると考えます。

　1企業家当たり消費はその戦略集合から $c \in C$、生産はその戦略集合（生産可能性集合）から $y \in Y$、資本はその戦略集合から $k \in K$、努力はその戦略集合（時間などの初期保有量）から $l \in L$ が、それぞれ選ばれます。なお、それぞれの集合は、1企業家当たりでは1次元の正の実数空間の中にあるとします。ただし、多数の企業家と多数の銀行は、取引を行う事前の段階では同質であり、企業家と銀行の数を足し上げると一定の個数になりますが、その全体数をそれぞれ標準化して1とします。

　企業家と銀行は、そのような戦略集合のすべてをいつでもとれるわけでなく、第4章で説明したアロー・ドブリュー経済における均衡やその社会計画者問題と同様に、戦略集合に制約がかけられています。つまり、資源制約、生産関数、参加制約などの、完全情報のもとでも満たさないといけない制約に加え、さらに不完全情報下でのインセンティブ条件が新たに加わり、それらによって制約された集合の中で、戦略を選ぶことになります。

　ここで資源制約は、努力は1企業家当たりですから、$l \in L$ のままです。資本の貸出も小国の仮定により、銀行は外国から特に問題なく借りてきてそれを各企業家にある上限まで貸し出せるとして、$k \in K$ のままです。ここでは報酬と消費をリンクさせていますが、これは報酬が出てから企業家同士でまた契約を結び、何か異なる消費をするという状況を排除する仮定を置いていることになります（side contract の禁止）。そのため、資源制約は、$c = y - rk - u_b$、つまり銀行の利潤式そのものです[3]。

　非常に一般的に言えば、混合戦略とは消費、生産、資本、努力という変数の

組合せの確率、つまり $C \times Y \times K \times L$ 上に定義される確率ということになります。それを $\pi(c, y, k, l)$ と表します[4]。当然ですが、これは確率であるという条件を満たさなければなりません。つまり、その総和は1として以下のように表記します。

$$\sum_{C \times Y \times K \times L} \pi(c, y, k, l) = 1 \tag{5.1}$$

生産関数では、生産性ショックが確率的に与えられていますので、裏を返せば所与の資本と努力が投入された場合の特定の生産が実現する確率 $P(y \mid k, l)$ を考えることができます。これは、生産関数の別の表現と言えます。混合戦略を考えますので、この確率で表した生産関数を用います。そして、それは混合戦略のとれる範囲を制約します。正確には、任意の（特定の）$(\bar{y}, \bar{k}, \bar{l}) \in Y \times K \times L$ に対して、以下のように書くことができます。

$$\sum_{C} \pi(c, \bar{y}, \bar{k}, \bar{l}) = P(\bar{y} \mid \bar{k}, \bar{l}) \sum_{C \times Y} \pi(c, y, \bar{k}, \bar{l}) \tag{5.2}$$

つまり、任意の資本と努力の投入に対して、それを所与とした消費と生産に関する（同時の）混合戦略（(5.2) 式の右辺）は、資本と努力と生産に対応して決められる消費に関する混合戦略（(5.2) 式の左辺）との間に、生産関数 $P(y \mid k, l)$ を通じて一意の関係（条件付き確率）が決まります。

ここで、企業家は起業せずとも他の手段で生きていける最低限の生活が保証されているとし、その効用を u_0 とします。そして、取引に参加することで u_0 以上の効用が得られるとする条件は**参加制約**（participation constraint）、または**個人合理性条件**（individual rationality constraint）などと呼ばれます。

$$\sum_{C \times Y \times K \times L} \pi(c, y, k, l) u(c, l) \geq u_0 \tag{5.3}$$

具体的に混合戦略は、報酬（＝消費）c を銀行が企業家に確率的に与えるこ

---

3) ここではいろいろな仮定が置かれていますが、それぞれの仮定を緩めた場合どうなるかということに関して、多くの論文が書かれています。しかし本章では、基本的なモデルに焦点を絞って説明します。

4) より正確には $C \times Y \times K \times L$ をもとにしたボレル集合族に対して定義される確率変数ですが、ここでは簡単化のために $C \times Y \times K \times L$ という表記を用います。したがって正確には、π は確率測度（probability measure）となります。いずれにせよ本章では、戦略空間として離散空間を考えているような表記法を使用しているということです。

とになります。もちろん、完全情報であれば、（資本を所与として）努力に応じた報酬を与えれば、銀行は企業家の努力に直接報いることができるので、最適な努力水準を引き出すことができます。したがって、完全情報下での制約は（戦略集合に内在されているものに加え）、以上の (5.1) 〜 (5.3) 式となります。

2.3　不完全情報下のインセンティブ条件

　銀行が企業家の努力を観察できない場合、努力に直接応じた報酬を支払うことはできません。そこで、次善の策としては、観察できない生産性ショックで上下するものの、生産高は平均的には努力に応じて大きくなることから、観察できる生産高に対応した報酬体系を提示するという方法が考えられます。そのような方法で、企業家が努力するインセンティブをうまく引き出すような貸出・報酬スキームを銀行が提示できれば、銀行がターゲットとする努力水準を実現できるわけです。つまり、現実には生産高に応じた報酬体系なのですが、それに対応する努力水準を引き出せるという意味で、理論的には直接努力に応じた報酬体系を示すことと同じであると言えます。このことは**顕示原理**（revelation principle）と呼ばれています。ただし、不完全情報ですので、あくまで銀行がターゲットとした努力水準を企業家が自主的に選ぶ状況でなければなりません。この制約が、2.1 項で触れた**インセンティブ条件**（incentive compatibility constraint）と呼ばれるものです。具体的には、任意の $(\bar{k}, \bar{l}, \underline{l}) \in K \times L \times L$ に対して、以下のように書くことができます。

$$\sum_{C \times Y} \pi(c, y, \bar{k}, \bar{l}) u(c, \bar{l}) \geq \sum_{C \times Y} \pi(c, y, \bar{k}, \bar{l}) \frac{P(y \,|\, \bar{k}, \underline{l})}{P(y \,|\, \bar{k}, \bar{l})} u(c, \underline{l}) \tag{5.4}$$

　ここで、$\bar{l}$ はターゲットとしている努力水準、$\underline{l}$ はターゲットではない（努力しないときのあらゆる）努力水準です。

　インセンティブ条件 (5.4) 式にある $\frac{P(y \,|\, \bar{k}, \underline{l})}{P(y \,|\, \bar{k}, \bar{l})}$ は**尤度比**（likelihood ratio）と呼ばれるもので、ターゲット通り努力をするときとそのような努力をしないとき、それぞれのケースにおける、ある生産 y が実現する確率の比率です。努力をしてもしなくてもあまり変わらなければこの比率は 1 に近くなりますが、努力をすると大きく変わる生産関数であればこの比率は小さく 0 に近くなります。

　もし生産 y に応じた純粋戦略の報酬体系を考える場合は、努力を引き出すには、この尤度比が生産 y に関して単調減少（monotonically decreasing）して

いなくてはなりません。つまり、多くの生産はより多くの努力によって実現される確率が高くなければならないわけです。これは、純粋戦略に基づく最適契約のメカニズム・デザイン問題における**尤度比単調性条件**（Monotone Likelihood Ratio Property：**MLRP条件**）として知られています。

　しかしながら、混合戦略の場合には、インセンティブ条件 (5.4) 式の一部である尤度比にこれほど強い条件は必要なく、条件 (5.4) 式全体が成り立ってさえいればよいわけです。実際、単純化した部分均衡のプリンシパル・エージェント問題である2人が2つの戦略を持つようなケースなどでは、MLRP条件は簡単に確かめられますが、一般均衡で、1人ひとりの消費や投資などを実数空間で捉えて、多くの戦略を持つ多数の人からなる均衡を考える際には、MLRP条件を確かめにくいときがあります。

　言うまでもなく、インセンティブ条件 (5.4) 式こそが、不完全情報の意味を示しており、完全情報下での社会計画者問題と唯一異なる点です。ここで、もし完全情報下で純粋戦略の均衡が存在するにもかかわらず、不完全情報下では存在しない場合、このインセンティブ条件が戦略集合を変な形で狭めているために、最適な戦略（最適反応対応）を凸でなくしている可能性があります。そこで前述の数値例で説明したように、混合戦略を考えることで凸性を確保しているわけです。

　逆に言えば、この新しいインセンティブ条件 (5.4) 式が入っても、ナッシュ均衡（そして角谷の不動点定理）の条件を満たし続けているのであれば、完全情報を仮定していたアロー・ドブリュー均衡と、競争市場均衡の存在証明は変わらないわけです。

2.4　社会計画者の問題

　社会計画者の問題は一般に、次の2つの若干異なる書き方で表せます。1つは、社会ウェイトでウェイト付けした効用の総和の最大化であり、もう1つは、他のエージェントの最低効用水準を満たす条件のもとで、ある1人のエージェントの効用を最大化するものです。これは、エッジワース・ボックスにおける効用水準のうち、先に片方の効用水準を固定しておき、もう片方の効用を最大化する方法をイメージしてください。この後者の問題は、実はラグランジアンで表現できて、制約である他者の最低効用条件（参加条件）のラグランジュ乗

数が（「主人公」のエージェントのウェイト 1 に相対的な）社会ウェイトとみなす
ことができ、結局は前者の表現と同じものになります。

　ここでは社会計画者の問題は、すべての企業家に同じ社会ウェイトを置く場
合を考え、以下で定義しましょう（なお、同質な銀行を仮定し、銀行の利潤がゼ
ロでない場合には企業家に一括で均等に分配されると暗に仮定します）。すなわち、
代表的企業家の参加条件 (5.3) 式、インセンティブ条件 (5.4) 式、確率的生産
関数の性質 (5.1) 式と (5.2) 式を制約として、戦略集合の中から適切な混合戦
略を選び、以下の代表的銀行の効用（利潤）を最大化します。

$$\sum_{C \times Y \times K \times L} \pi(c, y, k, l)(y - c - rk) \tag{5.5}$$

2.5　市場における競争均衡

　ここで分析している市場とは、いったい何を取引している市場なのか、と疑
問を持たれた読者もいるかもしれません。実際、上記では社会計画者の問題し
か説明していません。また、銀行と企業家の間では契約が結ばれますが、その
取引契約についての市場なのかというと、第 4 章で紹介した Ueda (2013) な
どの貸出市場（と預金市場）での競争とは異なり、実は Prescott and Townsend
(1984a) では、銀行が貸出契約の競争をしているわけではありません。

　ではこの理論において、市場で何を売買しているのでしょうか。それは、各
銀行が企業家と締結している確率的要素を含む貸出・報酬契約である π を、
市場で価格 q で売買しているのです（家計でもある企業家が最終的には購入する
と仮定します）。つまり、ローンやベンチャー投資をもとにした担保証券を売買
していることになります。もとのローンやベンチャー投資契約は多少複雑かも
しれませんが、担保証券の段階ではシンプルな債券として売買しています。そ
して、そのような証券の市場価格に基づいて、銀行と企業家の間の契約内容も
決められていくのです。つまり、ローン担保証券の市場価格に連動して、ロー
ン貸付金利が決まるというような状況です（銀行は契約ごとに上がった利潤があ
れば、資産担保証券のキャッシュフローとして証券購入者に渡すことになり、それ
を除くとゼロは利潤になります）。

　数学的には、財 c, k, l のもとで効用関数を $u(c, l)$ としていたところから、そ
もそも契約 π 自体を「財」とみなし、効用関数もそれを用いて書き直して

$w(\pi)$ とすることに対応します。市場は多様な契約それぞれを財とみなし、それぞれに対し（競り人が）価格付けを行います。もちろん、上述したようなさまざまな制約が加わりますが、制約条件付きのナッシュ均衡であるアロー・ドブリュー均衡とまったく同じ証明ができるわけです。

また厚生経済学の基本定理の証明も、アロー・ドブリュー均衡と同じように示されます（Prescott and Townsend 1984b）。すなわち、非集権的経済における市場均衡と社会計画者の問題の解は同じになるのです。もちろん、ここで大切なことは、社会計画者も同様にインセンティブ条件に直面している（各企業家の努力水準は見えない）と仮定したうえでの、制約付きパレート最適ということです。つまり、不完全情報下でモラルハザードのありうる経済において、その市場均衡はセカンド・ベストであり、それを改善するために政府が介入できる余地はありません。

3 モラルハザードの一般均衡の動学化と不平等

前節の基本モデルに対して、貯蓄などによる資本の増加を考えるような拡張が、いくつかの論文で示されています。本節では、その中でも「モラルハザードの一般均衡の繰り返しゲーム」という定型的な取り扱い方を説明します。そもそもの考え方は、繰り返しゲームを動的計画法で記述した Abreu, Pearce and Stacchetti（1990）にならったものです。ここでは、Phelan and Townsend（1991）という Prescott and Townsend（1984a, b）のモラルハザードの一般均衡を動学化したモデルに沿って説明します。

まず制約の1つの参加制約を見てみましょう。企業家としては、銀行からの契約のオファーは無期限にわたって存在するので、大変に難しい問題になります。しかしながら、第4章までに見たように、毎期々々同じことの繰り返しだとすれば動的計画法を用いて考えることができます。銀行は、今期に関しては具体的な契約のオファーをしますが、来期以降は抽象的な効用水準 w' を保つようにするという約束をします。この来期からの効用の（来期時点での）割引現在価値 w' の約束（「来期以降、悪いようにしないから」などという約束）自体を、契約対象と考えることにします。ここで戦略集合を W とし、$w' \in W$ と

します。すると確率的契約は $\pi = (c, y, k, l, w')$ と書けます。それに従い、確率変数としての条件と生産関数との整合性の条件は、以下のようになります。

$$\sum_{C \times Y \times K \times L \times W} \pi(c, y, k, l, w') = 1 \tag{5.6}$$

$$\sum_{C \times W} \pi(c, \bar{y}, \bar{k}, \bar{l}, w') = P(\bar{y} | \bar{k}, \bar{l}) \sum_{C \times Y \times W} \pi(c, y, \bar{k}, \bar{l}, w') \tag{5.7}$$

今期、銀行から貸付を受けない場合に企業家が得られる最低限の効用を w とすると、企業家の参加制約は、以下のようになります。これは、**約束保持条件**（promise keeping condition）とも呼ばれます。

$$\sum_{C \times Y \times K \times L \times W} \pi(c, y, k, l, w')\{(y - c - rk) + \beta w'\} \geq w \tag{5.8}$$

インセンティブ条件も、この w' が入ったものになります。

$$\sum_{C \times Y \times W} \pi(c, y, \bar{k}, \bar{l}, w')\{u(c, \bar{l}) + \beta w'\}$$
$$\geq \sum_{C \times Y \times W} \pi(c, y, \bar{k}, \bar{l}, w') \frac{P(\bar{y} | \bar{k}, \underline{l})}{P(\bar{y} | \bar{k}, \bar{l})}\{u(c, \underline{l}) + \beta w'\} \tag{5.9}$$

これらの制約のもと、社会計画者は代表的銀行の効用（利潤）の割引現在価値を最大化します。銀行の価値関数は V と置き、代表的企業家の価値関数 w とは区別して以下のように表記します。なお、銀行の価値は、代表的企業家の持つ最低効用水準 w に依存します。

$$V(w) = \max_{\pi} \sum_{C \times Y \times K \times L \times W} \pi(c, y, k, l, w')\{(y - c - rk) + \beta w'\} \tag{5.10}$$

もちろん、この動学的定式化において企業家ごとに異なる社会ウェイトを考えることもできます。しかしここでは、事前には同一の社会ウェイトを考えましょう。それでも、確率的契約と生産 y に応じた貸出・報酬体系は、当然のことながら、たとえ同程度に努力しても生産性ショックによって生産 y が異なるので、企業家の消費 c も異なりうることを意味します。つまり、均衡では誰もが頑張っていますが、運によって報酬が異なるわけです。しかし、その差はすべて運だからといって報酬を同じにしてしまったら、報酬が同じなので努力しないという状況（モラルハザード）が生じます。そこで、それを避けるために、生産に応じた報酬とせざるをえないわけです。なお、これは静学的問題と同じ結果です。

しかし、静学的問題と比べて銀行の価値 V は高くなり、またその増分をいくらか起業家への約束水準 w を上げることに使ってもかまいません。これらの効用の増分は、長期契約によるモラルハザードの低下によるもので、**レピュテーション効果**とも呼ばれます。

約束された水準 w をさらに考察してみましょう。初期値としてすべての企業家の最低効用水準 w が等しいと仮定した場合でも、上記の問題は解けます。しかし、その結果としての w' は、他の銀行からもオファーされる効用と考えれば、翌期の最低効用水準は w' そのものと考えられます。その場合、生産性ショックが異なり報酬も異なっていますから、w' はもはや企業家間で等しくはありません。長期的には、どこかで w の企業家間の分布は w' の分布と一致して、いわゆる定常状態（steady state）に達するでしょう。Atkeson and Lucas (1995) は、よく似た理論モデルでそのことを示したうえで、定常状態の企業家（家計）の効用の分布では、たとえ初期値が等しいところから始まっても（またはどの状態から始まっても）、一意に決まり、それは企業家（家計）間で等しくなく、ばらついていることを示しました。

この動学的一般均衡問題と、前節で見た静学的一般均衡問題は、基本構造は同じです。つまり、この均衡における不平等は、セカンド・ベスト、すなわち制約付きパレート最適であり、モラルハザードのある経済での非集権的な市場均衡においては、企業家間で同じ努力をしても所得と消費の不平等が生じますが、それは社会的に最適なものです。

この結果は、自由資本主義の本質的な優位性を示します。つまり社会主義のように平等な水準で分配されるように所得を決めたり、また所得差を埋めるために再分配などをしたりすると、働く意欲が削がれ、経済活動が沈滞します。性別や社会階層、コネなどでそもそも銀行からの借入などに差があるような「機会」に関しての平等は確保しなければなりません。しかしながら、自由な市場での競争は「結果」の不平等を生みますが、事後的にそれをなくしたり、少なくしたりするような再分配政策は悪平等政策であり、そのような政府介入は社会的にむしろ害悪であるということを、これらの理論は証明しているのです。

4 混合戦略と「くじ」

　ここで改めて、**混合戦略**（mixed strategy）とは何かについて議論しておきましょう。一般にゲーム理論では、混合戦略について2つの考え方があります。1つ目は、それぞれの人が、あるゲーム的状況になったときに、サイコロを振って、確率的に自分の戦略を決めるというものが混合戦略であるという考え方です。2つ目は、人々は純粋戦略をとりますが、あるゲーム的状況になったときに、全プレイヤーのうちある割合の人々は1つの純粋戦略をとり、残った人は他の純粋戦略をとる状況が混合戦略だという見方があります。これらは、無数の人がいるゲームで、単純な構造を持ったものの場合には、均衡は同じになります。しかしながら、Presscott and Townsend（1984a, b）において、1人ひとりのインセンティブ条件による制約（による最適反応）を凸にするためには、1つ目の考え方に基づく必要があります。

　それでは、1人ひとりがサイコロを振って戦略を決めるような状況が、現実にあるでしょうか。有名な実証研究に、サッカーのPK合戦で、プレイヤーが（いつも同じ純粋戦略でなく）ランダムにゴールのいろいろな場所をねらって蹴っていることを示したものがあります（Chiappori, Levitt and Groseclose 2002）。しかし、これはサッカーを知っている人にとってはある意味当たり前ですし、そもそも実際の金融に関連するような事例はあるのか、と疑問に思うかもしれません。そこで、本節では金融の原初的な例で、いまだに広くラテンアメリカなど発展途上国で見られる「ROSCA」（Rotating Savings and Credit Association）という仕組みを紹介しましょう（Besley, Coate and Loury〔1993〕など参照）。

　たとえば、10の家計がそれぞれ10万円のテレビを買いたいと思っているような状況を考えましょう。どの家計とも、所得と消費の状況を考えるとひと月当たり1万円は貯蓄できるとします。この場合、（金利をゼロと仮定すれば）どの家計も10カ月後にはテレビが買えます。

　ここで、この10の家計でROSCAを設立したとしましょう。条件は、毎月末に集合して、1万円を出し合い、サイコロを振り、サイコロの出目が一番大きい人がその場に出された10万円をすべてとるというものです。そして、一度この賭けに勝った人は次から賭けに参加できませんが、10カ月間は必ず1

万円を出さなくてはならないとします。すると、この 10 カ月の間、毎月ラン
ダムな順番で、1 つの家計がテレビを買えます。ROSCA なしでは、どの家計
も 10 カ月待たなくてはならなかったテレビの購入を、期待値で 5 カ月待つだ
けでよく、事前の期待効用では、（待つ時間に割引率があるとすると）確実に得
をしているわけです。

　なぜこのような混合戦略が期待効用を増加させるかというと、経済学の通常
の理論ではすべての財は細分化できると仮定しているのに対し、この例ではテ
レビを買うのに 10 万円必要とし、テレビを 10 個の部品の塊にバラバラにして
それを 1 つずつ消費はできない（indivisible）と仮定したからです（実際 10 個の
部品の塊を持っていても役に立ちません）。このような場合、0 から 99,999 円ま
では購入不可能で、100,000 円から急に購入可能になるというような、非凸の
予算集合によって制約された消費戦略集合となっているわけです。そこに混合
戦略を許すことで、制約された消費戦略集合が凸化されることになります。も
ちろん、金融がより進んだ国ではテレビのリース契約、クレジットカードでの
購入、カーシェアサービスによる車のサブスクリプションなど、混合戦略では
なく、さまざまな金融契約でそもそもの予算制約を凸化する方法がとられてき
ていますが、原初的な金融として、ROSCA のようなものがまずあったわけで
す。日本でもはるか以前（少なくとも鎌倉時代）から頼母子講、無尽講という
ものがありましたが、ROSCA と似たような特徴を共有するものであったと考
えられます（たとえば清水〔1972〕を参照）。

　なお、Prescott and Townsend（1984a, b）のような均衡は、エージェント 1
人ひとりがくじを引くようなものなので、特に**くじ均衡**（ロッタリー均衡：lot-
tery equilibrium）と名付けられています。

　ところで、本章ではこれまで、これを「混合戦略」と説明してきましたが、
実は少々不正確な点が混ざっています。というのも、ゲーム理論でいう混合戦
略は、他人の戦略と関係なく、1 人ひとりのプレイヤーが独自に確率分布を純
粋戦略上に決めるものです。したがって、プレイヤー同士の確率分布は、結果
的に連関しあったとしても、互いに独立に決められていると想定されています。
しかし、本章で説明したくじ π は必ずしも各エージェント間で独立した確率
分布を設定する必要はありません。たとえば、第 4 章で見たような外部性のあ
る環境のもとで、他の企業が大きい投資をする確率を増やす場合に、自社も大

きい投資をする確率を増やすような、相関を入れた確率的戦略を定義すること
もできるのです。ゲーム理論では、これは**相関均衡**（correlated equilibrium）と
いう概念に対応します。そのため、相関ゼロの混合戦略ナッシュ均衡は、相関
均衡の特殊例ともみなすことができます。逆の特殊例として、マクロ経済学で
は、複数均衡がある場合、みんなで一斉に1つの均衡からもう1つの均衡に移
るという**サンスポット均衡**（sunspot equilibrium）という均衡概念があります。
これは、いわば経済内のエージェントの戦略の相関を1としたくじ均衡とみな
すことができます（Prescott and Shell 2002）。

　一般にリスクのある投資は、**自然のくじ**（natural lottery）とみなすこともで
きます。先ほどのテレビを購入する例で言えば、ROSCAがないときに、1万
円の貯蓄でリスクのある投資をするケースです。たとえば20分の1の確率で
10万円、20分の19の確率で4000円というような金融商品は、期待値では
8800円であり、確実に1万円を返してくれる安全資産より期待値の意味では
低いリターンです。ここで、テレビを見るときの効用を100、見ないときの効
用を0とし、簡単化のためひと月の割引率を0.9とします。安全資産でのみ
10カ月間1万円ずつ貯蓄する場合は、10カ月後に100の効用を得るので、0.9
の10乗をかけた約35が割引現在価値となり、そのうちのひと月分の1万円の
投資の価値は約3.5となります。それに対し、リスク資産への投資では、ひと
月目の1万円の投資の価値は、すぐにテレビを購入できる可能性があるので最
低でも $\frac{1}{20} \times 100 = 5$ はあるわけです（それに加え、投資のリターンが4000円だ
った場合に引き続き次の月からもリスク資産に投資していく価値があります）。つま
り、今どうしてもテレビが欲しければ、期待効用を高めるために、投資リター
ンの期待値の意味ではローリターンでハイリスクなリスク資産に投資すること
がありえます。これは、なぜ人々が（往々にして比較的低所得者が）期待値では
損をするような宝くじや馬券などに手を出すかということへの1つの経済学的
説明にもなります。そして、そういうものに手を出していなくても、知らず知
らずのうちに、人々は常日頃からある種の投資を「くじ」として利用している
可能性があるのです[5]。こうした状況もまた、社会的に最適であると考えられ

5）なお、このようなリスク資産への投資による自然のくじを通じて、最適反応の凸性を
　確保することができることの精緻な証明は、Townsend and Ueda（2006）で示されてい
　ます。

ます。

5 逆選択の一般均衡理論

5.1 逆選択の理論の基本構造

本章ではこれまで、モラルハザードの一般均衡を考えましたが、本節ではそれと似たように逆選択で一般均衡理論を展開できるかを考えます。ベースとなる逆選択の問題としては、有名な Rothschild and Stiglitz（1976）の保険の理論とほぼ同じです。

具体的には、たとえば、海外旅行でスキーに行く人が $[0, 1]$ の実数直線上の区間の上にあたかも席番号がついているかのようにいるとします。席番号が1、2、3、とすると非常に多くの人数を考えないといけないのですが、単純化のためスキー旅行に行く人数全体を1と考え、人々が $[0, 1]$ の実区間上にいるというような正規化の仮定を置くわけです。このうち、自分の技能よりもより難しいコースを滑る向こう見ずな人たち（bad type）と、常に自分の技能をわきまえて安全第一で滑る人たち（good type）の2種類（タイプ）の人がいるとします。もちろんどちらのタイプでも、怪我をせずに帰国できる（High の状態）こともあり、怪我をすること（Low の状態）もありえます。しかし、安全志向の人は、怪我をせずに帰国する確率が高いと考えられます。そこで、保険会社は、向こう見ずな人には保険の掛け金を高くしたいわけです。ところが、（スキー特約付き）海外旅行傷害保険を空港で売ろうとするとき、どの人が安全志向でどの人が向こう見ずなのか、保険会社にはわかりません。もちろん、スキー旅行に行く人に「あなたは向こう見ずな人ですか？」と聞いても、その人が本当に向こう見ずな人だとしても正直に答えると掛け金が高くなることがわかるので、誰も「そうです」と答えることはないでしょう。つまり、保険会社には保険加入者のタイプがわからない（hidden type）ということです。

このことを、多少フォーマルにモデルで表してみましょう。タイプを $i \in \{g, b\}$ とし、その人口に占める割合を ξ^i とします。また、旅行予算は全員同じで、帰国したときの所持金は、w_s とします。怪我をした場合には、保険なしでは支出が増加すると考え、その場合は w_L とします。一方、怪我をしな

かった場合の所持金は w_H とします。ここで、s は状態（state）を示し、$s \in \{H, L\}$ のどちらか（つまり無事に帰ったか、怪我をしたか）となります。そして、当然ですが、$w_L < w_H$ を仮定します。また、その確率をタイプ別に π_s^i で表しますが、無事に帰る確率は、より安全志向な人の方が高いと仮定しますので、$0 < \pi_H^b < \pi_H^g < 1$ です。保険会社が掛け金をとって、保険金を支払うとすると、正味の受取額（ネットのトランスファー）はタイプごとにそれぞれ z_H^i, z_L^i となります。

　最終的な所持金を帰国後消費（x）に使うとすると、その額はタイプごと、怪我をするか否かの状態ごとに分かれます。つまり、個々人の予算制約はベクトルで

$$\begin{pmatrix} x_H^i \\ x_L^i \end{pmatrix} = \begin{pmatrix} w_H \\ w_L \end{pmatrix} + \begin{pmatrix} z_H^i \\ z_L^i \end{pmatrix}$$

のように書けます。それぞれのベクトルを 1 文字で表せば、これは

$$x^i = w + z^i \tag{5.11}$$

と書けます。期待効用は

$$U^i(x^i) \equiv \sum_{s \in \{H, L\}} \pi_s^i u(x_s^i)$$

です。

　これまでスキー旅行者の例を挙げてきましたが、たとえば全員が企業家で、「タイプ」は培ってきた能力の高低、「事故」はビジネスがうまくいかないこと（倒産）と捉え、「保険」は銀行貸出（「掛け金」は金利、「トランスファー」は借金のうち倒産の際に減じられた額）と考えれば、経済全体を表す理論モデルとなることがわかるかと思います。ここで、経済全体の資源制約は各タイプが人口に占める割合を考慮して、次のようになります。

$$\sum_{i \in \{g, b\}} \sum_{s \in \{H, L\}} \xi^i \pi_s^i z_s^i \leq 0 \tag{5.12}$$

　ここまでのモデルの設定は、ほぼ Rothschild and Stiglitz（1976）と同じです。Rothschild and Stiglitz（1976）でも一般均衡を考えていますが、競争を通じて企業の利潤はゼロになるという制約のもとで、保険会社が戦略的に保険契約をオファーするという市場での均衡を考えています。端的に言えば、良いタイプ

と悪いタイプの比率や、事故にあったときとそうでないときの効用の差などの具体的な数値（パラメータ値）によって、2つのタイプを区別する**分離均衡**（separating equilibrium）と、2つのタイプを区別しない**一括均衡**（pooling equilibrium）がありえます。さらに場合によっては、均衡が存在しない可能性もあります。

5.2　Presocott-Townsend 的な一般均衡のもとでの保険契約

　ここで、モラルハザードの一般均衡を論じた Prescott and Townsend（1984a, b）のような契約（資産）担保証券を導入し、その市場での価格を所与として需給を一致させるワルラス均衡と、そのもとでの保険契約を考えましょう。Rothschild and Stiglitz（1976）の考える保険契約自体の戦略的な競争による一般均衡とは異なることに留意してください。そして後述しますが、結果も異なります。なお、Prescott and Townsend（1984a, b）でも逆選択の問題を考えていますが、綺麗な結果を出すことが難しいという結論で終わっており、ある意味でパズルとして残っていた問題でした。Bisin and Gottardi（2006）がそれを明確に解いたので、ここでは彼らの解釈による Prescott and Townsend（1984a, b）流の理論を説明します。

　証券化される契約では、必ずしも本来のタイプ（上付きの i）ではなく契約者が申請するタイプ（下付きの i）、そして事故があるかどうかで、ネット・トランスファー $z_{i,s}$ を事前にオファーするとし、そのそれぞれのネット・トランスファーについて価格 $q_{i,s}$ を付けて売るということを考えます。つまり、掛け金収入と保険金支払いを区別して、それぞれ証券化して（特に後者は再保険市場で）売るようなイメージです。ベクトル形式で書けば、

$$z = (z_g, z_b) = (z_{g,H}, z_{g,L}, z_{b,H}, z_{b,L})$$
$$q = (q_{g,H}, q_{g,L}, q_{b,H}, q_{b,L})$$

となります。

　なお、このとき申請できるタイプは1つだけですので、$z_i \neq 0$ であれば、$z_j = 0$ $(j \neq i)$ でなくてはなりません。また、消費は正 $(x^i > 0)$ とします。さらにここに、ある1人の消費者のインセンティブ条件（自分のタイプの申請で嘘をつかない条件）を加えます。それらをまとめて、ネット・トランスファー

としてとれる値の集合（許容契約の集合）Z は以下のようになります。

$$Z = \{z \mid z + (w, w) \gg 0, \quad \text{if} \quad z_i \neq 0 \quad \text{then} \quad z_j = 0,$$
$$U^i(z_i + w) \geq U^i(z_{j \neq i} + w)\} \tag{5.13}$$

そして、$z \in Z$ でなくてはなりません（**許容契約制約**）。

特定の1人にとっての値付けは、ネット・トランスファーのうち、お金を受けとる場合（事故、破産など）のときには価格が正であり、お金を支払う場合（掛け金、金利払いなどのみ）のときには、価格が負（つまり購入でなく売却）となるでしょう。しかし、これら2つの条件付き証券を購入するための初期資産（予算）を a とすると、予算制約は（それぞれのタイプを同時に書けば）

$$q \cdot z \leq a$$

となります。なお、簡単化のために企業家は初期資産を持たないとすれば、条件付き証券の売却と購入を組み合わせての予算制約となります。つまり

$$q \cdot z \leq 0 \tag{5.14}$$

です。

1人の企業家が直面している問題は、上記の予算制約と許容契約制約のもとで、本来のタイプ（上付きの）i が、申請したタイプ（下付きの）i で期待する効用を、条件付きネット・トランスファーを選んで、その価格を支払いつつ最大化することになり、以下のように表せます。

$$\max_{z \in Z} \sum_{s \in \{H, L\}} \pi_s^i u \left(w_s + \sum_{i \in \{g, b\}} z_{i, s} \right) \tag{5.15}$$

一方、保険会社は申請されたタイプに従って、

$$y = (y_{g, H}, y_{g, L}, y_{b, H}, y_{b, L})$$

のネット・トランスファーを約束する証券を売ることになります。なお、多くの人を相手に商売をするので、タイプごと、事故発生ごとの1人当たりの確率は、それぞれのタイプにおける事故の有無ごとの顧客の割合と一致します。そこで、顧客の中で財を分配することになるので、

$$\sum_{i \in \{g, b\}} \sum_{s \in \{H, L\}} \pi_s^i y_{i,s} \leq 0 \qquad (5.16)$$

のような資源制約がかかります。保険会社（または銀行）は、この制約のもと
で利潤を最大化します。

$$\max_{y \in Y} q \cdot y \qquad (5.17)$$

5.3 外部性の存在

Bisin and Gottardi（2006）が指摘した重要な点は、価格 q が同じでも、他の
消費者がどのようにタイプを申請するか（正直か、嘘をつくか）によって、保
険会社の資源制約 (5.16) 式が影響を受けて利潤 (5.17) 式も変わるということ
です。そして、それによりタイプごとに契約の内容とその供給が変わり、1人
の消費者のインセンティブ条件 (5.13) 式が影響を受け、その消費が最終的に
変わります。これは他人の行動（嘘）から影響を受けることを示しており、す
なわち嘘をつくという行動がありうることによって、（負の）外部性がもたら
されているわけです。

　一般に、悪いタイプの人はそれに見合った掛け金で保険をかけられます。し
かし、良いタイプの人が同様にリスクに見合った掛け金の保険内容では、悪い
タイプの人にとってはとても良い条件なので、悪いタイプの人は嘘をついて自
分を良いタイプに見せかけることになるので、そのような保険は提供されませ
ん。したがって、悪いタイプの人が嘘をつかないような契約しか提供されず、
良いタイプの人は損をします。たとえば、掛け金10万円で1000万円まで補償
するようなスキー特約と、掛け金1万円で50万円まで補償するような特約で
す。前者は向こう見ずなタイプにとってちょうど良いのに対し、後者は安全志
向のタイプの人しか購入しません。そして本来なら、たとえば掛け金2万円で
1000万円までの補償というような保険を（怪我の治療に1000万円かかるとした
ら）、安全志向のタイプの人が欲しいわけですが、それをオファーすると向こ
う見ずなタイプの人も買ってしまうので、そのような本来的には良いタイプに
ちょうど良い保険がオファーされなくなるわけです。これが、ここでの負の外
部性ということになります。

　ここで、Bisin and Gottardi（2006）は外部性のある Prescott-Townsend 均衡
（Externality-Prescott-Townsend：EPT 均衡）を、次の (a)〜(d) を満たすものとし

て定義します。

(a) 各消費者（企業家）i は、価格 q と他の消費者の消費水準 (x_j) を所与として、自身の効用を (5.15) 式に基づいて、その (5.13) 式と (5.14) 式のもとで最大化する。
(b) 各保険会社（銀行）は、価格 q と消費者の消費水準 (x) を所与として、自身の利潤を (5.17) 式に基づいて、(5.16) 式のもとで最大化する。
(c) （契約をもとにした）証券市場で需給が一致する。すなわち、

$$\xi^i z^i \leq y_i \tag{5.18}$$

(d) 嘘をつかない ($z_i = z^i$)。

この均衡ですが、まず補題として、価格には裁定が成立することが簡単にわかります。つまり、1 単位当たりの条件付きトランスファーに関する価格は、その条件の確率に等しくなります。

$$q_{i,s} = \pi^i_s \tag{5.19}$$

そして、第 4 章で説明した Prescott and Townsend（1984a, b）のように、すべてがくじによってうまく凸化できるので、タイプごと、事故の有無（状態）ごとの条件付き証券市場の均衡の存在が示せます。特に、ここで示した特定の設定では一意に決まります。いずれせよ、タイプごと、事故の有無ごとの証券の需給が一致し、それぞれ価格も決まるということから、この均衡は必ず分離均衡です。すなわち、Rothschild and Stiglitz（1976）の結論とは、均衡が必ず存在する点と、それが分離均衡であるという点の 2 点において異なります。

もっとも、外部性があることを指摘したように、この均衡はセカンド・ベストの意味でも社会的に最適ではありません。つまりサード・ベストです。ただし、負の外部性の分だけ、うまく初期の予算を配分し直すなどすれば、その結果としての競争均衡をセカンド・ベストにすることはできます。

5.4 外部性への対処を含んだ市場の開設と一般均衡

しかし、そうであれば、たとえば二酸化炭素の排出権を取引する市場のよう

に、コースの定理に則り、外部性を取引する市場をつくればいいのではないかとも考えられます。そこで Bisin and Gottardi (2006) は、公共財の（政府による）価格付けの方法を考案したリンダールと、それを市場で取引することを考えたアローにならい、Arrow-Lindahl-Prescott-Townsend (ALPT) 均衡というものを考案しました。

　複雑な定式化になりますので、かいつまんで説明をします。EPT 均衡には外部性があるのですが、その外部性は他人のトランスファー、最終的には他人の消費水準そのものからきています。そこで、（申告の）タイプ別の消費 $x_{i,s}$ に関する権利（たとえばコメの先物など）を、事故の有無の条件付きで、市場をつくって売買しようということです。

　EPT 均衡では、良いタイプの人は、悪いタイプの人に比べると、事故の有無に依存する消費量の相対的評価が異なります。つまり、良いタイプの人は本当に買いたい保険を買えていないので、事故が起きたときには、かなり損をするわけです（先の例で言えば 1000 万円の補償が付いていない状況です）。ところが、先に EPT 均衡の説明で述べたような市場メカニズムで、人のタイプはすでに分けられることになるので、その事故の有無に依存する消費の予約権を、良いタイプと悪いタイプごとに市場をつくることができるはずです。すると、ワルラス的市場で、事故の有無に依存する消費への相対的価格をそれぞれのタイプの人々の中だけで整合的に決められます。つまり、Prescott-Townsend 流の市場メカニズムに行く前に、消費の権利（先物）の市場を開くことによって、タイプをまたぐ外部性をなくすことができることになります。この新しい市場の開設が、リンダールとアローのアイデアにならっている部分です。これら2つの市場は一体化して運用され、人々のタイプも分離均衡で見極められることから ALPT 均衡と名付けられたわけです。

　ALPT 均衡では、たとえば二酸化炭素の排出権のように、消費する権利、つまりさまざまな消費財の先物市場を、先につくる必要があります。これ自体には、政府や業界団体など、ある程度公的な役割が必要でしょう。しかしながら、いったん市場ができれば、外部性がなくなることから、制約付きパレート最適（セカンド・ベスト）を達成できることが証明されています。すなわち、モラルハザードのケースと同様、逆選択の問題があるような状況だからといって、それだけで市場が失敗しており政府の直接的介入が必要だ、という短絡的な政策

的含意は得られないわけです。

　もっとも、外部性がある場合については、コース定理に従い市場をつくってそれを内部化しようという立場と、現実的にそれは難しいので政府の直接的介入が必要だという立場とに、経済学者が分かれる状況がしばしばあります。なお、むしろ事実解明的（positive）な（現実を説明する）立場から、「逆選択があるからこのような現実が説明できる」というような論文もあります（逆選択の理論をもとにした金融危機の理論などがあり、第10章で説明したいと思います）。しかし、そうだとしても、今後政策をどうするかは別問題だと言えるでしょう。経済学と経済政策の歴史を見れば、いかに恣意的な政府からの介入を最小限にするかという大きな流れがあります。ここで、Prescott and Townsend（1984a, b）や Bisin and Gottardi（2006）が果たしている役割は、非常に大きいものと思われます。

第 **6** 章
債権契約の一般均衡理論

イントロダクション

　金融危機や金融システムの脆弱性というと、必ず問題になるのが不良債権や、企業、家計、そして銀行の倒産です。しかしながら、実は第5章までに紹介した理論では、倒産があるような金融契約は考慮されていませんでした。本章ではまず、このことを Arrow and Debreu（1954）に戻って説明します。

　次に、借り手の状態に関する情報が不完全でありながらも、コストをかければ検証できる（Costly State Verification：CSV）という仮定に基づいた理論モデル（Townsend 1979）を紹介します。これによって、初めて債権契約が選ばれることが示されました。また、そのような金融契約に基づく一般均衡は、社会的に最適であることも示されています。さらに、借り手企業の状態がいくらコストをかけてもわからない場合には、デフォルトのときにその企業の資産を入手するという契約を結ぶという債権契約になります。これは不完備契約理論として知られています。ただし、資産を差し出すということをコストとして捉え、差し出されたら貸手がその企業の状況を把握できると考えれば、上記の CSV モデルの類型とも考えられます。そのうえで、倒産とは何か、また倒産と雇用との関係にも触れます。

1 債権契約の意味

　第4章で説明したように、将来さまざまなことが起こりうるとき、それら1つひとつを条件として財を受け取るか否か決まる条件付きの証券を、**アロー・ドブリュー証券**と呼びます。より正確には、起こる可能性のある状態（state）の集合を $\Omega = (\omega_1, \omega_2, \cdots, \omega_n)$ とすると、アロー・ドブリュー証券 $(s_1, s_2, \cdots, s_n)$ のそれぞれの証券 s_i は、状態 ω_i が起きたときだけ1単位の支払いをし、それ以外では支払いをしないというものです。そしてそのような証券が、起こりうる状況すべてに対して存在している場合を、**完備市場**（complete market）と呼びます。

　アロー・ドブリューの市場均衡理論では、完備市場を仮定していました。そのようなアロー・ドブリュー証券の組合せとして、実際に売買されるものの典型例としては、会社の業績にリンクして配当の変わる株式が考えられます。そしてより広い意味で、業績などの状態に応じてフレキシブルに支払額が変わる契約を**株式型**（equity type）の契約と呼びます。

　それに対して、典型的な**債券型**（debt type）の契約の場合は、通常は、決められた金利を支払えばよいので、支払額は業績などの状態に依存しません。業績や所得がひどく落ち込んだときのみ（倒産という形で）支払額が状態により減少するわけです。このような契約は、一見するとアロー・ドブリュー均衡の仮定とは違って見えます。しかも、実際の資金調達の多くは、日本を含む多くの国で、銀行からの借入や社債などのいわゆる「債券型」です。株式による調達が多いアメリカであっても、中小企業は銀行貸出にほぼ依存していることが知られています。また、住宅ローンなど家計による資金調達は、どの国でもほぼ債券型の契約に依存しています。なお、家計から見れば借金の逆は預金ですが、銀行から見れば預金は債券型の証券に当たります。

　ここで、なぜそもそも債券型の契約や証券があるのか、なぜそれは株式型よりも多く利用されているのか、そして債券型証券に基づく財の配分は社会的に最適なのか、といった少なくとも3つの疑問が出てくるかと思います。

　経済学でその疑問に答える1つのアプローチは、そもそも現実には債券型の契約が多いので、それだけしか存在しない**不完備な市場**を仮定して（つまり株

式型の契約はないと仮定して）、いろいろな経済的帰結を考えるというアプローチがあります。銀行論などでは、往々にして、特に何も断りを入れずに、預金と貸出は債券型であると仮定している論文があります。マクロ経済学でも、たとえば金融商品としては債券の存在だけを仮定して、経済動学上の意味を考える Aiyagari（1994）から始まったアプローチがあります。本章では、すでに述べたように近年の動学的一般均衡理論と呼ばれるマクロ経済学のうち、特に一般均衡の部分に焦点を当てていますし、ミクロ経済学的基礎を考えたいので、このアプローチは基本的にはとりません。

　もう1つ、比較的シンプルなアプローチとして、まったく逆の考え方があります。それは、Dubey, Geanakoplos and Shubik（2005）による、完備市場における合成（synthetic）債券の議論です。アロー・ドブリュー証券が存在する完備市場では、（空売りも許されているので）状態に応じたさまざまな支払いと受け取り体系を持つ証券を構築できます。前述の通り、典型的なものは株式ですが、オプションを組み合わせて、業績が極端に良いか悪いかのときだけ支払う、バタフライ（蝶々）型のペイオフを持つポートフォリオなど、もっと複雑なペイオフ構造を持つ証券を構築できます。逆に言えば、社債のような証券、つまり一定の業績水準以上では決まった額を支払うが、それ以下（デフォルト状態）では業績に応じて支払うという証券も構築できるわけです。これが合成債券です。つまり、そもそも完備市場があれば、債券型の証券も存在しうるというわけです。しかしながら、この議論では、なぜ実際に債券型の契約が世の中に多いのかは説明できません。

　なお、情報に関しては、「不完全情報のもとでの市場」や「完全情報のもとでの市場」などと言います。これをふまえると、アロー・ドブリューの理論では、完全情報のもとでの完備市場を仮定していることになります。Dubey, Geanakoplos and Shubik（2005）も同様の仮定をしています。一方、Aiyagari（1994）のようなアプローチは、完全情報のもとでの不完備市場を仮定しています。それに対し、第5章で見たようなモラルハザードや逆選択を引き起こす情報に非対称性がある（契約主体の片方だけ努力水準やタイプなどの情報を持つ）場合では、契約内容にインセンティブ条件などの制限が入ることから、内生的に市場は完備になりません。

　それでも、努力水準の情報が得られないモラルハザードの状況では、努力の

代わりにそれと関連して動く生産高などに応じた賃金水準を設定するなどして、制約付きパレート最適な状態が選ばれています。つまり、アロー・ドブリュー流の市場でなくても、状況に応じて支払いが変わるという意味では、株式型の契約になっています。しかし、アロー・ドブリュー均衡における支払いの一部は、インセンティブ条件を満たさないため、実際には達成できないという意味で、不完備な市場になっているわけです。これは、逆選択の状況でも、基本的には同様です。事故が少ない方が保険料も安いのですが、完全情報の場合と比べると良いタイプと悪いタイプの契約内容の差が小さくなっています。それでも状態（事故とタイプ）に依存した契約です。

2 コストのかかる状態検証の理論

そこで改めて、どのような状況で状態にほぼ依存しない債券型の契約が、内生的かつ積極的に選ばれるのかを考えていきましょう。これが、Townsend (1979) によって始められた最適契約としての債権契約の議論です。この論文では、特定の状態（たとえば当期営業利益）は借りている当事者（企業家）にはしっかり見えているものの、当事者が（監査法人や弁護士などに）コストを支払って状態を証明しなければ（Costly State Verification：**CSV**）、裁判でも認められるような確実な数字は示せない状況であると仮定します。逆に言えば、情報が不完全である（非対称性がある）ものの、当事者がコストをかけることで、それが解消され完全情報の状態になるわけです。

なお、状態が「**検証可能**である（verifiable）」ことと、「**観察可能**である（observable）」ことは意味が異なります。たとえば、ある会社が1億円の赤字が出たので借金の利子支払いの猶予をお願いしてきた場合、銀行はその会社の帳簿を見て、どうも言っていることは正しそうだという形で観察することはできます。しかし同時に銀行は、その会社には隠れた資産（社長室の絵画など）があり、いろいろやりくりすれば黒字にできるのではないかと疑念を持つでしょう。そこで、（特に倒産手続きが関わる場合には）その数字が本当に正しいというしっかりとした証拠を示さなければならないわけです。

さて、銀行と企業家の2者の間の一般均衡における簡単な最適契約の理論モ

デルを考えましょう。銀行は事後に ω_1 の一定の利益を別に確保できるとし、これは2者にとって完全情報だとします。企業家の事後の利益は ω_2 とし、これは上下することが予想され、その実現値は $[\alpha, \beta]$ の範囲内に収まり、確率は累積分布関数 $F(\omega_2)$ に従うとします。そしてこの企業業績は、通常は企業家にしかわからない、非対称情報であると仮定します。しかし、企業家がコスト τ をかけて証明すれば、その業績は銀行も信用できる完全な情報となると仮定します。結果的に、業績が検証される実現値の区間を $S \subset [\alpha, \beta]$ とし、検証されない区間は $S' = [\alpha, \beta] \backslash S$ とします。

　なお、社会全体の資源制約は、通常は両者の消費の和が利益の和となり、

$$c_1 + c_2 = \omega_1 + \omega_2$$

ですが、もし企業家がコストをかけて検証するならば、

$$c_1 + c_2 = \omega_1 + \omega_2 - \tau$$

となります[1]。

　とりあえず簡単化のため、銀行はリスク中立的な効用関数を持つと仮定し、$u_1(c_1) = c_1$ とし、企業家はリスク回避的効用 $u_2(c_2)$ を持つと仮定します。このとき、企業家は業績によって消費も上下することを嫌がるので、何らかの契約を事前に保険会社や銀行と結ぼうとします。保険会社であれば、ある一定の保険料を支払って、業績によって保険支払いを受け取るような契約にするでしょう。銀行であれば、ある一定のお金を借りて、業績によって返済額が変わるような契約にするでしょう。ここでは、企業活動にはお金を借りる必要があるとし、銀行のケースを考えます。

　企業家から銀行への返済額を $g(\omega_2)$ とします。企業家がコストをかけて自身の状態を証明しない場合は、銀行には業績 ω_2 がわかりませんので、それに応

---

1) なおこのコストは、裁判などによるものでないとすれば、金融的コストでなく非金銭的な効用的コストと仮定する論文もあります。たとえば、倒産による社会的制裁があるような社会の場合、そのコストがあることで、十分に倒産申請が信用できるというような状況です。他には、変なたとえですが、任侠映画で見られる指を詰めるようなコストです。いずれにせよ、裁判制度がない昔や、現在でも発展途上国などでは、効用的コストの方がむしろ現実的な仮定とも言えます。なお、このような仮定の場合は、資源制約からコストは引かれませんが、効用が変わります。

じた支払いを行うような契約は書けません。すなわちそのような状況 $\omega_2 \in S'$ では、銀行への支払額は業績によらずフラットになります。この水準を δ としましょう。つまり、

$$g(\omega_2) = \delta \tag{6.1}$$

です。

　さて、業績をしっかりと証明しない限りは支払いは δ で済みます。そうであれば、それより良い業績のときに、わざわざ業績が良かったと証明するインセンティブはありません。企業家としては、業績が悪く、約束した元利 δ が支払えないときに支払いを少なくしてもらいたいわけです。つまり、企業家（債務者）が銀行（債権者）に業績を申告してそれを証明するインセンティブは、業績の悪いときにしかありません。そして、もしそのときの業績が、低いけれども約束した元利 δ を支払うのに十分であれば、結局 δ を支払うことになります。そのため、企業家としてはその水準よりも業績が低いときのみ、業績が悪いということを銀行に対して証明するのが合理的です。つまり、コストを支払って業績情報を銀行に完全に把握してもらうときというのは、倒産手続きをするときということになります。これは、$\omega_2 \in S$ であるときのインセンティブ条件であり、

$$g(\omega_2) + \tau < \delta \tag{6.2}$$

となります。

　ここで、銀行側の最低限の効用を $\underline{u}$ とすると、その参加条件は、

$$\int_S u_1(\omega_1 + g(\omega_2))dF(\omega_2) + \int_{S'} u_1(\omega_1 + \delta)dF(\omega_2) \geq \underline{u} \tag{6.3}$$

です。そして、社会計画者の問題は、上記制約 (6.1)〜(6.3) 式のもとで、以下のように支払関数 $(g(\omega_2), \delta)$ を選びます。

$$\max \int_S u_2(\omega_2 - g(\omega_2) - \tau)dF(\omega_2) + \int_{S'} u_2(\omega_2 - \delta)dF(\omega_2) \tag{6.4}$$

　なお、これは企業家をプリンシパル、銀行をエージェントとみたプリンシパル・エージェント問題でもありますが、プリンシパルとエージェントが上記の逆の定式化でも、基本的には同じ解となります。というのもラグランジアン形

図6.1 企業家の支払関数

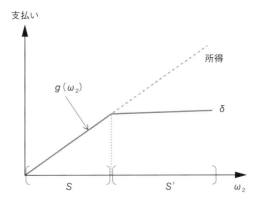

式で書けば、この定式化では銀行の効用にラグランジュ乗数が付き、それに対して企業家の効用には乗数1が付いていると考えられ、逆の定式化では、乗数が入れ替わっているだけだからです。それを社会厚生関数とすれば、社会ウェイト表記だけが変わっているとみなすことができるわけです。

　さて、区間 S は、業績を証明する区間であり、それが倒産する区間でもあることは、上述の通りです。その場合は、企業家の所得 ω_2 から約束した額 δ よりは少ないけれども、何らかを支払うことになります。もし、コスト τ が小さくかつすべての所得を差し出さなければならないとすると、図6.1のような支払関数が書けます。

　業績が良いときには、業績 ω_2 と元利払い δ の差が企業家の最終的な消費になります。悪いときには、業績 ω_2 と少なくなった支払い $g(\omega_2)$ の差から、検証コスト τ を引いたものが消費になります。

　より一般的には、この理論において、倒産の際、必ずしも図6.1のように企業家が（検証コストを引いた）所得のすべてを差し出すわけではありません。また、企業家と銀行との取り分が企業家の業績に対し、直線的な関数になるわけでもありません。しかし、銀行がリスク中立的で、企業家がリスク回避的な効用関数を持つ場合には図6.1のような直線的な支払関数となり、それが下にシフトして、企業家に倒産時の最低所得水準を保証するようなものになります。つまり、情報が明らかになるところでは、リスク中立的な銀行の取り分が増減するのに対し、リスク回避的な企業家の取り分は変動しないという、あたかも

業績が悪いときの保険のような契約となります。

　次に、上記の状況を一般的にして、N 人の人々の間の貸し借りの一般均衡で考えてみましょう。ここでは、人々をできるだけ等しく扱います。

　たとえば、i 番目の人が借りているとすると、その支払いをフラットな支払い部分 δ_i と仮に状況が検証された場合の支払い（債務）の削減部分を $\phi_i(\omega)$ とすると、

$$g_i(\omega) = \delta_i - \phi_i(\omega) \tag{6.5}$$

と表せます。ここで、ω は経済全体の状況を表し、$\omega = (\omega_1, \omega_2, \cdots, \omega_N)$ です。また、債務削減は正なので、i から j への債務の削減量は非負、つまり、i 番目の人の業績 ω_i に対し

$$\phi_{ij}(\omega_i) \geq 0 \tag{6.6}$$

という制約が付きます。ここで、i 番目の人から他のすべての他人（j 番目の人）への支払いの削減量と、すべての他人（j 番目の人）からの受け取りの削減量の合計、つまり i 番目の人のネットの債務削減量は以下のように書けて、それが (6.5) 式に含まれています。

$$\phi_i(\omega) = \sum_j \phi_{ij}(\omega_i) - \sum_j \phi_{ji}(\omega_j) \tag{6.7}$$

　なお、もし i 番目の人が貸している側とすると、(6.5) 式において、δ_i は状況によらないフラットな受け取り部分であり、負の値をとります。一方、ネットの支払いと受け取りの削減量 $\phi_i(\omega)$ がとる値は、すべての人の所得の状況によります。

　社会計画者の問題は、i 番目の人の社会ウェイトを λ_i とすると、以下のようになります。

$$\max \sum_{i \in 1}^N \lambda_i \left\{ \int_{S \subset \Omega} u_i(\omega_i - \delta_i + \phi_i(\omega) - \tau) dF(\omega) + \int_{S' \subset \Omega} u_i(\omega_i - \delta_i) dF(\omega) \right\} \tag{6.8}$$

　ただし、制約としてインセンティブ条件があり、それは (6.2) 式に添字 i を付けたものです。また、社会全体の資源制約については、この社会の中での貸し借りなので、契約上で

$$\sum_i \delta_i = 0 \qquad\qquad (6.9)$$

を満たす必要があり、かつ事後的には、資源制約

$$\sum_i c_i = \sum_i \omega_i \qquad\qquad (6.10)$$

が満たされていなければなりません。

　さて、次に市場均衡を考えてみましょう。ここで、ある人の所得状況を検証しない場合の支払いと、状態を検証する場合の支払いをセットにした (δ, ϕ) というものが契約となります。仮に、これを銀行の「ローン契約」としましょう。そして銀行が、この契約を（契約後に）ワルラス流の競争市場に、（ローン担保証券として）価格 q で売るとします。そして銀行は、その市場価格のもとで、最適なローン契約を、プリンシパル・エージェント問題として解くわけです。この一般均衡は、モラルハザードの一般均衡と同様、制約付きパレート最適（セカンド・ベスト）になることが Townsend（1979）によって証明されています[2]。もちろん、この論理は、企業家と銀行の2人経済でみたように、より一般的な社債などの債権契約でも成り立ちますし、さらに保険契約とみなしても、成り立ちます。

　なお、貸し出す人は「銀行」とし、効用は「利潤」（リスク中立的）として、かつこのコストをかけて検証するのが銀行側であったとしても、一般均衡においては銀行のゼロ利潤制約のもと、結局検証コスト τ は、（債務削減後の）債務者の返済の中から支払われ、その分債務者の手元に残るものが減少します。そのことを債務者は知っているので、結局のところ、債務者がコストを直接支払う場合と同じことになります。なお、銀行側が検証コストを支払うときに必ずしも毎回検証する必要はなく、たとえば、100件の似たような債務減免要請がある場合には、ある一定の件数だけランダムに選んで検証するといった確率的検証（混合戦略）を行うことでも、債務者には、（実際には検証されないとしても）正直に業績を報告するインセンティブが生じることも示されています。

　動学的マクロ経済モデルにおいて、金融システムの問題が景気循環に悪影響

---

2) 1階の条件を比べると、どちらの問題でも基本的に同じになるからです。このように1階の条件の同一性を示すことで、一般均衡は社会計画者の解と同じであるという論理は、Negishi（1960）による一般均衡の証明をもとにしています。

を及ぼすものとして、よく知られているモデルは、Bernanke and Gertler (1989) です。彼らのモデルでは、金融システムの問題として CSV に基づく債権契約が仮定されており、それにより景気が大きく変動する可能性を示しています。しかしながら、先に見たように、CSV だけを市場の問題点として仮定する場合は、マクロ経済で（制約付き）パレート最適になるので、金融政策などによる政策対応は不要となります[3]。

3 不完備契約の理論

モラルハザードや逆選択では、情報は非対称ながらも、努力水準に応じた生産量や、タイプごとの事故率など、何かしらの観察も検証も容易なアウトプットに依存するため、アウトプットに基づいた契約をつくることで、非対称情報の問題に対応することを考えました。一方、通常はアウトプットの状態が検証できなくても、コストをかければ検証ができるという CSV の場合は、債権契約をうまく設計することで、部分的な不完全情報の問題に対応するわけです。

次に、本節ではコストをかけてもアウトプットの状態が検証できないケースを考えます。この理論は、事後的状況に関する条件付きの契約をまったく書けない、**不完備契約**（incomplete contract）の理論として、Grossman and Hart (1983)、Hart and Moore (1994)、Hart (1995) などによって展開された理論です。

コストをかけても企業の業績が検証できないとしたら、債権者である銀行はどうすればよいでしょうか。この状況では、いかなる場合でも業績に依存しないフラットな金額 δ を支払うという契約しか結べません。しかし、現実には、借りたお金を支払えないケースが出てきます。それでも、債務者である企業家が「とても支払うお金はありません」といくら言ったところで、それを証明することができないということを、この理論では仮定しているわけです。

ただし、この不完備契約の理論でも、企業家、すなわち企業の所有者はその

---

3) ただし、Bernanke and Gertler (1989) には、他にもいくつかの仮定があり、全体では政策対応が必要かもしれませんが、断定的には説明されていません。

企業の業績や資産の状況を把握できているという仮定は、CSVの理論と（そして、モラルハザードや逆選択の理論とも）同じです。そこで、企業家に支払えないと言われた場合に、どうしても業績や資産状況が把握できない状況にある銀行が唯一とれる選択が、返済できないと言ってきた企業を自らが保有すること、すなわち「差し押さえ」です。逆に言えば、企業家は、返済できない場合、企業の状況を知ってもらって、返済額を約束したδより削減してもらうために、保有している企業を差し出して、債権者に保有してもらわなければなりません。これが企業家の唯一とれる手段です。この企業を差し出すこと（家計の場合は家や家財道具など資産を差し出すこと）を「コスト」とみなし、それを支払うことで銀行が企業（や家計）の状況を把握するという理論構造は、上記でみたCSVと基本的に同じだということがわかるでしょう。

　このCSV理論と不完備契約理論の類似性の指摘はTirole（2006）によります。それでも、不完備契約理論が差し押さえの意味、そして企業を保有することの意味を明らかにしている点は、CSV理論と大きく異なります。また、なぜ企業（株式）保有者への配当は債権者への金利支払いの後に決まる（劣後する）のかを明らかにするなど、不完備契約理論は「企業」の1つの本質を理解するための理論的な礎となっています。

　なお、一連の不完備契約理論の中では、差し押さえできるものは、簡単に観察・検証ができ、（割り引かれるにしても）市場で売却できるものだけとし、土地や建物、機械などに限定されることもあります。そして、元の企業家にとってのそれらの資産の有機的な結合による価値は、おそらく市場価格より多いと考え、その差を特に強調することもあります。この場合は、どの程度資産の市場価格が、元の企業家にとって特有の企業価値に近いか、それとも離れているかによって、倒産の際のコストの大きさが決まるわけです。逆に言えば、銀行にとっては資産の売却価値までしか価値がないので、優秀な企業家がいたとしても、そのビジネスの将来性などに対してお金を貸すのでなく、土地や建物などの担保に対してお金を貸すという、いわゆる有担保貸出を説明する理論となっています。

　不完備契約理論は基本的には部分均衡論であり、その後さまざまに展開されていますが、それらの詳細については企業金融の教科書であるTirole（2006）などを参照してください。なお、一般均衡で金融システムとしての効率性を考

えると、静学的な理論では構造上 CSV 理論と同じなため、同様の考察から、一般均衡は制約付きパレート最適になっているはずです。

しかしながら、動学的な理論では、多少状況が異なります。Kiyotaki and Moore（1997）は、不完備契約を金融システムの問題と捉え、それがマクロ経済にどのように影響を与えるかを示しました。CSV を使った Bernanke and Gertler（1989）などでは、検証コスト τ は会計士費用や弁護士費用などであり、本来的に一定と考えざるをえませんが、不完備契約の理論では、担保の差し押さえが検証コストに当たりますから、倒産は担保価値に依存します。そもそも、貸出自体が担保価値に依存するわけです。そして Kiyotaki and Moore（1997）では、（それほど酷い状況にはならず）倒産しないレベルまでの貸出が、担保価値に応じてなされることが仮定されています。

しかし、担保価値はマクロ経済の状況によって変動するうえに、マクロ経済の状況は1期前にどれだけ貸出があり投資があったかによって決まります。このとき、仮に急に担保価値が下がるような状況があったとすると、貸出と投資が低下し、翌期にマクロ経済が低迷し、そのために担保価値がまた低迷する、といった形で金融システムの問題によるマクロ経済への波及効果が生まれます。

さらに、担保価値は、1人ひとりの頑張りで決まるわけでなく、マクロ経済全体で決まる価格ですので、（金銭的）外部性があります。そのため、競争市場均衡は、必ずしも制約付きパレート最適になりません。ここに、金融政策などによる介入の意義が生まれます。このような動学的マクロ景気循環論は、特に世界金融危機以降、主流となっていますが、本書がフォーカスしている対象ではないので、他の論文を参照してください[4]。

なお、こうした担保価値の予算制約を通じた影響である**金銭的外部性**（pecuniary externality）に関しても、市場で内部化できるという理論があります。Krishnamurthy（2003）では、担保にされる土地などの資産はその価値がしっかりとわかるものという仮定があるので、その価格変動のリスクを、それに対する保険でカバーできるはずとしています。そのため資産価格のショックが GDP の変動を大きくするということは起きないことを示しています。ただし、保険は（良い状況にある人から悪い状況にある人への移転なので）経済全体を襲う

4）たとえば、Gertler and Karadi（2011）、Gertler and Kiyotaki（2010）を参照。

大きな集計的ショック（バブル崩壊、リーマンショック、コロナ禍など）に対しては有効でないこともわかっています（この場合、保険会社自体が潰れかねません）[5]。

　土地など担保資産に対する需要はファンダメンタルな（工場用地など本来の目的をもとにした）価格よりも、担保としての価値の分だけ需要が高くなることもあり、その分消費が本来より抑えられ、貯蓄として資産が買われます。根本的には、これが動学的理論で均衡がパレート最適ではなくなる理由です。それに対し、Kilenthong and Townsend（2014）では、端的に言えば、資産の評価がそのファンダメンタル価値でのみ決まる証券（たとえばある地区の土地の賃貸料指数に連動する証券など）をつくれば、担保としての価値とは別々に売買でき、それにより金銭的外部性の問題を解決できることを示しています[6]。

4 倒産の類型

　CSV と不完備契約の理論では、多少異なるところがあります。1 つ目は担保の要求です。銀行貸出の際、どの程度担保を要求するかですが、日本ではその比率が異常に大きいことが知られており、たとえば、IMF（2017）などでは、その改善が推奨されています。逆に言えば、欧米ではあまり有担保貸出を企業に対してしていないことが知られています。ただし、アメリカでは、スタートアップ企業の場合、個人の家などを担保にした貸出を流用して、自宅で起業していることが多いことも知られています。また、どの国でも通常は家計の住宅ローンは土地と住宅を担保にしています。

5） 世界金融危機のとき、アメリカでは多くの債券やローンなどに対する「CDS」（Credit Default Swap）という保険商品を売っていた AIG がリーマン・ブラザーズに続いて破綻しそうになりましたが、当局が介入し、CDS（保険）の不履行を回避しました。一方、アイスランドでは国内の 3 つの銀行すべてが破産し、そのため預金保険も破産しました。

6） 完全情報で完備市場の競争均衡においては、集計的ショックだけが一国全体の景気循環を引き起こし、また、そのような景気循環はパレート最適であることがわかっています（実物的景気循環論）。それに対し、どのような摩擦（friction）を仮定すれば、景気循環においてパレート最適でなくなるのか、政府の役割があるのかを考えるという思考実験が、マクロ経済理論モデルの 1 つの役割です。

2 つの理論の間の第 2 の違いは、倒産に関する考え方です[7]。不完備契約の理論では、差し押さえがあり、所有権が移ります。企業に特有な有機的価値も失われます。つまり**破産**（liquidation）と考えられ、その企業は存続しないのが通常です。それに対し、CSV の理論では、債務が減免され、所有権は移りません（次の期があれば、企業はそのまま継続して営業されます）。つまり、（**民事**）**再生**（reorganization）に対応し、この場合は継続される事業の再生計画も通常入る概念です。債務にのみ注目して、単に**債務削減**（debt restructuring）とも呼ばれます。

どの国にも通常は、上記の 2 つの仕組みが備わっています。しかし、アメリカなど（倒産法制に関してはフランス法の影響）では民事再生（アメリカの Chapter 11）が主流であり、過重債務に陥った企業は簡単に Chapter 11 を申請し、債務を減免してもらって、事業を続けることが多いと言えるでしょう[8]。

それに対し、日本など（ドイツ法体系）では、民事再生的な考え方は弱く、債権者の力が強大です。ただし、その考え方は近年変わってきています。アメリカの Chapter 11 に対応する日本の民事再生法が施行され、似た内容に会社更生法が全面的に改正されたのは、2000 年代初めであり、ドイツもまた同じ頃に同様の法律を導入しています。さらに、日本では 2007 年に、より容易に再生を行うことができる「事業再生 ADR」（裁判手続きを経ない手続き）も導入されています。

「破産」が差し押さえを連想させるなど、債権者側がある程度強権的に行う倒産手続きであるのに対し、「再生」は基本的には債権者、債務者の双方が話し合い、交渉して進める倒産手続きです[9]。もう 1 つの倒産の類型としては、債務者が一方的にするもので、いわゆる「夜逃げ」です。日本ではかなり少なくなっていると思われますが、発展途上国など倒産法制が確立してないところ

---

[7] ここでの議論は Ueda（2019）によります。

[8] この場合、当面の間の資金の貸付が特定の銀行からなされ、その新しい融資は、残っている借金の返済に回らないように、優先的に返済されることとなっています（アメリカの Chapter 11 で規定。日本の民事再生法には規定はありませんが、これが先例となっています）。こうした融資を DIP ファイナンス（Debtor-in-Possession financing）と呼びます。

[9] 一般的には図 6.1（107 頁）のようなシンプルな支払関数にならないことは、先に説明した通りです。

では、まだまだあります。もちろん「夜逃げ」の場合でも、持ち出せるものは限られており、家や家財道具一式、工場の機械などはすべて債権者にわたることになるので、理論的には「破産」とあまり変わりません。

　ただし、国際金融論において重要なトピックである国家債務危機においては、往々にして「夜逃げ」のような状況、すなわち債務者による一方的な債務不履行宣言があります。これは、国家の資産は差し押さえを受けないという主権免除（sovereign immunity）の原則が、少なくとも第二次世界大戦後には、国際的に成立しているからです。その一方、国家の破産を司る国際法はありません。したがって、国家の場合は差し押さえを伴う「破産」はありえないわけです。たとえば、ギリシャの島の1つを借金のかたにドイツが差し押さえるということは、許されていません。その一方、債務不履行宣言後の数年は、外国人投資家はその国の国債を買うことはなく、ある意味で「村八分」的な制裁が待っています。これがコストとなるので、そのコストを支払っても仕方がないような場合にのみ、債務不履行宣言をすることになります。もちろん、そうなると投資家側もかなり困るので、そうなる前に交渉をして、債務削減にこぎつけ、少なくともある程度は返済してもらえるようにします。同時に、当面の間の資金の貸付をIMFがすることになっており、そのためこうした交渉もIMFが入って行うことが通常です。国家債務危機についてさらに詳細を知りたい場合は、植田・服部（2022）などを参照してください。

5 デット・オーバーハング

　事後的に、債務削減による「再生」が「破産」よりも、債務者だけでなく債権者にとっても、よりよい状況になることがよくあります。これは逆に言えば、過重債務のもとで、企業の投資が萎縮する、労働者が働く意欲を失っている、また国家のGDPが押し下げられている、というような状況にある場合です。こうした場合を**デット・オーバーハング**（debt overhang）と呼び、これが債務削減で解消されれば、債権者のところには、元利すべては無理としても、破産させ担保をとるよりも、結果的に多くの支払いがなされることになります。

　デット・オーバーハング自体の研究は、部分均衡分析を中心に、企業金融論

で Myers（1977）以来活発にされていますので、Tirole（2006）などの教科書を参照してください。基本的には、過重債務により、ある程度利益が見込まれる投資をしても借金の返済に多く充てられるので、株主のもとにはあまり利益が残らず、そのため良い投資でもなされないケースがあることを理論的に示しています[10]。その実証研究としては Hennessy（2004）などがあります。

　また、逆に、過重債務のもとでは、通常の業務をしてもどうせ倒産するから、いちかばちかハイリスクな投資をしてみよう、という行動をとることも考えられます。リターンの平均（期待値）が負であってもです。これは本来あるべきリスクよりも多くのリスクをとりすぎること（リスク・シフティング）があるという問題として知られています。Jensen and Meckling（1976）以来研究されており、広義ではデット・オーバーハングの1つと考えられます。

　家計のデット・オーバーハングの研究としては、Philippon（2010）やDonaldson, Piacentino and Thakor（2019）などがあります。とりわけ後者では、労働者は、借金返済に追われると高賃金でなければ働かず、むしろ破産を選ぶということを示しています。そして、国家債務のケースでも同様に、過重債務のために増税せざるをえないとすると、国民の労働意欲や投資意欲が失われ、外国からの投資も（デフォルトの危険から）投資が細るなど、結果的に GDP が低下することを根拠とした議論が、Krugman（1988）、Bulow and Rogoff（1991）以来、国際金融論で活発になされています。

　最適な CSV 契約はそのようなデット・オーバーハングも考慮したうえで、債務削減をすることを契約内に盛り込むことになり、またそれが事後的にも選ばれることになります。このように、倒産自体は、いざというときに債務を削減して債務者を助けることであり、CSV 理論においては、それがわかったうえで債権者は債務者との間で貸借契約を結んでいるというわけです。

10） 複数期間がある理論モデルでは、他の銀行などから翌期以降貸出しがあると、元の債権者にとっては、知らない間に倒産確率が上がることで、債権の価値が下がります（債務の希薄化〔debt dilution〕と呼びます）。そのような将来の過重債務を避けるために、融資の際に将来の財務に関わるさまざまな制限条項（コベナンツ：covenants）を付けることが必要であることが、理論的に導かれます。現実にも、コベナンツはよく付けられます。その一方、国家債務にはさまざまな条件を要求することが（危機時の融資であるIMF ローンを除けば）難しく、そのため最近の中国による多くの国への多額の貸出が国際的に問題になっています。

　なお、一時的な支払猶予はよくある対応です。債権の価値は、現在から償還期限までの利払いと償還時の元本の割引現在価値として決まりますので、支払猶予は（利子だけでもまた元利両方でも）、割引現在価値の低減となり、それだけでも債務削減の一種と言えます。同様に、たとえば政策で、当面の間低利な公金の貸出や、銀行貸出への政府保証を手厚くするなどすれば、債務削減なしで企業は延命されます。

　ただし、業績悪化が事故的な一時的なものでない限り、支払猶予や政策的資金繰り支援だけでは、根本の過重債務問題が解消しません。さらに、もしそのような企業延命政策が長期にわたると、その企業の存続自体が社会的に最適でないだけでなく、そのために生まれる財市場での過当競争により、他の企業の経営にも悪影響を及ぼし、経済全体の GDP を押し下げることにもなりかねません。これは、**ゾンビ企業**の理論と呼ばれ、Caballero, Hoshi and Kashyap（2008）により分析されたものです[11]。

　実際、世界金融危機の際には、倒産なしの延命でなく、たとえばオバマ政権による HAMP（Home Affordable Modification Program）制度などのように、欧米を中心に家計や企業の債務削減を促し、再生を目指す政策がとられました。そして、Claessens et al.（2014）などでも、債務が積み上がっている場合の経済危機への対応として、そのような家計と企業が積極的な債務削減ができるような制度設計が提唱されています。

　もちろん、その場合、銀行に不良債権が積み上がることになります。しかし、銀行は、そもそも世界各国で、昔からいざというときには公的資金で助けられてきており、またそれがあるからこそ、他の産業にはない厳しい財務規制などが課されている業種です。その規制の理論を援用すれば、もし企業や家計自体を直接延命させるような制度設計や政策をとるならば、その企業や家計に対する事前の財務規制などを銀行並みにする必要があります。しかし、広範囲の業種にわたる規制のコストを考えれば、むしろいざというときには企業や家計が債務削減による再生を簡単に行えるように制度を改善し、銀行に不良債権をまとめた方がよいと考えられます。なお、銀行危機に関する理論や実証研究につ

　11）コロナ禍の企業延命策もゾンビ予備軍をつくっているとの実証結果が、Hoshi, Kawa-guchi and Ueda（2022）によって明らかにされています。

いては、第8、9章で詳しく説明したいと思います。

6 倒産と解雇

　企業を倒産手続きなしで延命させるのでなく、債務削減による再生手続きを
して、事業自体は継続させ、それに伴う雇用の保護があってもよいのではない
か、という議論もあります。再生のための事業計画として雇用をどれだけ守る
かは、現実にはまちまちです。これに対して、Claessens and Ueda（2020）で
はどの程度雇用が守られるような制度があるかで、経済活動の水準に影響があ
ることを示しました。

　その理論では、労働者が勤め先の企業に特有のスキル（会社内の対人関係や
仕事の進め方など、または会社の持つ商品〔ゲーム、薬など〕に特有の開発知識）
をしっかり身に付けた方が、業績が向上するような状況を考えます。労働者が、
企業特有のスキルに投資するのであれば、労働サービスのフローだけでなく、
企業特有の人的資本のインプットという形で、企業利益に貢献していることに
なります。第3節では、不完備契約の理論で資本のインプットに対する見返り
が債権契約であることを説明しましたが、労働賃金も労働者の人的資本へのイ
ンプットに対する見返りとして考えられます。このとき、通常の資本のインプ
ットに対する（約束した）フラットな支払いをしないことが債務削減（リスト
ラ：debt restructuring）など倒産の一類型だとすれば、解雇することで人的資
本に対して期待される将来にわたる賃金を支払わないことが、労働のリストラ
（labor restructuring）になります。

　ここで、企業特有のスキルを身に付ける労働者のインセンティブは、雇用が
続く可能性が低い状況では、あまりないでしょう。一方、破産でなく再生がよ
り選ばれ、さらに再生の中でも雇用がより守られるならば、事前に労働者が企
業に特有のスキルを身に付けるインセンティブを高め、結果的に業績をよくす
ることができるわけです。

　しかし、銀行など債権者の力が労働者に比べて強い場合、事後に「再生」を
選んだとしても、雇用を守ると約束したことを反故にして、金融債務を返済す
ることを優先することになります。つまり、雇用を守るという約束は事前の段

階では良い約束なので企業としてはそう約束したいのですが、事後には反故にした方がよいという時間軸上の矛盾が生じています。これを是正するには、当事者以外の政府などによる事後的な選択肢への何らかの制限が有用になることがあります。

より一般的に、事前と事後でとりたい行動が異なる問題は**時間非整合性**（time inconsistency）と呼ばれ、こうした問題がある場合の市場による理論的解決策は、今のところは提示されていません。つまり、この点で政策介入の余地があるわけです。

具体的な政策としては、そもそも破産でなく、事業が継続するような民事再生法のような法制度を整備し、それを使いやすくする必要があります。さらに、再生においても、労働者を簡単に解雇しないように、銀行など債権者の力が強すぎるような状況、たとえば銀行の優位性などが強い状況を解消する必要があります。そして、労働者にも最低限の雇用の安定をもたらすような制度が必要です。

ただし、解雇規制が強すぎても、労働コストを負担しきれずに事業再生が不可能で破産せざるをえない（結果として雇用は守られない）ことにもなり、またそれを見越して事前に労働者が会社特有のスキルを身に付けようとするインセンティブが弱くなります。つまり、強い解雇規制は、結果的には解雇規制がほとんどないことと同じで、雇用は守れません。そのため、Claessens and Ueda（2020）では中程度の雇用の保護が最善であると理論的に示されています。

なお実証面では、これまでの大多数の研究では、労働者の雇用を法制度などで守ることは、経済活動の水準に悪影響を及ぼすことがわかっています。これは往々にして、欧州諸国や日本など解雇規制が強い国と、ほとんど解雇規制のないアメリカなどのその他の多くの国々を比べており、雇用保護が強すぎる場合の弊害が実証結果に現れているからと考えられます。

そこでClaessens and Ueda（2020）では、ほとんど雇用を守る制度がないアメリカで、州ごとに最低限の雇用保護がなされたときの影響をパネルデータを用いた計量分析で調べています[12]。労働者による企業特有スキルの獲得が重要と思われる知識産業においては、そのような最低限の雇用保護は経済にプラスに働いたという実証結果が示されています。一方、単純労働が中心の産業では、逆にマイナスの結果です。このことは、たとえば中国などほとんど雇用保

護のない国には、最低限の保護を導入することが、むしろ経済成長にも寄与することを示しています[13]。

---

[12] それらは、1つは「公的理由による解雇の制限」、つまり、裁判の陪審員を務めるために職場を休むこと（公的には良いこと）を理由とした解雇や、上司の文書改竄や食品工場の衛生管理の不徹底などについて労働者が密告したこと（公的には良いこと）を理由とした解雇などの制限です。また「不誠実な解雇の制限」、つまり5年で年金がもらえる状況（アメリカ）や正社員になれるような状況のときに、4年10カ月で解雇したり、週ごとに金曜にまとめて対面で給料を支払う慣例（アメリカ）のときに、水曜に解雇して金曜には会わずまったく賃金を支払わないようにしたりするようなケースです。このような最低限の雇用保護が1970年代から徐々に州ごとに取り入れられていますが（一部まだない州もある）、Claessens and Ueda（2020）ではそれらの州ごとの違いと産業ごとの知識の活用度のデータをもとに分析しています。

[13] TPPには、その条件の1つに労働基準が入っていますが、それは正当な労働コストの違いは仕方がないものの、そのコストの差が労働基準が弱いことによるならば、先進国から職が失われることはおかしいという考え方からきています。これは、発展途上国政府からは（環境基準とともに）反発された部分と言われています。しかし、発展途上国自体の経済成長にも、最低限の労働者の保護は有用ということを、この論文は示しています。

第**7**章

金融システムが家計に与える影響に関する実証分析

 ## イントロダクション

　第4章では完全情報・完備市場下での金融市場の機能を概観し、第5、6章では情報が不完全である場合、および市場が不完備である場合の金融システムについて、一般均衡理論の視点から解説を行いました。金融システムは、社会全体の消費に影響を与えるとともに、一般均衡の中で、個々の家計の消費にも影響を与えます。特に、金融システムの特徴を探るには、家計レベルの実証分析が重要と認識されるようになってきました。本章では、そうした一般均衡理論の含意として、金融システムの家計への影響がどのように実証的に現れるかを考え、それに基づいた実証分析を説明します。

　特に、完備市場理論に基づくリスク・シェアリングは家計レベルではかなりなされていること、ただし単純な理論モデルに基づくと完全な水準とまでは考えられないことがわかっています。しかし、多少モデルを複雑化すれば、完備市場の理論と整合的と考えられるという実証結果があります。一方、単純な理論構造のもとで、担保制約やモラルハザードなどの不完全情報を入れた拡張をした場合は、担保制約というよりは、モラルハザードの問題が大きいことが確かめられている実証結果があります。

1 完備市場でのリスク・シェアリングの理論の実証的含意

　まずは、第4章で見た、情報が完全で、契約も完備な市場を考えましょう。すでに述べたように、この場合は競争均衡が社会的に最適な配分を達成します。ここでは非常に簡単なモデルで、理論的帰結を確認しておきます。多くの家計 $i = 1, ..., N$ が、毎期上下に変動する外生的な産出量（所得）$y_{it} = \varepsilon_{it} A_t$ に直面しているとします。ここで、ε_{it} は個々の家計に固有な攪乱項であり、ε_{it} の平均は1とします。A_t は社会全体についての攪乱項で、時間を通じた平均を1とします（なお、経済全体が平均して $1+g$ で成長している場合には、A_t の平均は $1+g$ となります）。

　この財 y_{it} は翌期に持ち越すことはできず、同じ期の中で他の家計とお互いに貸し借りすることだけができるとします。その分を s_{it} とすれば、他の家計に貸す場合には s_{it} はプラスであり、他の家計から借りる場合には s_{it} はマイナスとなります。したがって、1人ひとりの消費は、$c_{it} = y_{it} - s_{it}$ となります。また、社会全体では、$\sum_{i=1}^{N} s_{it} = 0$ となります。まとめると、各期における資源制約は以下のようになります。

$$\sum_{i=1}^{N} c_{it} = \sum_{i=1}^{N} y_{it} = NA_t \tag{7.1}$$

　この (7.1) 式の制約のもとで、社会計画者が無限期にわたって各家計の社会ウェイト λ_i を考慮したうえで、社会厚生関数についての最大化問題を解けば、市場均衡における配分が求まります（なお通常は、社会ウェイト λ_i は時間を通じて変化しないと考えます）。

$$\max_{\{c_{it}\}} \sum_{t=0}^{\infty} \beta^t \sum_{i=1}^{N} \lambda_i u(c_{it}) \tag{7.2}$$

　ここで、資源制約 (7.1) 式についてのラグランジュ乗数を μ_t とすると（これは t にしか依存しないことに注意）、t 期におけるある家計 i についての1階条件は、

$$\lambda_i u'(c_{it}) = \mu_t \tag{7.3}$$

となります。これを他の家計 j $(i \neq j)$ とあわせてまとめ、相対的リスク回避

度一定の効用関数 $c^{1-\sigma}/(1-\sigma)$ を用いて考えると

$$\frac{u'(c_{it})}{u'(c_{jt})} = \left(\frac{c_{jt}}{c_{it}}\right)^\sigma = \frac{\lambda_j}{\lambda_i}$$

となります。つまり、ある家計 i の消費水準は他の家計 j と比べると、各家計に固有の所得の変動によらず、常に一定となることがわかります。これはすなわち、毎期々々社会全体の所得 NA_t を、固定の社会ウェイトに比例して、家計がいつも同じ割合でシェアすることになります。

30 年ほど前までのマクロ経済学では、このことは経験則的なもの、または心理的なもの（世間や隣近所と消費水準をあわせる）という**相対所得仮説**（relative income hypothesis）で説明されたこともありました（Duesenberry 1949）。しかし、そのような心理的なことを考えなくても、完全情報で完備市場のもとでそれが起きることが理論的にわかるわけです。

一方、社会全体の攪乱項 A_t の動きが無視できるほど小さく一定 $(\bar{A})$ とすれば、各家計の所得は家計に固有な攪乱項 ε_{it} によって上下しながらも、消費は時間を通じて、家計に固有の所得の変動にそれほど影響を受けることなくスムーズになります。これは言ってみれば、各家計の消費は、一時的な所得の変動でなく、恒常的な所得にのみ依存するということになります。これを**恒常所得仮説**（permanent income hypothesis）と呼びます（Friedman 1957）。

ただし、(7.1) 式からわかる通り、社会全体の消費水準は社会全体の産出量に依存して上下に変動しています。そして、個々の家計の消費も社会全体と同じように上下に変動することになります。それでも家計に固有の所得の変動には依存しないので、理論的には恒常所得仮説が成り立っていると考えます。

また同時にこのことは、完全情報・完備市場のもとでは、個々の家計の状況を気にすることなく、マクロ経済だけを分析していれば、経済の全体像がわかるということも意味しています。これは、マクロ経済学においていわゆる代表的個人が仮定されてきた1つの理由となっています。

なお、かつてのマクロ経済学では、「恒常所得仮説」が正しいのか、「相対所得仮説」が正しいのかというような議論がありましたが、前者は消費の時系列の性質であり、後者は消費のクロスセクション（家計間）の性質ですので、両者はそもそも背反するものではありません。ここで見たように、完全情報で完備市場の場合は、両方の仮説が成り立っているわけです。

　さらに、多くの外国と貸し借りができれば、この国の代表的個人は、この国全体の産出量の変動が生じている場合でも、さらに時間を通じた消費の平準化ができるでしょう。このような国際的なリスク・シェアリングが実際に成立しているか、していないならばその要因を研究することは、国際マクロ経済学の主要なテーマの1つとなっています[1]。

2 完備市場でのリスク・シェアリングの実証分析

　さて、この問題について実証分析を行う場合には、理論における「社会全体」をどのように捉えるかが問題になります。Townsend（1994）はインドのいくつかの村のそれぞれを1つの社会と考え、その社会を構成する家計レベル所得と消費のデータを用いて、「家計の消費は、それぞれに固有の所得の変動によらず、村全体の消費にのみ依存しているはずだ」という帰無仮説を立て、それを検証しました（この論文で初めて、上記の完全情報で完備市場の場合の消費の相対所得仮説のような動きが実証でも現れるはずだということが示され、実証分析が行われました。なお Townsend はこの業績により、1998年にノーベル経済学賞の次に重要とも言われるフリッシュ・メダルを受賞しています[2]）。

　その後に続いた研究をまとめると、消費に関するリスク・シェアリングの（固定効果）回帰分析は、現在では以下の実証モデルに基づいて行われるのが標準的と言えます。

$$\Delta c_{it} = \alpha_i + \alpha_t + \beta \Delta y_{it} + \nu_{it}$$

　もともとは村全体の消費をコントロールして、個々の家計の所得に依存しているかどうかを検証したのですが、上の式にはそれが含まれていません。現在の標準的な分析では、村全体の消費に関しては、時間に関する固定効果（ここ

---

[1]　この点に関する考察は、植田・服部（2022）など国際金融論のテキストを参照してください。

[2]　Townsend は、マイクロ・ファイナンス（少額政策融資）の一般均衡に基づく構造推定を行った別の論文（Kaboski and Townsend 2011）でも、2012年にフリッシュ・メダルを受賞しています。

では年の固定効果 α_t）を考慮し、ありうべき他の要因も含めてそこでコントロールすると考える形に変わっています。また当然ですが、社会ウェイトなどを含む家計ごとの固定効果 α_i も考慮に入れます。本来は消費のレベル c_{it} そのものを被説明変数としてもよいのですが、消費の成長率 Δc_{it} で考えてもほぼ同じ帰無仮説、$\beta = 0$ となることもあり、往々にして成長率で見ることが多いと言えます。このような議論は 1990 年代にあり、同じくインドの村を対象とした Ravallion and Chaudhuri（1997）、アメリカ一国を対象とした Cochrane（1991）や Mace（1991）などで発展してきました。

　Townsend（1994）では、インドの農村という金融業が発展しているとは言えない環境で、β が非常にゼロに近いことを実証しました。つまり、個々の家計の消費は、その家計固有の所得にほとんど依存していません。このことは、金融システムを考えた場合、インフォーマルな、たとえば親戚縁者間や隣近所での貸し借りのようなことも考えるべきであることを示しています。また、理論の仮定では完全情報のときに起きると予測されたデータの性質に非常に近いことを実証で示したので、インフォーマルな貸し借りの際の情報の完全性は、むしろ農村のようなコミュニティの方が強いのではないかということも示唆しています。

　こうした考え方は、すでに開発経済学の一分野としてありましたが、Townsend（1994）は一般均衡論を用いて、マクロ的な視点から改めて確認したわけです。こうした貢献は、その後のこの分野の発展につながっていきました[3]（この発展の流れについては、Karlan and Morduch〔2009〕などを参照してください。とりわけ、インフォーマルな人間関係の情報の完全性が実務に応用されたものとして、グラミン銀行があります。ムハマド・ユヌスはグラミン銀行を設立し経営したことで 2006 年にノーベル平和賞を授与されています）。

　一方で、Townsend（1994）では $\beta = 0$ という帰無仮説そのものは統計的に有意には認められず、わずかながらも β は正、つまり各家計の所得に消費が多少は依存していることが示されました。これに関しては、同時期に Zeldes（1989）がアメリカの家計調査を、所得に対する資産の比率の水準によって分

　　3）日本に関しては、Kohara, Ohtake and Saito（2002）で、完全ではないけれどもかなりのリスク・シェアリングが家計によってなされていることが示されています。

けて、（仮想的にアメリカ一国を社会全体とみて）上記と似たような回帰モデルを用いて分析したところ、それが少ない層だけが、各家計の消費が所得に依存しており、他の層では消費が所得に依存していないことを示しました。つまり、金融システムに何らかの不完全性が存在し、家計に固有の所得の増減というリスクを和らげることができないのは、資産の少ない層だということです[4]。

　これに関して、Ogaki and Zhang（2001）では、Townsend（1994）と同じインドの農村部の家計調査データに加えてパキスタンの家計調査データも用いて分析しました。その際、そもそも相対的リスク回避度や絶対的リスク回避度が一定の効用関数を仮定することに疑問を投げかけ、より一般的な効用関数を仮定した分析を行いました。

　それまで仮定されていた単純な効用関数では、所得（や資産）の状況と、貯蓄率には相関がありません。しかし、どのような人も最低限度の食事などは必要であり、それを考慮に入れると、そもそも平均所得が少ない家計の場合は、貯蓄は少なくなるはずです。さらに、十分に食事もできないような状況であれば、貯蓄率は限りなくゼロになると考えられます。すなわち、所得のほとんどの部分を食事に費やしてしまうという、いわば**その日暮らし**（hand-to-mouth）の生活となると考えられます。そのため、よりこの状況を捉えることができる、より一般的な効用関数を用いた分析が必要ではないかというのが、Ogaki and Zhang（2001）の提案です。

　そうした効用関数を仮定したうえで、つまり平均所得の違いによる貯蓄行動の違いも考慮に入れたうえで、改めて完全情報と完備市場のもとでの所得と消費の関連を検証したところ、その理論モデルが成立すること（単純な上の例に沿って見れば $\beta = 0$ のような帰無仮説）が、統計的に有意に示されました。

　先にも述べたように Zeldes（1989）では、資産の少ない家計の間では金融システムがうまく機能しておらず、何らかの政策的介入余地があるかもしれないことを示しています。しかしながら、効用関数をより一般的に仮定して検証し

---

4) McDonald, Schiller and Ueda（1999）では、ウガンダの家計を資産で10分位で分類し、最も貧しい層と富裕層の両極が村レベルでリスク・シェアリングをしていないことを示しました。2000年代に入ってから銅鉱山が発見され急成長した後に、2010年代には経済危機を経験したモンゴルでも、似たような結果が得られています（Dovchinsuren 2021）。

直した Ogaki and Zhang（2001）によれば、特に貧しい家計において、各々の消費が各々の所得により依存していたとしても、完全情報で完備市場のもとでの均衡が実現しており、社会的に最適な状況が達成されているということが理論的に示されたのです（この後も家計消費に関するさまざまな研究が、とりわけ開発経済学の分野でなされています）。

　なお、対象とする個々の経済主体と社会全体のレベルをどのように捉えるかによっても、異なった分析結果が報告されています。Townsend（1995）は、個々の経済主体をタイの県別の消費や所得のデータで捉え、タイの国全体を社会全体とみなした場合には、インドの家計と村を対象に分析したときのような、ゼロに近い β は得られていません。さらに、国際金融の分野では、個々の経済主体を国レベルで捉え、社会全体を世界とみなした場合に、国レベルのリスク・シェアリングがどの程度あるかを推定する研究が多くなっています。そこでも、ゼロに近い β は得られていません[5]。

3 恒常所得の水準の変化

　もう 1 つのアプローチとして、「そもそも家計が予測する恒常所得の水準が変化したのではないか」という考え方があります。たとえば、急な大地震や感染症のパンデミックが発生して社会全体の状況が大きく変わってしまった場合や、発展途上国でよく見られるような政治体制の大きな変化が起きた場合などにおいて、家計は自分の恒常所得の水準自体が大きく変化したと認識する可能性があります。

　改めて恒常所得仮説に基づいて考えると、消費は恒常所得にのみ依存するはずであり、各家計に固有の一時的な多少の所得の変動は消費水準に影響を与えるべきではなく、そのために各家計の消費は自身の所得には依存しなくなるわけです。このような完全情報・完備市場で起こることを逆に仮定し（ここでは単純に、再び相対的リスク回避度一定の効用関数などを仮定します）、データを眺めるとどうなるでしょうか。この場合、もし家計の消費がその家計の所得とあ

---

[5]　さらなる議論は、植田・服部（2022）などを参照してください。

る程度一緒に変動しているのであれば、家計が（その家計に固有の）恒常所得が変化したと認識したからに違いないという理論的帰結が導かれます。

すなわち、先にこの理論が正しいと仮定したうえでデータを解析すると、消費の変動は恒常所得の変化によるものと考えられます。そして、その消費の変動より大きく所得が変動している場合には、その部分だけが一時的な所得の変動による変化だと捉えるわけです。第 1 節で示した $y_{it} = \varepsilon_{it} A_t$ という所得の定義に戻れば、$\varepsilon_{it} = e_{it} + u_{it}$ というように、家計に固有の所得の動きは一時的なもの e_{it} と恒常的なもの（ある程度長い期間にわたるもの）u_{it} とに分けられるということになります。つまり、ε_{it} の平均値が、ある程度長期にわたって上に振れたり下に振れたりする状況です（たとえば、コロナ禍のある業種の売上への悪影響は永久に続くものとは誰も思っていなくても、当面の間は続くと認識するでしょう。こうしたものが、「一時的」に対して「恒常的」な攪乱項と呼ばれます）。

状況によっては、その年の所得よりも消費が大きく変動することがありますが、理論的には、これは将来にわたる恒常所得の大きな変化としか捉えにくいという面があります。こうした分析は、Blundell and Preston（1998）や Pistolesi（2014）などで行われてきました。アメリカのデータを使い、株価の動きでも同様の分析ができることを、Alvarez and Jermann（2004）は示しています。なお、代表的個人の仮定のもとでの国際金融の問題でも、新興市場国を中心に、場合によっては GDP よりも消費が大きく変動することが知られており、金融危機とも絡めて活発に議論がなされています[6]。

4 不完全情報・不完備市場下でのリスク・シェアリングの実証分析

一方、個々の家計の消費がその所得にある程度依存して動くことは、家計と金融システムの関係において、やはり何らかの不完全情報や市場の不完備性があるのではないかとも考えられます。その可能性を探るには、不完全情報や、

---

[6] たとえば、Aguiar and Gopinath（2007）や、Kaminsky, Reinhart and Végh（2005）などを参照。

不完備契約を入れた一般均衡モデルを構築して、その理論に基づいた検証を行わなければなりません。この点は、ここまでの議論で、完全情報・完備市場に基づく一般均衡理論モデルを構築し、その仮定のもとでの理論的帰結をデータを使って検証したことと同様です。

　用いるモデルとして、第5章で解説したモラルハザードのある一般均衡モデルを考えましょう。すなわち、経済にはビジネスを行う多くの企業家（自営農家や八百屋など）がいるとし、代表的銀行が資本 k を貸し付けて、そうした企業家に努力 l を要求する状況です。企業家は生産関数 $y_{it} = \varepsilon_{it} A k_{it}^{\alpha} l_{it}^{1-\alpha}$ に基づいて生産活動を行い、それにより得られた所得の一部を消費 c_{it} に充て、消費から得られる効用と努力にかかる不効用 $u(c_{it}, l_{it}) = u(c_{it}) + v(1 - l_{it})$ を得ます。全要素生産性 A と資本投入量 k_{it} は銀行も観察でき、企業家も立証できるとします。しかし、個々の努力 l_{it} と個々の生産性ショック（運）ε_{it} については、銀行は観察できず、企業家は観察できても立証はできないと仮定します。いわゆる不完全情報です。

　第5章で解説した通り、この場合、観察されない努力 l_{it} の水準だけに応じた契約を結ぶことはできず、努力 l_{it} と運 ε_{it} の両方を含めた産出高 y_{it} に関する契約を結ぶことになります。つまり、出来高制のような労働契約に基づいた生産が市場均衡で行われるとともに、それが社会的に最適にもなるのです。

　なおここで、A を定数でなく社会全体へのショックとみなして、時間を通じて上下に変動する A_t と考え、すべての企業家の生産に影響を及ぼすと仮定します。その社会全体へのショックは、（GDP などが政府から発表されるように）すべての人が観察でき立証もできるとすれば、それに条件付けた契約を結ぶことができます。しかしそれでも、各人に固有の努力 l_{it} と運 ε_{it} を区別した契約は、不完全情報が存在するために依然として結べません。

　このようにして得た所得を消費に回すことになるので、この理論の帰結としては、消費はある程度、社会全体の状況（GDP など）以外に、各々の所得に依存することが予測されます。それがどの程度依存しているかを検証するためには、しっかりとした一般均衡理論モデルを構築し、効用関数のリスク回避度や生産関数の生産要素の代替の弾力性などに、よく知られている適切なパラメータの値を与えたうえで、数値的に求め、現実のデータとの整合性を検証することが必要となります。これにより、現実のデータに基づいたモデルの構造推定

と、それによる統計的テストを行うことができます。

多少モデルは異なりますが、ここでの議論は Paulson, Townsend and Karaivanov（2006）に基づいています。そしてその論文では、もう1つの可能性として、情報は完全であるものの、契約が不完備でいわゆる債権契約しか結ぶことができず、また債務者は一方的な破産ができる金融システムも考えます。このとき、第6章で説明した Hart 流の不完備契約理論に基づく債権契約で仮定されるように、企業家がそもそも持っている（観察でき立証できる）資産（w_{it}）の担保を要求し、その一定の割合 ϕ までのみ資本 k を借りることができ（$k_{it} \le \phi w_{it}$）、さらにそれに基づいて生産を行うことができるとします。この担保制約が効いているとすれば、そのような担保制約のない完備契約のケースと比べれば資本 k_{it} は過小に投下されています。

そして、もし生産性ショックが（マクロと固有の両方で）かなり悪く、約束した元利を返すよりも担保 ϕw_{it} を差し出して、残りの $(1-\phi)w_{it}$ を消費した方がよい場合、そのように一方的に破産するとともに、その消費水準は最低水準として確保できます。この場合、あらかじめ約束された固定の金利 r_t を返すという債権契約なので、返済している場合は、個々の家計の消費水準はほぼ完全に固有の生産量に依存する（$c_{it} = y_{it} - r_t k_{it}$）ことになります。しかし、破産した場合は、まったく生産量に依存しない最低水準の消費（$c_{it} = (1-\phi)w_{it}$）となります。

当然のことながら、労働に関するモラルハザードが生じる不完全情報と、資本に関する不完備な債権契約の両方が生じているケースも考えられます。Paulson, Townsend and Karaivanov（2006）は、完全情報・完備市場、不完全情報・完備市場（モラルハザード）、完全情報・不完備市場（有担保債務）、不完全情報・不完備市場（モラルハザードと有担保債務）、の4つのケースごとにタイの家計調査を用いて、理論モデルに基づいた構造推定を行いました。それぞれの理論モデルの現実のデータへの当てはまり具合（最尤法を使うことで得られる尤度）も求め、どの理論モデルがより現実に近いかを比べました。そしてこの分析の結果、地域によって多少違いがあるものの、モラルハザードのモデルが最も現実に近いということが示されました。逆に言えば、昨今、マクロ経済学でよく仮定されている不完備市場の有担保契約をベースとした金融システムは、この実証分析では支持されなかったわけです。

第**8**章

金融危機の理論と実証

イントロダクション

　金融危機と、それに備えるための仕組みは、そもそも中央銀行の成り立ちの1つの端緒でもあり、今日の金融システムの骨格となっています。第4〜6章で紹介したさまざまな理論モデルでは、金融市場が不完全になる要因（金融面での摩擦：financial frictions）を仮定しつつも、そのほとんどの場合において少なくともセカンド・ベストを達成でき、うまく制度設計をすれば、その後は政府介入が不要なことを示してきました。それに対して本章では、「どうしても政府の介入が必要になる」メカニズムを説明します[1]。それが金融危機に関する理論に内在し、危機に備えるための仕組みとして預金保険や銀行の資本規制などが必要とされます。その基本的な考え方は次の2つです。1つは、満期変換に伴う流動性の議論、もう1つは第9章で解説する「大きくて潰せない」（Too Big to Fail：TBTF）問題です。

　銀行は（短期の）要求払い預金をとり、長期の貸出を企業や家計になすのが本質的な役割です。しかし、十分に貸出中の資産があっても、急に多くの預金者が預金を引き出しに来ると、銀行の手元にはお金がないため預金の引き出しに応じることができなくなり、いわゆるデフォルトとなります。こうしたファンダメンタルズとは関係のない取付騒ぎが起こりうることが、銀行の本源的な脆弱性です。それを端的に表した理論を説明し、とりうる政策などを解説します。

---

1) 本章の議論は、植田（2019b、2020）をもとにしています。

1 満期変換と信用創造

　まず、Diamond and Dybvig（1983）による満期変換と信用創造に関する議論を簡単に解説しましょう。図8.1のように0期、1期、2期とある理論モデルを考えます。第0期に人々は初期資産1を投資します。短期の安全な投資先があり、元本が守られリターン1で運用することができるとします。さらに、長期の投資もでき、そうしたプロジェクトは元本1より高いリターン（元利合計、$R > 1$）を、第2期にもたらすとします。その一方、この長期投資のプロジェクトを第1期に中途換金する場合、元本より低いリターン（$L < 1$）が実現すると考えます。つまり、長期投資を中途で換金する場合は、プロジェクトが完結せず（たとえば工場などが未完成なまま）、リターンが短期の安全資産の運用リターン1より低くなり（Lとなり）、損をすることになります。

　なお長期投資は、ここでは確率的なリターンを考えているわけではないので、債券とも株券とも考えられます。債券と考えれば、中途換金は（第6章で説明した）倒産手続きにおいて、破産（清算）と考えられ、その英語"Liquidation"のLがそのときのリターン、すなわち「差し押さえした資産の評価」を表します。

　この経済には多くの人が存在していると考えますが、そのうち$(1-\alpha)$％の人は第2期まで現金は不要であり、α％の人は第1期に現金が必要になるとします[2]。たとえば、突然病気になったり、豪雨による洪水や地震の被害にあったり、勤務先が倒産したりといった、いろいろな予想もつかないことがいつでも起こりえます。一方、良い出来事に現金が必要になる場合も起こりえます。たとえば、親戚や友人に結婚式が続くなどの急な物入りが起きることがあるでしょう。このように急に現金が必要になることを、**流動性ショック**と呼びます。

　現実にも、たとえば半年後に突然起きるそうした事態を前もって把握するのが難しいことは、身をもって体験されている方々も多いと思います。そこで、この理論モデルでは、次の第1期に急に現金が必要になるかどうかは、投資時点（第0期）ではわからないと仮定します。つまり、この簡単なモデルでは、

　2） 正確には$100 \times \alpha$％ですが、100を省略します。

図8.1　Diamond-Dybvigモデル

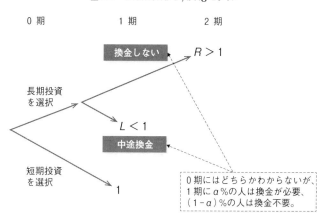

投資自体には確率的な生産性ショックなどはありませんが、投資をしている人々の方に、場合によっては投資資金を引き上げないといけないという確率的な流動性ショックを仮定しているわけです。

　ここで議論の簡単化のために、人々はリスク中立的と仮定します。投資時点（第 0 期）で、ある人が保有資産の一部でも第 0 期に長期投資を行うとすると、その投資の期待利得は $(1-\alpha)R+\alpha L$ となります。これも簡単化のために期待利得が 1 より小さいとすれば、安全な短期運用より損となります。したがって、誰も一銭たりとも長期投資をせず、すべて短期運用にするはずです[3]。事後的に考えると、$(1-\alpha)$ ％の人が長期投資をできていたにもかかわらず、流動性ショックがあるために、そのような投資は誰もしないということです。つまり、経済全体としては、効率的な資金配分ができていないわけです。

　このとき、銀行が社会的意義を持つことになります。この理論モデルのような状況で、銀行が存在するとします。銀行は、預金という形で資金を募り、そのうち $(1-\alpha)$ ％分は長期投資をし、残りの α ％分を短期運用するでしょう。この場合、第 1 期に α ％分の人が現金が必要となり、預金を引き出しに来ますが、銀行は短期運用していた資金を用いて、その人たちに配分することがで

3） 長期投資の期待利得が 1 より大きければ、このモデルではあまり問題が起きないので、そのようなケースはここでは分析しません。

きます。そして、残りの$(1-\alpha)$％分の長期投資は、第2期に預金を取り崩しに来た預金者に、Rという高いリターンを付けて渡すことができます。つまり、銀行が存在しない状況と比べると、経済全体で効率的な投資が行われており、社会厚生も高くなるのです[4]。

　このように銀行は、短期（要求払い）の預金を預かり、それを長期の投資に回すという役割を担っています。これを銀行の**満期（マチュリティ）変換機能**（maturity transformation）と言います。長期投資は、すぐに引き出せないという意味で流動性が高くありません。それに対して、預金者に発行される要求払い預金は、いつでも引き出せるのですぐにさまざまな取引に使うことができます。つまり、流動性が高いというわけです。

　それは、いわば「おかね」のようなものです。そこで、（狭義の）通貨のマクロ経済指標である「M1」には、**要求払い預金**（当座預金、普通預金など）が定義の一部として入っています。つまり、銀行は非常に高い流動性、すなわち通貨を作り出しており、このことを**信用創造**と呼びます。また、こうした銀行による通貨は**預金通貨**と呼ばれます。中央銀行が経済活動の外から作り出す**外部貨幣**を供給することに対して、市中銀行の信用創造による通貨は経済活動の中で作り出されるため**内部貨幣**とも呼ばれます。

2 銀行を軸とした金融システムの不安定性

　この理論モデルでは、銀行が存在することですべてがうまくいっているように思われますが、実はこの金融システムには脆弱性があります。ここで、第1期に現金が必要でなかった$(1-\alpha)$％の預金者の意思決定問題を考えてみましょう。これらの預金者は、預金を引き出す必要性はありません。しかし、仮に

---

4) 人々がリスク回避的な場合、銀行は短期運用を少々増やし、第1期に引き出した人に1より大きいリターンを与え、その分、第2期に来た人にはRより小さいリターンを与えます。こうすることで、流動性ショックに影響された第1の消費者が、その損失を多少カバーするような形で、いわば保険も提供することになります。ただし、その均衡は、証券市場での取引が許される場合、頑健でないことが知られており（Jacklin 1987；Allen and Gale 2004）、そのとき銀行は（証券市場との裁定によって）基本的にはリスク中立的なリターンの預金契約を提供することになります。

図8.2 第1期で引き出す必要のない預金者（1対その他大勢）のゲーム

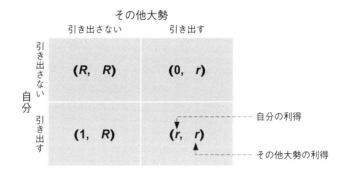

他の大勢の預金者が預金を引き出している状況を目にしたら、どうするでしょうか。この状況を図8.2に表現しています。

　この預金者たちは全員、第1期に引き出す必要がないので、他の同様の預金者が引き出さなければ自分も引き出さないとすると、自分の利得もその他大勢の同様の預金者の利得も、ともに$R>1$となります（図8.2の左上のセル）。その一方、自分もその他大勢も第1期に引き出すとすれば、銀行は倒産し、預金者は銀行の残余資産を受け取ることになります。銀行の残余資産は、長期投資をしていた$(1-\alpha)$％分を換金し、$L<1$となったものと、もともとのα％分の短期運用分（リターン1）の合計であり、$r=(1-\alpha)L+\alpha\times1<1$となり、元本割れをすることになります（図8.2の右下のセル）[5]。

　なおここでは、多くの預金者がいる状況を考えており、銀行がわずかでも余裕資金を持っているとすれば、自分1人くらいは引き出しても、その他大勢が引き出さなければ銀行に問題は生じないと考えられます。その場合、自分は1、その他大勢はRという利得を得ることになります（図8.2の左下のセル）。逆に、その他大勢が引き出して、自分が引き出さないと、銀行は残余資産rを他の人に配って、後から残余資産が0になった第2期に自分が預金を引き出しに行くことになり、自分の取り分は0になります（図8.2の右上のセル）。

　ここで、その他大勢の人が引き出さないとすれば、自分も引き出さない方が

得になるので、誰も引き出さないという均衡があることがわかります。一方、その他大勢の人が引き出すのであれば、自分も引き出した方が得になるので、全員が銀行に殺到する**取付騒ぎ**が起こることもわかるでしょう。つまり、「必要のない人が引き出さず銀行が存続する」という良い均衡（左上のセル）に加え、「多くの人が預金を引き出し銀行取付が起こる」という悪い均衡（右下のセル）の2つが、ナッシュ均衡として存在することになります。

　悪い均衡では、銀行が健全であっても、他の大勢が預金を引き出すのであれば、自分も引き出しに行くことが合理的になってしまいます。その結果、多くの人が引き出しに来ることで倒産してしまう可能性があることを示しています。つまり、風評だけで銀行取付が起こりうるということです。これは、本来実現されるべき長期投資の果実を、誰も手に入れられないという意味で、明らかに社会全体にとって損失です。

■ 第2節の補足

　正確には、上記では対称なナッシュ均衡のみ求めています。また、多くの預金者がいるので、図8.2は正確にはゲーム（無限次元）全体を捉えておらず、「全員が引き出さない」または「全員が引き出す」という対称均衡の近傍における、（その他大勢がその均衡をプレイしているときの）自分の均衡からの逸脱による、自分とその他大勢の利得を表しています。預金者が1、2、3、…、といるとき、すべての人の戦略を $S = (s_1, s_2, s_3, ...)$ と書き、最適反応対応を $B(S)$ で表せば、ナッシュ均衡 S^* は、$S^* \in B(S^*)$ です。

　典型的な表記に従い、i 番目の人の戦略を s_i、それ以外の人の戦略を s_{-i} と一般的に表し、$u_i(s_i, s_{-i})$ はある戦略 $S = (s_i, s_{-i})$ がとられたときの、i 番目の人の利得を表すとしましょう。このとき、特定の戦略 $S^* = (s_i^*, s_{-i}^*)$ がナッシュ均衡かどうかを証明するためには、1人（任意の i 番目の人）の逸脱が、その人にとってより大きい利得を得ることになっていなければよいわけです。つまり、$u_i(s_i, s_{-i}^*) \leq u_i(s_i^*, s_{-i}^*)$ がすべての逸脱 $s_i \neq s_i^*$ に対して成り立っていればよいということです。

　ここでは、ナッシュ均衡 $S^* = (s_1^*, s_2^*, s_3^*, ...)$ が対称的ですべて「引き出さない」のであれば、自分の逸脱 (s_i) は「引き出す」になります。上述のように、

それは自分にとってより低い利得となるので、逸脱をするインセンティブはありません。したがって、誰も「引き出さない」という戦略（の集合）S^*が、ナッシュ均衡であると証明したことになります。もう1つのナッシュ均衡に関しても同様です。

　なお、「引き出す」人と「引き出さない」人が一定割合でいるような対称でない均衡もありますが、それは安定的ではありません（たとえば、その他大勢の中にいる人が少しでもその均衡で行うべき行動と異なることをすると、自分も逸脱することが合理的になり、摂動完全均衡〔trembling hand perfect equilibrium〕ではなくなります）。また、そもそもできる限りパレート最適な配分をもたらすための制度を考える理論（optimal mechanism design）をこれまで展開してきた流れをふまえれば、そこから遠くなるような均衡にはフォーカスをする必要性がないとも言えます。

3　預金保険と中央銀行の最後の貸し手機能

　このような風評による銀行取付を防ぐ手段として、**預金保険**の存在意義があります。万が一、取付騒ぎが起きて銀行が支払えない場合でも、預金保険が約束通りの預金を金利付きで支払うことを保証するわけです。この場合、預金者としては、仮にその他大勢の人が引き出し、自分は引き出さないという選択をしても、第2期に約束通りRのリターンで預金を得られます。むろん、第1期に引き出す場合は1を得られます。つまり、図8.2では右上のセルが$(R, 1)$に変化します。そして、図8.2では右下のセルが$(1, 1)$に変化します。結果として、その他大勢が第1期に引き出しに殺到したとしても、第2期まで待つことができる自分が、わざわざ第1期に引き出すインセンティブはなくなります。預金者すべてがこのように考えることになり、結果として銀行取付（右下のセル）は、もはやナッシュ均衡ではなくなります。つまり、この簡単な理論モデルでは、風評による銀行取付は預金保険によって起こらなくなることを示しています。

　ここで、中央銀行による**最後の貸し手機能**（lender of last resort）も、預金保険と同様に意義のあるものだということを指摘しておきたいと思います。この

仕組みは、取付が（第 1 期に）起きた場合に、中央銀行から流動性を銀行に供給するというものです。銀行は中央銀行からの借入によって、多くの預金者が預金を引き出しに来ても、長期投資を中途換金することなしに、約束通り 1 を支払うことができます。そのため、どれだけ第 1 期に支払いをしたとしても、第 2 期まで待った預金者にも約束通り元利合わせて R の支払いができます。ここで、中央銀行には R までの元利を支払って返金ができるわけです。そのため、第 2 期まで待つことのできる預金者は、第 1 期に引き出しに行くことがなくなり、銀行取付が回避されることになります。

　なお、ここで、第 1 期に取付にあっている銀行は破綻状態ではなく、流動性だけがない（要求払い預金の引き出し要請に見合うだけの短期資金がない）という状況です。このように破綻していない市中銀行に貸し出すことは、中央銀行として何らおかしいことではありません。

　この簡単な理論モデルでは、銀行の自己資本は不要であり、したがって、資本規制などいかなる規制も必要とされません。しかしながら、次に、この理論モデルを多少現実に近付けることで、なぜ資本規制が必要となるかを明らかにします。なおこの理論では、銀行破綻のコストは、あくまでも社会的に効率的な長期投資がなされない、または長期投資が中途換金され、その果実が実現されないことと捉えられている点に注意してください。

4 リスク・シフティングとモラルハザード

　上述の通り、預金保険や中央銀行の最後の貸し手機能は、銀行危機を防ぐという意味で重要な制度です。しかし、そうしたいざというときのための保険があることは、良いことばかりではありません。上述の簡単な理論モデルでは、長期投資は元利合計で R ＞ 1 と必ず良いものを仮定していましたが、現実にはさまざまな投資先があります。本節では、保険の存在によって、投資先が歪められるという問題を考察します。

　簡単な例を考えます。まず R ＝ 1.1、つまり 10％の確実な利益を生む長期投資先があるとします。そして、それに加え、もう 1 つ長期投資先があるとします。それは、確率 1/2 で 1.2、つまり 20％の利益を生む一方、確率 1/2 で 0.8、

つまり 20％の損失が出て、平均では元利合計ではちょうど元本 1 が戻るだけの投資先としましょう。当然、2 番目の平均利益が低くリスクも高い投資先を選ぶということは、社会的に非効率です。

　さて、ここでも前節の例のように、銀行は第 1 期には 1 を支払い第 2 期には $R = 1.1$ を支払うと預金者に約束しており、預金保険は銀行が支払えない場合はその通りに支払うという保険を預金者に保証しているとしましょう。つまり、長期に預ける預金者にとっては確実な $R = 1.1$ の投資をしていることになります。

　しかし銀行にとっては、2 つの投資先のうち平均利益が低くリスクが高い投資を行う方が得となります。それを説明しましょう。銀行がこのような投資をした場合、もし第 2 期に投資先から損失が出れば、銀行はそもそも自己資本 0 としていて有限責任で倒産するので、利得は 0 となります。なお、預金は預金保険がカバーすることになり、預金者は約束通り $R = 1.1$ の利得を得ます。その一方、もし第 2 期にこの投資先から利益が出れば、預金者は当然に約束通り $R = 1.1$ の利得を得つつ、銀行は $1.2 - 1.1 = 0.1 > 0$ という正の超過利潤を得ることになるわけです。それに対し、もし銀行が確実に $R = 1.1$ を生む長期投資をした場合、言うまでもなく超過利潤は 0 です。

　なお、このような銀行の投資先の選択は、次の 2 つの意味でモラルの問題ではありません。1 つは、こうした銀行の行動は完全に観察できるとの想定のもとで、この理論が成り立つということです。この場合、第 5、6 章でも触れた**リスク・シフティング**と呼ばれる事象となります。これは、保険があったり、有限責任であったりする場合に、（たとえ平均が低くても）よりリスクが高い投資先を合理的にとることを指します。そして、それは合理的な選択ですので、それをもって銀行にモラルがないと言うことはできません。なお、これに対して銀行の行動が預金者や政策当局に完全には観察できないような場合には、第 5 章で説明した不完全情報下での**モラルハザード**という事象になります。しかし、モラルハザードという名前が付いていますが、その状況下で銀行は最適な選択をとっているという意味では、この場合もモラルがないということではありません。

　もう 1 つは、銀行は互いに競争しているということに関係します。そのことまで考慮すれば、この例で言うと $R = 1.1$ よりも少々高い預金金利を示せば、

その銀行はより多くの預金を獲得でき、超過利潤率は減っても利潤総額は増えることになるため、多くの銀行がそのような行動をとると予想されます。実はこの例では、結果として預金金利は 1.2 まで上がり、銀行の超過利潤が 0 となるのが均衡となります。つまりこの場合、競争の結果として銀行は 2 番目の平均利益が低くリスクが高い投資先を選ばざるをえなくなるわけです。この意味で、実は預金保険や中央銀行をあてにした預金者の行動こそが、本質的に問題だと言えます。しかし、これもまた合理的な行動なので、預金者にモラルがないということではありません。

　ここで責めるべきなのは、制度設計です。このようなリスク・シフティングやモラルハザードは、預金保険や中央銀行の最後の貸し手機能があるために生じる歪みです。これを是正するためには、Kareken and Wallace（1978）が唱えたように、自己資本の充実を求める規制が必要となります。つまり、預金者は本来、社会的に不良な融資を行っている銀行から最適な投資を行っている銀行に「足で投票」すべき（Calomiris and Khan 1991）であるのに、預金保険や中央銀行が提供する保証によってそのインセンティブをなくしているわけです。そこに、株主による統制（コーポレート・ガバナンス）を入れて、銀行行動を是正しようという議論が出てきます。

　さて、上述の例では、銀行の貸出の原資はすべて預金ですが、自己資本をある程度持っているとしましょう。このとき、貸出先に損失が出る（不良債権化する）場合、約束した預金の元利を支払うために、まず自己資本を食い潰すことになります。つまり、株主が自己資本の範囲内で損失を被ることになります。そこで、自己資本が多ければ、筋の悪い貸出をしないように監視が入る（コーポレート・ガバナンスが効く）ようになるはずです。日常の業務においては、銀行内で報酬体系や人事評価などを通じて、その利益に見合った内部統制（特にリスク管理）が行われるようになるということです。もっとも、自己資本が低ければ、株主利益を最大化することは、そもそも株主が有限責任のため高いリスクを求める経営になるでしょう。実際、銀行業の自己資本比率は一般事業会社に比べると低い水準であり、この懸念は現実的なものです（Laeven and Levine 2009）[6]。その意味でも、自己資本の充実が重要となります。

　このような資本の論理によるガバナンスがしっかりとなされる場合は、株主がいざというときに損失を十分に被る場合であり、それはいざというときは、

破産や国有化によって株価がゼロとなるケース、またはほとんど価値ゼロで同業他社に吸収合併されるケースです。これらのケースでは、いずれにせよ経営陣も責任をとって退陣しなければなりません。なお、銀行の破綻は、往々にして**資本規制上の破綻**（regulatory insolvency）として起こります。この場合は、自己資本がまだある程度あるうちに、すなわちリスク・シフティングやデット・オーバーハングなどでより事態が悪化しないうちに、破綻することになります。

　逆に、破綻するほど銀行資本が毀損したときまで中央銀行が資金繰りを助けることは、その銀行が経営陣とともに延命しかねず、リスク・シフティングやモラルハザードを助長することにつながります。そこで、あくまで中央銀行の最後の貸し手としての支援は、ファンダメンタルには問題のない銀行への資金繰り支援にとどめることが必要となります。これが、銀行が破産（清算）してから、預金者に約束した預金の元利を支払う（ペイアウトする）預金保険とは異なる点です。つまり、風評による銀行取付の可能性を考えた場合で、なおかつリスク・シフティングやモラルハザードを抑えることを考えた場合、預金保険は中央銀行の最後の貸し手機能よりも、より良い均衡配分をもたらすと考えられます。

　ここで、この理論モデルを考察する限りでは、「銀行の貸出先を直接規制すれば良いのではないか」と考える人もいるかもしれません。場合によっては、「長期投資も短期運用も国自体がなすべきだ」というソ連型共産主義を考える向きもあるかもしれません。ここで説明した簡単な理論モデルでは、その通りです。

　しかし、より現実的に貸出先の選別を考えると、「政府が貸出先の良し悪しをどこまで判断できるのか」「そもそもそれは政府の仕事なのか」という問題があります。実際、ソ連型共産主義が行き詰まったことは周知の通りです。ま

6）日本の（非金融）一般事業の上場企業は平均では、かつては高いレバレッジでしたが、2000年代にはほぼG5並みとなり負債総資産比率は50％前後となってきています。それに対し、大手銀行の自己資本は国際的な金融規制に従い、世界金融危機までは資産側にリスクウェイトを付けたうえで（たとえば国債保有はリスクゼロとみなすので資本比率は上昇する）8％程度以上（つまりレバレッジは90％程度）、リスクウェイトなしではさらに自己資本比率が低かった（レバレッジは高かった）ことがよく知られています。これは他の主要国の銀行も同様です。

　た、日本を含む多くの資本主義国で、戦前戦後に貸出先を直接指定したような政策や、金利を直接指定するなどの直接的な規制（金融抑圧）がとられましたが、それらは害の多いものでした。

　そのため、第1〜3章で説明したように、世界各国が1970年代後半から1990年代初めにかけて金融自由化を進め、その結果より社会的に最適な均衡が達成されてきたことが、さまざまな研究で確かめられてきています。そしてその後、こうした自由化を進めたうえで1980年代末から導入された資本規制を中心とする間接的な**プルーデンシャル規制**を取り入れました。現状では、これが最善の政策だと言えるでしょう。

　資本規制のような間接的な規制の場合、預金者や規制当局は、銀行の貸出先を具体的にすべて知る必要はありません。銀行がその選別をしています。逆に言えば、預金者や規制当局は銀行の貸出先情報を完全に把握していないと考えられ、理論的にはリスク・シフティングというよりモラルハザードの状況にあると考えられます。預金保険や中央銀行の最後の貸し手機能がある場合には資本規制が必要（Kareken and Wallace 1978）という理論的結論などは、いずれにせよこれまでの説明とほぼ同じです。

　なお逆に、「預金保険や中央銀行の最後の貸し手機能により引き起こされるモラルハザードなどは実際にどれほどあるのか」という疑問を持つ人もいるかもしれません。これについては、実証研究がいくつかあります。Demirgüç-kunt and Detragiache（2002）は、国レベルのパネルデータを用いて各国の預金保険の設立年が異なることを利用した差の差分析を行い、預金保険があることによって金融危機を防ぐ確率（または起きる確率）は、預金保険がない場合と比べて有意に異ならないことを示しました。これは、2つの反対の効果が打ち消し合っているためと考えられます。すなわち、Diamond and Dybvig（1983）の理論に基づく風評による銀行取付を防ぐという、預金保険の機能を論理的に否定できない以上、この実証結果は預金保険がむしろモラルハザードを引き起こし、ファンダメンタルに銀行部門を脆弱にしていることの傍証になっていると言えます。

　さらに、Calomiris and Jaremski（2019）は、アメリカにおいて連邦レベルでの預金保険が世界恐慌時（1933年）に設立されましたが、その前から州によっては預金保険があったことをふまえた実証研究を行いました。その前の1920

年代の「Roaring 20s」と呼ばれた（日本で言えばバブル期のイメージのような）狂騒した経済ブーム期において、リスクを顧みない銀行の投融資姿勢が、世界恐慌時に銀行の大量倒産につながったとし、特に預金保険のあった州の方がなかった州よりもそのような姿勢をとる傾向の強い銀行が多かったことを明らかにしました。すなわち、預金保険によるモラルハザードの存在を示したわけです。

5 ナローバンクと証券化

　政府や中央銀行は、長期投資は民間に任せる一方で、貨幣については内部貨幣を禁じて、中央銀行（による外部貨幣）の独占にすべきだという議論があります。これは、すなわち市中銀行の預金はすべて中央銀行への準備預金とし、民間への貸出を禁ずる制度であり、**ナローバンク**と呼ばれます。このとき、確かに Diamond and Dybvig（1983）モデルで見られるような金融システムの不安定性は生じません。しかしながら、Diamond and Dybvig（1983）モデルで明らかにされた、銀行業の満期変換機能もこの世からなくなるので、社会的に損失となると考えられます。

　このとき、企業による長期投資は、すべて株式や社債などの直接金融でファイナンスされることになるか、もしくは、銀行が介在するとしても、ローンをすべて証券化して売却し、預金は原資として使わないことになります。そこで次に、このケースで、どのような社会的損失があるかを考えてみましょう。

　具体的には、上述の簡単な理論モデルにおいて、銀行は、長期ローンを証券化して売ることができれば、第1期で預金者が予定より多く引き出しに来ても対応できそうです。その証券の価格はいくらになるでしょうか。短期金利は安全資産と同じ元利合計で1（ネットで0）のリターンとしますが、もしこの経済の外に（外国人などの）投資家がいれば、長期ローンを担保とした証券化商品（たとえば Collateralized Loan Obligations：CLO）は R で第1期に売り、それを用いて第1期の予定以上の預金の引き出しに対応し、またそのような預金引き出しがなくても銀行はローン売却資金を安全資産で運用して第2期の引き出しに対応して、第2期には約束通り R で元利を返すことができるとも考えら

れます。満期変換はできており、満期が需要側と供給側で異なる（**マチュリティ・ミスマッチ**）という問題は解決しているとも考えられます。

　しかしここで、急にどこか経済の外にいる投資家を想定するのは、理論的には整合的ではありません（経済全体の予算制約を拡張していることになります）。この理論モデルではそのような外部の投資家はいないと仮定し、長期に預けていても良い預金者がそのような証券化商品への投資家に変わりうると想定することが、理論的に整合的でしょう。そのような預金者は、第1期に預金を引き出して投資家になり、銀行としてはその分だけ証券化して売ることになるわけです。これは、預金証書とローン担保証券の交換とも考えられ、銀行業の脆弱性をなくすという意味では、確かに良い案にも思え、社会的損失もなさそうです。このような証券の導入による Diamond and Dybvig（1983）問題の解決は、Jacklin（1987）から多くの研究があり、Allen and Gale（2004）などで精緻に分析されています[7]。

　ところが、貸出先の倒産リスクは、預金については銀行が負いますが、ローン担保証券については投資家が負います。それが間接金融と直接金融の違いです。そして、現実的には、銀行貸出ローンのクオリティが投資家には容易にはわかりません。実際、2007年に起きたアメリカのサブプライム・モーゲージ危機で（また2020年現在のCLOの問題でも）、この非対称情報がかなりの問題を起こすことがわかっています。

　サブプライム・モーゲージ危機では、証券化された住宅ローン債権がさらに合成され Collateralized Debt Obligations（CDO）として、その弁済の優劣の順に、AAA からジャンクまでカテゴリー（トランシェ）分けされ、投資家に売られました。もし、このような証券化で、投資家がその中身をしっかりとわかっていれば、ローンを売った銀行の方には貸し倒れリスクが残らないようにできたはずです。しかしすべてを売ることはできず、サブプライム・モーゲージ危機では、欧米の銀行は多くの損失を被ることとなりました。

　このことは、銀行のもう1つの重要な役割も示しています。それは、貸出先

7）注4（134頁）で述べたように、このような証券を導入すると、証券市場と預金契約の間で裁定が起き、リスク回避的な預金者が好むような保険機能付きの預金契約は一般的に駆逐され、いわば（リスク中立的な）証券市場での取引に制約を受けることになります。

の情報を、コストをかけて把握するという役割です。そこには、長年の付き合いからくる信頼（**リレーションシップ・バンキング**）などによるものも含まれます。

　十分に安全だと言われた AAA のトランシェ（そこにはさらに銀行による保証も付くことがありました）や、そもそも貸し倒れリスクが高いことを正々堂々と宣言しているジャンクのものは投資家に受け入れられましたが、中間のリスクとされた**メザニン・トランシェ**のものは、かなり売れ残ったと言われます。つまり、外部の投資家は銀行に比べると一歩割り引いてそのクオリティを見ていたということになります。もっと割り引けば売れたのでしょうが、銀行側がそのような割り引いた価格では売らなかったわけです。

　このことは、一般投資家にはわからない価値を銀行側が把握していたはずだということを示しています。すなわち、そのような価値を探り当てるのが銀行の役割とも言えるのです。なお、Diamond and Rajan（2001, 2005）は、そのような役割とそれによる証券化の困難さこそが、満期変換を行う銀行業の基盤だという理論を展開しています。

　フィンテックの一部で見られるように、取引履歴をデータ化し、AI（人工知能）で分析するなどすれば、たとえばリレーションシップ・バンキングの基礎となる情報を、すべて可視化できるのかもしれません。しかしながら、少額の取引ならともかく、顧客にとって、または銀行にとって大きい金額にまつわる何らかの決定を AI だけに頼るという時代は、少なくとも当面は来ないのではないかと思われます。統計学的には、大数の法則が成り立つような大量の似たようなサンプルがあれば AI などのプログラムは有効ですが、大きい金額や、特殊なプロジェクト、ニッチなビジネスなど十分なサンプルが確保できない場合に、そうしたプログラムを援用しようとしても、統計的な誤差が大きくなり、なかなかうまく働かないと考えられます。

　仮に、そもそも銀行業は不要とし、長期貸出だけを行う貸金業や住宅ローン専門会社だけが存在し、それらが株式と社債で資金調達すればどうでしょうか。不動産に関して言えば、REIT（Real Estate Investment Trust：不動産投資信託）もそれに当たるでしょう。しかし、こうしたファイナンスの仕組みでは、社債の場合はマチュリティ・ミスマッチを起こさないように短期での調達を避ける必要がありますし、株式については当然価格の上下動があります。つまり、いず

れにせよ、要求払い預金を必要とする預金者の需要には、このような直接金融だけの金融システムでは応えられないのです。

　実際、いつでも引き出せる短期の預金をしたい人々は家計を中心に常に存在する一方で、設備投資や住宅購入のために長期の借入をしたい企業や家計も常に存在します。この事実は変えようがありません。つまり、マクロ経済全体で見れば、満期の構造が需要側と供給側で合っておらず、このマチュリティ・ミスマッチがなくなることは考えられないということです。したがって、経済全体で満期変換ができる唯一の主体である銀行業は、かなりの金融技術や制度の進展がない限り存在し続けると思われます。

6 外部性の存在と対処

　Kilenthong and Townsend（2014, 2021）によれば、Diamond and Dybvig（1983）の理論で政府介入が必要だとする根本的な理由は、銀行取付の際に、他人の行動により自分の利得が変わるという「外部性」が存在するからです。つまり、他の預金者が殺到することにより、銀行は損を覚悟で貸出先のローンの中途換金をせざるをえなくなり、資産価値が急低下するのです。本来引き出す必要のない預金者であっても、何もしなければ他の預金者により多くの預金が引き出され、後から駆けつけたときには、すでに銀行が破綻し、預金が毀損する恐れがあるわけです。端的に言えば、他人が銀行に行くこと（混雑）による不利益を被るということになります。

　これまでも説明してきましたが、**外部性**とは、大気汚染や水質汚染のように他者の経済行動により、間接的に周りに負の影響（負の外部性）を与えたり、または工場の集積により部品の融通がたやすくなったり開発が進むなど周りに正の影響（正の外部性）を与えるものです。とりわけ公害など負の外部性への対処法としては、3つあります。1つ目は、規制です。これは大気汚染対策として窒素化合物の排煙を直接規制したり、新型コロナウイルス感染症の蔓延を防ぐためにロックダウンしたりするような状況です。2つ目は、ピグー税です。これは、タバコ税、ガソリン税、地球温暖化対策税など、日本ではすでに導入例があります。3つ目は、たとえば、二酸化炭素排出権を設定し、それを市場

で取引させ、市場価格を通じて適切な水準に持っていく考え方です。これにより社会的に最適な価格と外部性の制御ができることは、経済学における**コースの定理**によって証明されています。実際、シンガポールでは、大気汚染対策や混雑対策のために自動車を買う権利が取引されているなど、決して実現不可能なことでもありません。

　Kilenthong and Townsend（2014, 2021）は、同じように消費する権利を取引する市場（あらゆる商品の先物市場）があれば、外部性による被害を防ぐことができると主張しています。簡単化して言えば、第1期に消費する権利を第0期に市場で売買するということです。第1期になったときに改めて、それをまず売買しますが、どうしても消費しないといけない預金者がそれを買い増し、そうでない預金者はそれを売ります。ここでは消費と引き出した預金額が必ずしも一致しなくなります。そのような消費する権利を取引する市場をつくることで、市場を完備化し、外部性を内部化できます。

　このような理論構造は、第6章で述べた Kiyotaki and Moore（1997）モデルにおける、担保価値を通じた金銭的外部性に対する対策と同様です（この点も Kilenthong and Townsend〔2014, 2021〕で述べられています）。さらに言えば、本来の問題に付随して外部性が隠れており、それを解決することで、本来の問題も解決するという理論構造を明確化したのは、第5章で説明した逆選択に関する Bisin and Gottardi（2006）からと言えるでしょう。

　もう1つ隠れた問題は、他の大勢が同時に動くことで、彼らの個別の動きが観察できないという不完全情報です。逆に言えば、1秒1秒誰がいくら引き出しているかを銀行やすべての預金者が観察できれば、このような不完全情報はなくなり、問題も解決する可能性があります（Green and Lin 2003）。本書の第11章では今後の展望として、デジタル・カレンシーなどの技術革新によって、それをなくすことができる可能性を述べたいと思います。

　なお、以前から、また近年でも2000年代初めのアルゼンチンや2015年のギリシャでとられたように、政府が銀行取付を認識すると同時に、銀行に1週間ほどの休業を命じて、その間はまったく引き出しを認めないか、少額に限ってのみ認めるという政策対応があります。**銀行休業**（bank holiday）、または**預金封鎖**（suspension of convertibility）と呼ばれます。これは、他の大勢の引き出し行動がないということを確定させる、いわば強制的に不完全情報をなくす形で

の解決策です。しかしながら、風評による銀行取付自体は強制的に回避できますが、そもそも現金が必要な人が現金を引き出せないという不効用が生じます。したがって、最適な政策対応とは言えません。

第**9**章

大きくて潰せない問題
Too Big to Fail

イントロダクション

　第8章では、Diamond and Dybvig（1983）に端を発した銀行業の脆弱性とそれに基づく資本規制の必要性について議論しました。第8章のイントロダクションで述べた通り、もう1つ、金融機関の資本規制などが必要とされる、経済学における理論的支柱があります。それは、**大きくて潰せない**（Too Big to Fail：**TBTF**）問題です。

　大きい銀行に関しては、倒産した場合の経済に与えるコストが甚大であるため政府は救済せざるをえず、実質的には保険を公的に提供しているということになります。しかし、そこでモラルハザードが起きる可能性、特にリスクを追い求めすぎる可能性が指摘されます。また、2007～08年に起きた世界金融危機の後にこの問題がその中心にあったと認識され、大きく取り上げられました。そして、その後の金融規制をめぐる議論の中心を占めてきました。本章では、これらに対する理論・実証研究を解説します。

1 大きくて潰せない問題とは

　第6章で説明した債権契約のモデル（Townsend 1979）では、銀行ローンや預金なども含む債券型の契約を基礎とした一般均衡理論を論じています。その理論では、倒産にはコストがかかるものの、政府介入は必要なく、競争市場に

よる均衡は社会的に最適であることが明らかにされています。Diamond and Dybvig（1983）のような風評被害、つまり流動性による倒産の可能性を捨象した場合、したがってファンダメンタルな理由だけによる（金融機関など含む）倒産の場合には、政府が本来介入すべきでないということです。介入はないものとして、それを見越してさまざまな契約を事前に結んだ方が、経済がうまくいくということが示されているわけです。

　しかし Chari and Kehoe（2016）は、政府（政治家）は、経済理論的には放置しておくべきであるような銀行や企業が倒産することで発生する事後的コストを看過できないとします。事後的には合理的理由で、政府は銀行や企業を救済してしまうわけです。なお、このように事前の意味で良くない行動（ファンダメンタルな理由で破綻した銀行や企業を救済すること）を、事後に合理的にとってしまうことを、**時間非整合性**（time inconsistency）の問題と呼びます。

　事後的に倒産コストを回避するという、その時点では最善の策をとっているものの、事前の時点でファンダメンタルな要因によって破綻した銀行や企業の救済があるということを冷静に考えれば、政府が事業リスクに対する保険を、保険料もとらず事業の審査もせずに与えていることになっています。したがって、第8章で解説した預金保険の例のように、リスク・シフティングやモラルハザードが発生し、経済全体に悪影響を及ぼします。いずれにせよ、こうした理由でも、資本規制などの規制がさらに必要とされるわけです。

　なお、このようないざというときの救済は、預金保険と違い、通常各国では法律などで明示的に定められていません。そのため、預金保険よりたちが悪いとも考えられます。ただし、日本においては、1990 年代の銀行危機を経て、預金保険機構がいざというときに資本注入をしたり、承継銀行の資金繰りを助けたりと、特にペイアウト（清算して預金を払い戻すこと）と比べてコスト的に優位なときなどに、銀行をある意味延命させて救済することがあることを明示しています。これは、他国と異なりめずらしく、私見では（Ueda〔2019〕の議論に基づけば）世界のモデルケースとも考えられます。

　さて、Chari and Kehoe（2016）の理論では、救済対象は銀行に限らないのですが、レバレッジが大きく破綻しやすい銀行業が、このような政府救済の対象となることが多いとしています。さらに、銀行業界が全体としてペイメント・システムを担っているということが倒産に伴うコストを高めており、私見では

このことが、政府が救済することになる理由であると考えています。とりわけ、**金融システムにとって重要と思われる金融業**（systemically important financial institutions：**SIFIs**）は、救済対象となる確率が非常に高いわけです[1]。

　その根底には、金融市場の発展・完備化に伴い、複雑な金融商品がさまざまに出現しているということがあります。特に、国家や企業の倒産に備える保険の役割を持つ Credit Default Swap（CDS）は、重要なものと言えます。世界金融危機前において、この商品を提供する最大手は（保険会社である）AIG であり、それはリーマン・ブラザーズの破綻時に次に破綻すると思われた会社でしたが、金融システムにおけるその重要性から、米当局が救済した経緯があります。また、投資銀行（証券会社）であるリーマン・ブラザーズの破綻が、預金を預かる商業銀行でもないのに多大な混乱を世界の金融システムに起こしたことからも、この「大きくて潰せない」対象の金融機関は、預金を取扱う商業銀行だけにとどまらなくなりました。この点は、Diamond and Dybvig（1983）の理論では考えられなかったことと言えます。こうしたことを背景に、世界金融危機以降、金融規制は大きく動きました。本章ではこの点について、実証研究などの紹介も含めて説明します。

2 時間非整合性の理論的背景

　第 6 章で説明した Claessens and Ueda（2020）の倒産と解雇に関する理論モデルでも、時間非整合性の問題を扱っていました。その理論も、前節の Chari and Kehoe（2016）の理論も、国債発行と事後的なインフレの誘惑から中央銀行の独立性を論じた Kydland and Prescott（1977）や Barro and Gordon（1983）と同じく、ゲーム理論におけるサブゲーム完全性（または逐次合理性〔sequential rationality〕）という概念に基づくものです。

　しかしながら、厳密な意味での時間非整合性は、意思決定理論（decision theory）において個人の意思決定問題だけで（ゲーム的状況でなくても）起きる

1）昨今のフィンテック企業の興隆とともに、資金移動業（支払い・決済）と銀行業（信用創造）は区別され、別々のものとして成り立ち始めています。この点については、第 11 章でフィンテックを取り上げる際に展望を述べたいと思います。

ものとされ、経済学ではその用語がやや濫用されていますが、本書ではその慣例に従います。なお、経済学でその厳密な意味で使われているものとしては、**双曲割引**（hyperbolic discounting）という分野があります。そこでは、通常仮定している**割引因子**（discount factor）が、β、β^2 と今日と明日の間と、明日と明後日の間で両方とも同じ β とするのに対し、β、$\beta\delta$、$\beta\delta^2$ ようにそれらが異なり、通常 $\beta > \delta$ と考え、今日を起点に明日を割り引く率 β が、今日を起点に明日から見て明後日以降を割り引く率 δ の方より、その程度が大きいと考えます（たとえば、この分野の解説論文である Frederick, Loewenstein and O'Donoghue〔2002〕を参照）。

また、政治経済学ではさらに緩く時間非整合性（的なもの）を理論で使うことがあります。端的に言えば、「政治家はそれ以外の人々より（選挙が定期的にあるので）短期での果実をより求める。そこで、彼らは合理的に遠い将来より近い将来の方をより強く意識（$\beta > \delta$）する。そのため、そうして実施された政策は、人々の本来の割引因子が常に β だとすれば、本来の社会的に最適な政策よりも歪んだ近視眼的な政策がとられやすい」と、このような三段論法で考える議論です。

いずれにせよ、これらの時間非整合性は、当事者がその時々で合理的な選択をした結果として生じているため、簡単には是正できません。そのため、中央銀行の独立性の議論のような制度設計や、ここでの大きくて潰せない問題に対処するための資本規制などの、政府による何らかのルール設定が必要とされるのが、現状の理論的な帰結と言えます。

3 テール・リスクと銀行救済

上記のように、大きくて潰せない問題の代表的な理論（Chari and Kehoe 2016）では、第6章で説明した CSV（Costly State Verification）理論に基づき、倒産にはコストがかかること、そして事前にはそのコストを回避する必要がない（Townsend 1979）にもかかわらず、事後的にはそのコストを（政治的に）回避しようとしてしまうという「時間非整合性」の問題があることが示されています。利害関係者は、そのような銀行救済策があることを知って事前に行動

するため、いわゆる保険に付随するモラルハザードが生じます。そして、それを防ぐために資本規制などが必要となる、という政策的含意が得られます。

　一方、上記以外の見方でも TBTF 問題を理論的に捉えることができます。以下ではこの点を拙論（Ueda 2019）に基づいて考えてみましょう。ここでは、本来の CSV 理論では最適になされる倒産手続きに非常に時間がかかり、それを短縮するようなスピーディーな手続きがより望ましいという、より現実的な状況を考えます。そのとき、倒産時の資産の配分は（時間をかけて）最適になされるわけではなく、往々にして、借り手がある程度の資産の保持を認められ、それ以外は債権者が差し押さえることになります。これは、不完備契約の理論の一般的な結論でもあり、またマクロ金融経済理論でよく仮定されているものでもあります。しかし、もし大きな負の**テール・リスク**（大震災やパンデミックなど）が顕現すると、多くの借り手が手元に一定の資産を残しつつ倒産し、銀行も同様に（銀行家の資産は保全しつつ）倒産する一方、預金保険などがない場合、預金者にはほとんど預金が返ってきません。つまり、預金者がテール・リスクの被害を最も受けることになりかねません。

　ここで、民間人では倒産法制で守られている人たちから資産をさらにとることは無理ですが、政府は倒産した人からも消費税などを徴収できます。つまり、銀行救済の名のもとに、銀行に注入した資金はすべて預金者保護に回すことを要求して、預金者をテール・リスクから救い、そのうえでその原資を、消費税などを通じてすべての人（銀行、借り手、預金者）から徴収すれば、すべての人がテール・リスクを同じようにシェアすることになります。これはいわば、預金保険を事後的に税で賄うということです。このとき、保険がある分だけ、預金者はテール・リスクが小さくなります。人生の途中で、主に預金者になるか借り手になるかは、ある程度運で決まるものでもあるので、事後の預金者のテール・リスクの減少は、人生の初期という事前においてもテール・リスクの分担の予想される偏りの低減となり、すべての人にとって望ましいことになります。

　なお前節で述べた通り、日本の預金保険制度はこのように事後的に手数料を既存の銀行からとる場合もあるほか、財政出動もありうることとなっており、金融システムが危機に陥るようなテール・リスクの状況で、銀行救済をすることが想定されています。他の国は通常そうではなく、預金保険は事前に銀行か

ら集めた保険料で賄われることになっており、預金保険そのもので事後的な銀行救済をすることまでは想定していません。また、場合によっては事後の保険支払いが大きければ、世界金融危機時のアイスランドのように、預金保険自体が支払不能（倒産状態）となります。

　ただし、このようにテール・リスクが顕現した場合の、特に財政出動による銀行救済は事後的に税で賄われるため、銀行関係者にはコストがダイレクトに伝わりません。そのため、やはりこの理論でもモラルハザードが起き、それを防ぐためには、資本規制などが必要となります。しかし、Chari and Kehoe (2016) の議論とは異なり、資本規制をしたうえでの銀行救済は、事前の意味でも意義があるという政策的含意が得られます。

4　銀行が「大きい」とはどういう意味か

　上述の2つの理論からは、銀行救済の対象となるのは、倒産に関連したコストが大きい場合であることがわかります。もっとも、世界金融危機で見たように、リーマン・ブラザーズなどの投資銀行（証券会社）や AIG などの保険会社でも、またそれほど規模が大きくない金融機関でも金融システムやマクロ経済に大きなコストがかかる場合があり、規模が大きいというよりも、「金融システムの中で重要な位置を占めていること」（systemically important）が、救済のより適切な対象となる条件であると言えるでしょう。そこで、「大きくて潰せない」（too big to fail）の代わりに「システミックで潰せない」（too systemic to fail）という表現が使われることも多々あり、また、「システム上重要な金融機関」（Systemically Important Financial Institutions：SIFIs）や、「システム上重要な銀行」（Systemically Important Banks：SIBs）などと呼ばれる金融機関が、潜在的な救済対象として認識されてきました。世界金融危機後、バーゼルの金融安定理事会（Financial Stability Board：FSB）では、世界の主要な金融機関を G-SIBs（Global SIBs）、それぞれの国内で重要なものを D-SIBs（Domestic SIBs）としてリストをつくって公表するようになりました。

　また、そのシステムの中で重要ということを理解するために、ネットワーク分析などを用いて、ネットワークの中で重要な位置を占めているものは、往々

にして多くの取引先を持っていることから、「結び付きが強すぎて潰せない」
(too connected to fail) という観点からの調査・研究もなされてきています。

　加えてアメリカでは、1980 年代に多くの S&L（Savings and Loan Institutions；
日本で言えば信用金庫、信用組合のような組織）が潰れ、その救済がなされた歴
史がありますし、日本でも 1990 年代から 2000 年代初頭に直面した銀行危機を
経て、必ずしも大銀行だけでなく、多くの銀行が経営不安になること自体が問
題だという認識もあります。このような場合、（根本要因を共通に持つ銀行が）
「多すぎて潰せない」（too many to fail）という事態が起こりうることも知られて
います[2]。

5 TBTF 問題の内生的な深刻化

　いずれにせよ一般的には、主要な大銀行の方が、より救済される確率が高い
と認識されているでしょう。倒産に関連するコストを考えれば、確かに大銀行
の倒産のコストは看過できないので、その認識はおそらく合っていると考えら
れます。そうだとすると、問題は理論的にはモラルハザードが広がってしまう
ということです。つまり、陰に陽に政府がバックについた保険で守られている
のであれば、そうした銀行は、リスクの高い事業に乗り出したり、できるだけ
レバレッジをかけたりしようとします。一方で、銀行の預金者、株主、社債保
有者なども、「大銀行であれば大丈夫」と考えて、実態をあまり気にせずに、
お金を預けたり、投資先に選んだりすることになります。このとき、銀行の仕
事はいわばお金を回すことなので、仕入れのお金が安く手に入る（低金利で調
達できる）のであれば、ライバルより儲かりシェアを広げることができます。
結局、資金がますます大銀行に集中し、銀行業界が本来の望ましい姿よりも大
銀行集中型になります。すると、そのような銀行は大きすぎてますます潰せな
くなり……、といった形で、TBTF 問題があたかも内生的により深刻化する状

　2）一方、スイスのような小国に世界的に活動する大きな銀行が存在する場合もあります。
　　その場合は、世界的な観点からは救済する方が倒産コストを抑えられるように思えても、
　　その国の財政だけではとても救済できそうもありません。こうした場合には、いわば
　　「大きすぎて救済できない」（too big to be saved）が問題になります。

況になりかねません。

　もちろん、ここでは「銀行は小さい方が良い」と言いたいわけではありません。銀行業は本質的には装置産業であり、規模の経済が働くことも知られています（Wheelock and Wilson 2012）。グローバル化、デジタル化の進展に伴い、ますますネットワークの外部性が強化されている中で、銀行が大きくなることは決しておかしなことではありません。

　それでも、「銀行が大きい」ということだけで、救済される期待を市場が持ち、それが理由で調達金利が低くなるのであれば、モラルハザードが生じていると考えられます。こうした考えに基づいて、実際に TBTF 問題が生じているのかを実証的に明らかにするためには、大銀行の調達金利におけるアドバンテージを推計すればよいという議論から、TBTF 問題の実証研究が始まりました。

　この考え方は、まわりくどいと思われるかもしれません。実際、世界金融危機直後、欧米で大銀行が救済されたときの欧米の市民の怒りは甚大で、当時、ウォール・ストリートで市民によるデモ行進なども起きました。つまり、本来倒産すべき会社を救済すべきでないというものです[3]。また、航空会社などの例外を除けば、資本主義経済をとる先進国では、大企業といえども滅多に政府によって救済されませんし、救済されるべきでもありません。

　そこで、アメリカでは 2010 年にドッド・フランク法によって、連邦準備制度（FRB）の緊急融資の制限など、銀行救済の手法を狭めることになりました。また、欧州連合（EU）でも、EU 全体で対応する仕組みを整えつつも、加盟国政府が安易に銀行を救済することを厳しく制限するようになりました。

　しかし、Chari and Kehoe（2016）で想定されているような倒産コストは、金

3）アメリカでは、銀行業界全体の賃金は、他業種と比べて高いわけではなく、その意味では普通の会社です。しかし、ウォール・ストリートの金融機関は異質で、高報酬で知られています。そうした金融機関をなぜ税金で救うのかについては、市民からは共感を得られませんでした。なお、大銀行を救うことだけの怒りでなく、救済資金の流れが不透明なことに対する怒りも、当時のアメリカ市民にあったと思われます。実際、Igan, Mishra and Tressel（2011）によれば、アメリカで大銀行救済に使われるべきだった資金は、ある程度は地方の中小銀行にも流れており、そうした資金の流れを回帰分析で検証したところ、その主要要因はそれらの銀行経営者から政治家への献金であったことが示されています。

融機関ではいまだに大きいわけです。それは、満期（マチュリティ）変換機能に付随する脆弱性や、同時に提供している決済システムの社会的重要性でしょう。また、Ueda（2019）に基づいて考えると、スピーディーな倒産に伴う残余資産分配の歪みを銀行救済で是正できる可能性もあります。つまり、銀行が救済されることは、市場経済の例外として理論上意味付けられるわけです。また、それこそ Chari and Kehoe（2016）流に考えれば、「次に大銀行が潰れそうなときには、アメリカでも EU でも政治家が動いて新しい法律を制定し、それを救済するだろう」と人々が予測することになります。そのためどの理論にせよ、モラルハザードを防ぐための事前の資本規制などが必要となります。つまり、大銀行が救済されやすいのであれば、平時の規制がそれに伴う問題を封じ込めることができるような水準に達しているかどうかが問題となるのです。

　逆に言えば、世界金融危機以前の規制水準で TBTF 問題が存在するような証拠があるか否かが問題になります。しかし、直接的にその証拠はつかめていませんでした。そこで、当時ドイツのメルケル首相のもとで経済諮問委員を務めていた当時マインツ大学のヴェーダー・ディ・マウロ教授と筆者との共同で 2010 年に G20 の会議向けにその研究を報告したもの（Ueda and Weder di Mauro 2010）が、一連の研究の走りとなりました。その後、より精緻に分析した研究を 2013 年に学術雑誌に発表し（Ueda and Weder di Mauro 2013）、2014 年には筆者を中心としたグループで総合的な調査をしたものを IMF の国際金融安定報告書（Lambert et al. 2014）の中で公表しました。その後、2020 年 9 月末には、バーゼルの金融安定理事会（FSB）から世界金融危機 10 年後の報告書の一環として、この問題を振り返る作業が行われており（FSB 2020）、それへのコメントが広く求められました。

6　TBTF 問題の実証分析

　IMF の国際金融安定報告書（Lambert et al. 2014）では、順に 3 つのアプローチを示しています。1 つ目は、単純に欧米の大銀行とそれ以外の銀行における社債金利の差を調達金利差として調べるというアプローチです[4]。これに基づいて単純に比べると、実はあまり調達金利差がないことがわかります。しかし

実証研究で厳密に比較するには、同じような対象同士を比べる必要があります。この文脈では、大銀行とそれ以外を比べようとした場合に、その規模以外の特徴をできるだけ等しくしなければなりません。大銀行は往々にして複雑な金融商品をつくったり、それに投資したり、国際的に幅広く活動していたりと、かなりのリスクをとっており、とりわけ救済が期待されるのであれば、それを暗黙の担保として大きくレバレッジをとることができます。そこで、レバレッジが同じような大銀行とそれ以外の銀行を比べます。すると、やはり大銀行の方が調達金利が低いことがわかります。

　しかし、レバレッジだけでは、すべてのリスクをコントロールしていることにはなりません。そこで2つ目のアプローチとして、少なくとも世界金融危機までは、個別リスクをよく反映していると市場から信頼されていた大手格付機関の格付をリスクの代理変数として使います。しかし大手格付機関は、いつの頃からか、銀行の格付には、銀行本体の倒産確率をもとにした格付だけでなく、各国当局がどの程度の確率でその銀行を救済し、社債保有者が損をしなくなるかという当局による救済に関する格付も出していました[5]。それに加えて、両者をあわせた総合的な格付という3段階の格付が出ていました。すなわち、格付機関が制度や当局の姿勢などを評価し、市場関係者も納得できるような格付をしていたと考えられます。すると、この総合的な格付と銀行本体の格付の差が、それぞれの銀行に対する当局の救済に関する市場の予想だということになります。格付のランクの違いは、社債の金利の違いに直結することが知られており、それを用いれば調達金利のアドバンテージを検証できるわけです。

　一方、3つ目のアプローチとして、格付機関によらずにそのような銀行ごと、当局ごとの違いを反映させたTBTFによる調達金利の差を測ることも、先進国の主要な銀行に関しては可能です。まず、救済は大規模な資本注入や国有化、

---

4) 欧米の銀行では、日本の銀行と異なり、預金以外に社債での資金調達が多くあります。なお、アメリカにおける大銀行とそれ以外の銀行における預金金利差を比べた研究もあります（Jacewitz and Pogach 2018）。しかし、預金は預金保険があり、必ずしも事後的な資本注入による救済を必要としません。

5) 1990年代中頃に日本の銀行の格付が下がったときに、日本の当局が、「日本では主要な銀行が倒産することはない。それを考慮すべきだ」というようなことを言っていたことを覚えていますので、その頃にはまだこのような当局による救済可能性の格付はなかったと思われます。

またはほぼゼロに近い値段での同業他社による買収という形で起きるため、株主はほぼ守られないことになります（大規模な資本注入のもとでは資本の希薄化が激しく起きます）。それに対し、社債保有者および（預金保険上限を超える）預金者は往々にして守られ、特に社債の価値は守られてきていました。ところが、倒産確率と倒産時の価値に基づく株主にとってのリスクプレミアムは、オプション理論を応用すれば株式の価格から求めることができます（Merton 1974）。それに対し社債は、米国債（欧州の銀行であれば独国債、日本の銀行は日本国債）との金利差を見ることで、リスクプレミアムが測定できます[6]。つまり、株式価格から測定される救済なしの株主向けリスクプレミアムと、同じ銀行の社債価格から測定される救済込みの社債保有者向けリスクプレミアムの差をとれば、それぞれの銀行において、救済可能性の期待による調達金利のアドバンテージが測定できるわけです。

　この 2 つ目と 3 つ目の方法には一長一短があります。3 つ目の社債と株式価格から求めるリスクプレミアムの差は、倒産確率に依存します。たとえ当局による倒産時の救済可能性が同程度あったとしても、景気拡大期には倒産確率自体が全体的に下がるので、倒産確率と倒産時の救済可能性という 2 つの要因に基づくリスクプレミアムは低下します。つまり、倒産時の救済可能性（およびその額）が求められないわけです。それに対し、2 つ目の格付に基づく方法では、たとえば B レーティングの銀行が当局による保護への期待からゲタをはかされ A レーティングとなるとしましょう。その場合、仮想の B レーティングの銀行がどの程度得をするかは、景気によらず常に測定できます。しかし、格付機関内部での銀行本体への格付は、少なくとも主要銀行については、この分野で標準的なオプション理論に基づくものということはわかっていますが、詳細は企業秘密でありブラックボックスです。また、当局ごとの救済される期待の計測もブラックボックスで、それらの正確さは検証できません。

---

[6] 一部の主要銀行には、さらに銀行ごとの社債の倒産に関する保険である CDS（Credit Default Swap）の市場があり、CDS スプレッドがその保険料ですので、リスクプレミアムを直接測ることができます。実際、（Lambert et al. 2014）ではそれを用いています。ただし、平時において社債と国債の金利差と CDS スプレッドはほぼ同じなのですが、世界金融危機時は、CDS 市場での取引が薄くなっていたことには注意が必要です。

　どちらの方法でも、世界金融危機時は、世界の主要銀行の調達金利のアドバンテージの推計は 60 ベーシスポイント（0.6%）程度でした。その前は低く、その後は徐々に下がっています。ただし、格付をもとにした推計では、倒産リスクを一定（格付を投資グレードとして信用に問題があるとされる一歩手前の BB）として常に計算できますので、その場合は、世界金融危機後の低下の度合いはそれほど大きくないことが、少なくとも 2013 年までは確認できます。

　もっとも、その後しばらく経って、格付機関が批判されたこともあり、当局による救済可能性の格付を発表しなくなりました。そのため、格付機関に基づいた測定は現在ではできなくなっています。そして FSB（2020）によれば、社債と株価に基づく方法（や他の方法）では、2010 年代を通じてリスクプレミアムが下がってきており、救済の可能性はある程度少なくなってきていると結論付けています。ただし、それがまだ存在すること、またコロナ禍の前までのデータであり、今後その方法では景気に左右されるため、景気後退期にどのような推計結果が出るかはまだ不明だとしています。

7 TBTF 問題への対応

　図 9.1 は、IMF の国際金融安定報告書（Lambert et al. 2014）に基づいていますが、大きくて潰せない問題が生じる状況を 4 つの段階に分け、その段階ごとにどのような対策がとれるかを示したものです。

　これには、対象となる銀行を救済する場合の 4 つのノードを記しています。第 1 のノードは、そもそも対象となるような重要な銀行（SIB）かどうかです。そうでなければ当然救済されません。第 2 は、対象となる銀行（SIB）が債務危機に陥るかどうかであり、特に破綻の可能性が大きい場合その確率を q としてあります。もちろん、このノードで経営不安に陥らなければ救済されません。第 3 は、破綻の確率 q が大きい場合に政府が実際に資本注入などを行って救済するかどうかです。救済しない場合は、社債保有者や（預金保険の上限を超える）預金者はすべての損失を被ります。しかしそうではなく、政府が救済する場合（救済の確率を p とします）には、救済の額にもよりますが、第 4 のノードで債権者は損失をゼロに（完全な救済）、または低減させることができます。

図9.1　TBTF問題に至る４つの段階

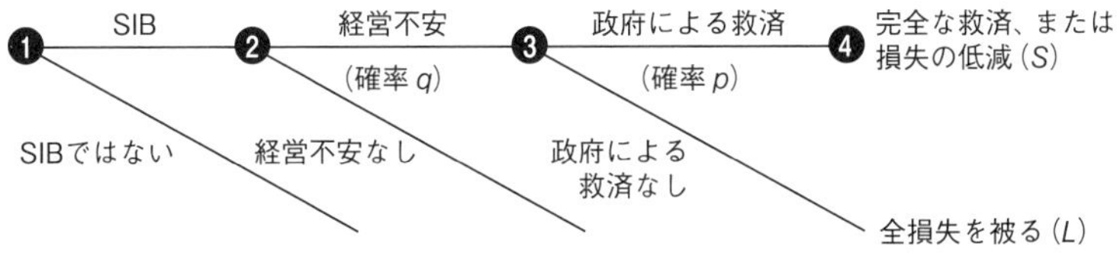

（出所）Lambert et al.（2014）、Figure 3.13より。

　このそれぞれのノードで規制や政策対応が考えられますが、すべてが望まし
い対応ではありません。まず、第１のノードですが、そもそも銀行を SIB で
なくするために、大きい銀行はたとえば地区ごとに区切って（かつての国鉄のよ
うに）小さくしてしまえばよいと主張する論者もいました。しかし前述の通り、
銀行には規模の経済もあり、グローバル化とデジタル化がますます重要になる
中で、小さな銀行をたくさんつくることは経済全体で見て金融の効率性を損な
います。そのため、この議論は早々になくなりました（ただし、新しい規制や
経営状態により、仕方なく小さくなっていったケースはあります）。

　第２のノードですが、これが伝統的な考え方であり、理論的にも整合的で、
そして世界金融危機後も最も力が入った対応でした。SIB がいざというときに
経営不安や債務危機に陥らないようにすること、すなわち資本規制の強化です。
もちろん、それをしっかりと監督（supervision）する仕組みも強化する必要が
あります。バーゼル規制によってすでに 1980 年代終わりから自己資本規制が
ありましたが、それは８％でした。それでは特に大銀行には十分ではないとい
うことで、世界金融危機後、特に国際的に活動する銀行と SIB には、上乗せ
でそれまでの自己資本規制を上回る水準が要求されることになりました。

　なお、一連の変更を「バーゼルⅢ」と呼びます。これにおいて、当局はバブ
ルのようなときには、さらに資本を積み増すことができるとされました。この
制度を**カウンターシクリカル・バッファー**（countercyclical capital buffer：景気変
動抑制的な資本バッファー）と呼びます。日本では今のところ使われていません。
また、逆に言えば、景気悪化時には、貸出を増やすため資本規制を緩めるとい
う考え方にもつながります。マクロの景気循環論としては正しいのですが、そ
もそも銀行危機を防ぐための資本規制であるならば、銀行経営が不安になって
くる大きな景気悪化時こそ、率先して早めに銀行に資本を積むことを要請し、

銀行危機を防ぐべきです。こうしたことから、カウンターシクリカル・バッファーは理論的にどちらにすべきかがわかりにくく、使いにくい制度と言えます。

　またバーゼルの自己資本規制は、資産にリスクウェイト付けした後の額に対しての自己資本規制です。つまり、格付がAAAのような安全な証券や貸付先であるならば、かなり低いリスクウェイトをかけることが許されており、自己資本が要求される対象の、調整された資産総額をかなり少なくすることができます。しかしそのことが、サブプライム・モーゲージをパッケージ化し、トランシェ化したCDO（Collateralized Debt Obligation）のAAA部分を保有していても自己資本をあまり積まなくてもよいということにつながりました。逆に言えば、明らかなジャンクであるサブプライム・モーゲージからいかにしてAAAの資産を生むかという、規制回避のための歪んだ市場を生んだとも言えます。一方、そのようにしたため、リスクウェイト付けしていない通常の意味での自己資本の総資産に対する比率（銀行業界ではレバレッジ比率と言いますが、いわゆる通常のレバレッジの逆数です）は、欧米の主要銀行でリーマンショックの直前では1〜2％程度しかないところが多くありました。つまり、資産価値が1〜2％下がれば、すぐに債務超過になるということであり、実際にそのようになったわけです。そこで、リスクウェイトを入れないレバレッジ比率の規制も導入され、SIBには上乗せも付きました。

　なお、どの程度の自己資本を目指すかですが、これにはアメリカで連邦預金保険公社（FDIC）やしっかりとしたFRBの仕組みができる前の1920年代以前には、大銀行にはほぼ20％程度の自己資本があったとされており、それがTBTF対象金融機関への1つの目安になりました。ただ、株式の大量の増強は資本の希薄化を伴うことから既存株主から賛成を得ることは難しいため、規制としては、いざというときにのみ株式に変換されて損失を吸収するとともに、自己資本を自動的に増加させるような債券が、広い意味での資本として認められることになりました。これが、SIBに適用される全体として自己資本規制の上の傘のような「TLAC規制」となりました。TLACはTotal Loss-Absorbing Capacity（総損失吸収能力）の略です。これは、2019年から開始され、当面16％、2022年からは18％が予定されています。

　なお、いざというときに株式に転換される（または損失を株式のように確実に被る）ものには、いくつかあります。1つは以前からある劣後債で、それは破

綻状況のとき（破産だけでなく再生のときも）、通常の債務に劣後して返済され
ますので、通常の債務が支払えない債務超過のときは当然全額支払えるもので
はないことをしっかりと確認されるようになりました。しかし、債務超過にな
る前に、銀行には自己資本規制があるので、通常は自己資本規制に抵触した段
階で破綻とみなされます。その直前の段階で自動的に株式になるような債券を
発行すれば、破綻も自動的に防げることになります。これは、いわゆる転換社
債に特別な条件が付いたもので「CoCo 債」（Contingent Convertible Bonds：偶発
転換社債）と呼ばれます。一方、完全に破綻して債務超過で清算するようなと
きに、（株式に転換することに近く）確実に損失を被る「TLAC 債」も発行され
ることになりました。

　このレベルまでの社債は、もし政府がその時々の条件で救済したとしてもそ
の救済の対象外となるよう一連の改革で求められました。特に、英語では政府
の救済を「bailout」と呼ぶのに対し、これらの債権者は自分で損失分を（元本
から見れば）提供することになるので「bail in」と呼ばれます。これらの債券
は「bail-in-able debt」とも呼ばれます[7]。

　CSV の理論で見たように、債権契約はそもそもいざというときには債権者
が損失を被るものであり、その意味では、bail in されるのは当たり前のことで
す。ところがこれまでの銀行救済では、債権者はほとんど損失を被っていませ
ん。それは、金融機関の債務の多くを他の金融機関が持っているために、破綻
が破綻を呼ぶことを恐れたからです。しかし、いわゆる超短期のインターバン

----

7) なお本章の注3（156頁）でも述べたように、アメリカの銀行全体を見ると、賃金水
準など、他業種とほとんど変わりませんが、いわゆるウォール・ストリートなどにある
主要銀行や、そのライバルの欧州の銀行などは、高報酬で知られています。それにもか
かわらず、なぜそのような銀行を救済するのかという点が、当時の欧米の市民の怒りの
原因でもあったでしょう。そして、破産したときに債権者に損害を求めるのであれば、
その直前まで働いていた経営者や、管理職銀行員にも、たとえば3年ほど報酬をさかの
ぼって取り上げるべきだという議論も起きました。しかし、それは労働法制などにも守
られ、国際金融規制としては実現されていません。また、1930年代以前のアメリカでは、
銀行の破産は、そのオーナー（経営者）の個人財産まで差し押さえ（double liability）と
なり、特に世界恐慌時に問題化したことが知られています。それ以降は、（他の産業と
同じく）いわゆる有限責任が認められるようになりました。経営に法律的な問題があっ
たわけではないときに有限責任の会社の経営者報酬にまで責任を遡及するのは、資本主
義の根幹を揺さぶるものともなります。

ク市場は、超短期のためもあり、ほぼ確実にデフォルトをしなくて済みます（逆に言えば、この市場でのデフォルトは異常事態です）。問題となるのはそれ以外の市場でのデフォルトですが、そこでどのように金融システム全体として安定性が保たれるかについて、理論・実証の両面から盛んに研究がなされているところです。

なお、上記の CoCo 債のような対応は、銀行が経営不安に陥っても、自動的に株式に転換して自己資本を拡充するという意味で、前掲の図9.1 では第3のノードでの対応に当たります。そして、TLAC 債は、破綻後の政府支出を減少させるという意味で、第4のノードでの対応に当たります。

第3のノードでは、必要のない政府の支出を減らすことも大切です。どの銀行が実際に困っているのかわからないとき、それを把握するために自発的に手を挙げてもらおうとしても、そのこと自体が悪いシグナルとなり、逆にその銀行は市場から資金を調達できなくなったり、銀行取付を起こしかねません。そこで、どの銀行もそれを嫌がり、資産状況がよく把握できないまま主要銀行すべてに資本注入をせざるをえない状況になります。これは、日本では1999 年の1回目の資本注入、アメリカでも2008 年の1回目の資本注入で起きたことです。

常日頃から、監督当局が銀行のバランスシート状況を把握できていれば、ターゲットを絞って資本注入ができたわけであり、その意味で、より正確な監督体制、会計の透明性が確保されることが必要です。実際に、たとえば世界金融危機後は仮定の状況のもとでの損失額の把握をするストレス・テストなどがなされ、公表されるようになりました。

第4のノードでは、複雑なグローバル企業をどのように破産させるかという問題があります。その実現も、世界金融危機の後10 年以上かなり議論され、進んできました。そもそも、リーマン・ブラザーズの破綻により、なぜあれほど世界の金融市場が混乱したかについては諸説あります。当時、IMF で金融危機の対応をしていた筆者としては、最も重要なことはその破綻処理だったと考えます。通常の破産では、破産直前にいろいろと資産が切り売りされることや、債権者が我先に差し押さえに来ることなどをふまえ、ある程度さかのぼって資産額を確定させます。そこから、特別に優先または劣後している債権を除き、原則的には「pari passu（債権者平等）の原則」に基づいて資産を配分しま

す。ところが、こうした破産制度は金融機関だからといって特別な法制度がとられているわけではなく（超短期であるインターバンク債務はほぼ安全に支払われますが）、たとえば 1 週間前にさかのぼっての債権の回収額確定がなされます。

　しかし、国際的に活動していたリーマン・ブラザーズは、特にニューヨーク本店とロンドン現地法人が中心でしたが、法制度がよく似ているニューヨークとロンドンの法制度ですら、破産債権の確定のルール（何日さかのぼるか）が異なり、当局同士でどれだけ自国の債権者に差し押さえさせるかで揉めました。たとえば製造業であれば、残余財産の多くは工場だったり機械だったりと、一週間程度で大きくその所在地を変えることはできませんが、リーマン・ブラザーズ（のような金融機関）は破綻が近づくと、ニューヨーク本店に全世界から資金を集めていましたので、こうした問題が起きたわけです。ここで、本来すぐに破産債権を確定できると思っていた多くの金融機関や投資家は、国際的な倒産制度がうまくできていないことに気づかされました。倒産に対するリスクプレミアムは「倒産確率×倒産時の債権回収率」（recovery rate）ですが、この回収率にはどの程度待たないといけないかという割引率がかかります。その想定を、金融機関や投資家は急に大きくせざるをえなくなったわけです。

　その後のバーゼルでの国際金融規制をめぐる議論でも、巨大な金融機関はいざというときのために、事前にどのように資産を分割するか（living will：生前遺言）を用意させることを規定しました。そのほか、各国で国境をまたぐ金融機関の倒産に関する法制度の調和を進めることにしましたが、これは前述の通り各国とも倒産制度は、金融機関に特化してつくられている制度でなく、また各国独自の慣習にも大きく依存するため、遅々として進んでいません。この点は FSB（2020）においても、今後の課題とされています。

　現実的な対応として、各国とも支店形式ではなく、現地法人形式での営業を求め、そこに独立した銀行であるかのように資本規制などをかけることになりました。その結果、グループ全体で大きく資本を増強しなければならなくなり、多くの欧米の金融機関が国際業務を縮小しました。特に、東欧やアジアでその傾向は強く、それらの国の一部では、それによっていわゆるクレジットクランチ（信用収縮）が起きたのではないかとされています（Lambert et al. 2015）。ただし、FSB（2020）ではそのような評価はしにくいという新たな実証分析の結果も報告されています。

8 理論的に望ましい救済策

　そもそも経営破綻が近い銀行を救済するには、できれば自動的に株式変換するような（CoCo債のような）債務があること、または社債保有者が納得して株式転換することが、CSV理論からもモディリアーニ・ミラーの定理からも正しいことがすぐにわかると思います。しかし、もしその銀行の破綻自体が社会的に大きなコストがある場合は、当局は救済することになるでしょう（TBTF理論）。

　そのとき、どのような救済策が良いか、たとえば、政府が不良債権を高値で購入するのか（これがそもそものアメリカの2008年のリーマン・ブラザーズ破綻直後に設立された銀行救済基金であるTARP〔Troubled Asset Relief Program〕ファンドの当初の目的でした）、幅広く銀行ローンに保証を付けて政府が損失を補填するか（日本などで保証協会を通じてほぼ日常的にとられている対策です）、それとも銀行に公的資金を資本注入するかが（結局、TARPファンドのほとんどは資本注入に使われました）、よくある3つのパターンとなります。他のパターンも状況によってはありえますが、銀行倒産を防ぐという同一の目的を達成するには、Landier and Ueda（2009）はこの3つの中では、資本注入が最も政府の財政コストの意味で安上がりであることを示しています[8]。

　本章でのTBTF問題への対策に関する議論をまとめると、まずは銀行救済が必要とならないように資本を充実させること、そして、いざという場合は、資本注入に絞って、重要な金融機関の救済をすることが必要だということです。最後に、どうしても清算しなければならない場合に備え、特に多国籍金融機関の場合の国際的に調和のとれた破産制度を、早く国際的に合意する必要があることを指摘しておきます。

　歴史を見る目で俯瞰すれば、世界金融危機後には、銀行救済に対する欧米市民の非常に強い批判があり、そのため本章ではカバーしきれていない多くの種類の規制が生まれました。その種類によっては、金融自由化と国際化がなされ

てからの、直接的には金融業に口を挟まないという大枠の方針を外れた、直接的規制に近いものも生まれている可能性もあります。今後の実証研究による評価を待たなければなりませんが、間接的規制であっても強すぎる可能性もあります。これほどまでに規制が強化されたのは、おそらく 1930 年代以来だとも思われます。さらに、デジタル・ファイナンス、フィンテックという新業態に対しては、国によっては、厳しい規制方針を示しているところもあります。

　本書の第 1、2 章の議論に立ち返ればわかるように、できるだけ自由な金融が望ましく、ただしそれによる弊害が出るところに間接的な規制を入れるという方向で、2008 年までは来ていたわけです。そのことをよく理解しておかないと、再び金融抑圧とそのもとでの経済の低成長という時代が来る可能性があります。そのため現在、金融システムに関して、理論と実証の両側面からしっかりと制度や政策を評価していくことが、ますます必要となっていると言えます。

第 **10** 章
複合的な金融危機と
金融自由化後の制度設計

イントロダクション

　銀行危機は、通貨危機と国際収支危機、そして国家債務危機と同時に起こるケースがめずらしくないことが知られています。これらの危機は、雁字搦めの規制のもとでは若干起こりにくかったものの、これまで説明してきたように、そうした規制は社会厚生を低下させることが理論的にも実証的にも確認されてきています。

　そこで金融自由化・国際化が必要なのですが、そのときに市場がしっかりと働くような基本的な市場のルールは決めておく必要があります。ここで、コーポレート・ガバナンスや倒産法制（債権者の権利、債務者の保護）の経済的帰結を考察する必要があります。特にコーポレート・ガバナンスの重要性が実証的に評価されてきています。本章ではこれらの点について解説します。

1 複合危機

1.1 銀行危機と国家債務危機の関連

　1997～98 年のアジア金融危機の時点からすでに指摘されてきましたが、2007～08 年に起きた世界金融危機でも、「大きくて潰せない」（Too Big to Fail：TBTF）問題に基づく銀行救済によって、政府の財政が破綻し、国家債務危機につながるのではないかということが、特に欧州で強く懸念されるようになり

ました。その結果、2010年には欧州債務危機と呼ばれる事態になったわけです。実際に、アイスランド、アイルランド、スペインなどではこうした傾向が顕著でした。

　一方、世界金融危機と欧州債務危機には、逆の関係性もあります。とりわけ、バーゼル規制において、国債はリスクウェイトが低いこともあり、（規制が始まる前からそうですが、それにも増して）どの国でも銀行による国債保有は高い傾向にあります。こうした中、国債の価格が暴落（金利は暴騰）すれば、銀行のバランスシートが実質的に毀損します（状況により満期まで持つことを前提とした会計上の扱いなどもあるため、会計上は毀損しないかもしれませんが、投資家は往々にして実質的な時価による評価を問題にします）。そのため、国家債務危機が銀行危機を引き起こすことにもつながりかねません。欧州債務危機でも、特にギリシャは国家債務危機が先に発生して、銀行危機につながったと言えるでしょう。

　なお、バーゼル規制や欧州中央銀行のオペレーション（公開市場操作）等の対象として、ギリシャ国債をはじめ域内の国債を（引き続き）安全資産としてみなすべきだという議論がありました。しかしその一方で、そのように安全資産とみなすことそれ自体が新たな金融抑圧ではないか、つまり、国債を国内銀行に実態より低利で消化させているのではないか、という疑義もあります。

1.2　銀行危機と通貨危機の関連

　また、国家債務危機以上によく見られるのが、銀行危機と通貨危機との同時性です。過去のラテンアメリカ諸国やアジア諸国の危機で見られた問題点の1つに、外国通貨建て（往々にして米ドル建て）で銀行が外国人投資家から借り入れ、国内に現地通貨建てで貸し出すというビジネスモデルが挙げられます。この場合、外国人投資家は、米ドル建てで国内担保を評価するわけですが、それぞれの銀行や投資家は、自己の貸借が為替に与える影響までは考えません。しかし、国全体として結果的に多額に借りてしまったことがわかると、現地通貨の価値は下落します。すると、銀行は現地通貨建ての国内貸出を完全に回収できても、米ドル建ての債務を投資家に返済できなくなる可能性が出てきます。そのとき、外国からの新規投資は止まり、また通貨価値が下落する、という形で危機に陥ります。

このこと自体は以前から理論的にも実証的にも研究されてきたことで、債務の通貨と収入の通貨のミスマッチのことを危機の**原罪**（original sin）と呼びます。これに、Kiyotaki and Moore（1997）のような国内担保価値（とりわけ外国人投資家から見た米ドル建て）の低下を加えると、さらに深刻な危機が起きることを、動学的一般均衡（Dynamic Stochastic General Equilibrium：DSGE）モデルで理論的に説明できます（たとえば Mendoza 2010）。なお本書では扱いませんが、DSGE モデルをベースとした、このような国際金融危機の理論が、世界金融危機以降に大きく発展してきています。

また、第9章で説明したカウンターシクリカル・バッファーは、第8章で説明した銀行の資本規制（プルーデンシャル規制）において、マクロ経済の状況によってその基準を上下させるという考え方で、特に**マクロ・プルーデンシャル規制**と呼ばれるようになりました（従来までの状況に応じて変わることのない規制は、**ミクロ・プルーデンシャル規制**として区別されるようにもなりました）。

この考え方を援用して、特に銀行が外貨建てで海外から借りることができる総資産などに対する比率を、マクロ経済の状況によって上下させるということも、マクロ・プルーデンシャル規制の2つ目として考えられるようになっています。しかしながら、これはいわゆる**資本規制**（capital control）の一種とも考えられるため慎重に行うべき政策であり、それほど広まっているわけではありません（世界金融危機直後に、ブラジルと韓国でとられたのが先例です）。

1.3 ツイン・クライシスとトリプル・クライシス

上記のように、往々にして銀行危機は国家債務危機や通貨危機と同時に起きます。これを**ツイン・クライシス**と呼びます。また、すべてが同時に起きることもあります。これを**トリプル・クライシス**と呼びます。Claessens et al.（2014）は、1970年以降世界金融危機前までの IMF 加盟国（180程度）におけるさまざまな経済危機をまとめ、図10.1のようなベン図で、それらの発生回数を示しています。

なお、通貨危機は為替市場で起き、国家債務危機は国債市場で起きます。つまり、銀行危機も含めて、これらはすべて、広義には金融危機と呼ばれます。また、通貨危機と似たようなものとして、突然に外国からの投資が引き上げられる国際収支危機というものもあります。同様に、銀行危機だけでなく、国内

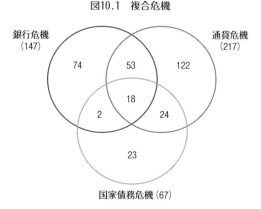

図10.1 複合危機

(注) サンプルはIMF加盟国（180カ国程度）。期間は1970〜2011年。
(出所) Claessens et al.（2014）より。

の金融市場の危機もあります。さまざまな金融危機がありますが、TBTF 問題
や Diamond and Dybvig（1983）的な流動性危機などは、どの広義の金融危機
に関しても、その根本的メカニズムを説明する理論となっています。また、
Claessens et al.（2014）は共通の要因として、過剰な信用創造（いわゆる貸し過
ぎ、借り過ぎ）を、実証研究の結果として示しています。

　こうした実証研究などから、過剰な信用創造がさまざまな金融危機のもとと
なっており、特に不動産価格上昇を伴うものの影響が強いことがわかったこと
もあり、不動産融資の行き過ぎに特に気を付けるべきではないかとも考えられ
ます。

　理論では、Dell'Ariccia and Marquez（2006）や Figueroa and Leukhina
（2015）により、逆選択のモデルを用いて景気の良い（マクロの生産性ショッ
クが高い）ときは一括均衡となり、悪い投資（ローリスクでハイリターン）で
も損をしそうになく融資がなされる一方、景気が悪くなると分離均衡となり、
銀行融資の選別が厳しくなるという説明もあります。なお、Gao and Ueda
（2022）は逆選択でないモデルでこうした動きを説明しています。

　そうした考えに基づいた規制が、マクロ・プルーデンシャル規制の 3 つ目と
して、不動産価格の状況に応じて不動産融資規制を行うという形で制度化され
た国もあります。具体的には、ローン時価比率（Loan to Value Ratio：LTV）規

制や、ローン所得比率（Loan to Income Ratio：LTI）規制となります。日本では、前者はローンの不動産価額に対する比率というよりは、その逆の頭金規制と呼べばわかりやすいかと思います。後者は、所得に対するローンの総額の規制です。

　このような不動産融資に関する規制は、比較的わかりやすくて効果も出やすく、また主にバブルになっているようなときに発動するため、これまで説明した他の2種類のマクロ・プルーデンシャル規制に比べれば、とられやすい政策となっています。ただし、マクロ・プルーデンシャル規制という言葉は世界金融危機後に現れたものですが、はるか前の1990年に、土地バブルを終息させるために日本で行われた不動産総量規制（銀行の不動産に対する融資の伸び率を総貸出の伸び率以下に収める規制）もこの一類型であると考えられます。筆者はそれらに関するしっかりとした実証研究を知りませんが、かつての日本の規制がバブルの不動産市況を急速に冷やし過ぎたとも指摘されており、こうした規制は慎重に行う必要があります[1]。

　上述の通りさまざまな金融規制に共通点はありますが、それぞれの危機により沿った理論や実証研究が多くあり、特に通貨危機、国際収支危機、そして（主に外国人投資家向け国債に起きやすい）国家債務危機は、「国際金融論」の分野の問題として研究されてきました。したがって、本書ではそれらについてはこれ以上は触れません。それらの入門的な説明については、植田・服部（2022）などを参照してください。またより詳細な説明も、同書で紹介している文献を参照してください。

---

1) 一国全体を対象としたこのような規制の効果を正確に推定するのは、対照群がみつけにくいことに加えて、多くの政策が同時に行われているため、難易度の高い研究となります。この点、世界金融危機後にとられたマクロ・プルーデンシャル規制は、各国でさまざまに異なっていることもあり、そうした差異を用いた実証研究が進んでおり、それらの研究結果が待たれます。ただし、本書執筆時点では、ここで紹介するほどしっかりとしたものがないというのが私見です。その理由は、中長期的影響を見るのにまだ年数が少ないこと、とりわけ次の危機のデータがまだ入っていないことによります。

2 金融自由化の金融危機と経済成長への影響の実証

　第2章で紹介した金融自由化の経済成長への影響を測る回帰分析をめぐる議論において、そもそも金融自由化の後にしばしば金融危機が起きるため、その点を考慮するとやはり自由化はよくないのではないか、という論調もあるということを解説しました[2]。

　理論的には、金融システムとリスク・リターンの最適な組合せを考えた Obstfeld (1994) に基づいた反論があることは、第2章で説明した通りです。つまり、金融自由化なしで経済成長が平均的に低い経済よりも、金融自由化の結果として経済変動があったとしても平均的に成長が高い方を人々が選ぶならば、それは望ましい結果であるはずだという論点です。

　ここで、この議論に対して懐疑的に考えてみると、金融自由化が進んでいる際に実際に平均的に経済成長が高くなっているか否かが気になります。第2章で紹介したように、そもそも経済成長率を金融自由化に単純に回帰すると、その係数はほぼゼロとなることが多いのです。しかし、金融危機のときとそうでないときでは成長率が異なります。また、(成長率を大きく引き下げる)金融危機が起こる確率と、平時における成長率の双方が、金融自由化によって影響を受けるため、単純な回帰分析では入り組んだ内生性の問題を回避できないことがわかります。

　そこで Rancière, Tornell and Westermann (2006) は、金融自由化が経済成長に影響を及ぼす経路は2つあると考えました。1つは、平時における経済成長を高める直接的な経路です。もう1つは、金融危機の発生確率を高め、その結果として一時的に経済成長を悪化させるという間接的な経路です。問題は、その後者の影響を考慮した場合でも、全体として経済成長を高めているかどうか、ということです。彼らは、これを2段階に分けて推定しました。

　1段階目は、金融危機が金融自由化により起きやすくなったかどうかについてのプロビット推計です。つまり、

---

　2) 第2章で紹介したように Abiad and Mody (2005) では、金融自由化・国際化は金融危機後の改革として実施される (内生的である) との指摘もあります。

$$\Pr(CR_{i,t} = 1) = \Phi(aZ_{i,t} + bFL_{i,t}) \tag{10.1}$$

ここで、左辺の $CR_{i,t}$ はもしある国 (i) のある年 (t) に、金融危機が起きていれば 1 をとり、そうでなければ 0 をとるダミー変数で、$\Pr(CR_{i,t} = 1)$ は $CR_{i,t} = 1$ となる確率を示します。右辺の Φ は標準正規分布の累積分布関数を示し、$Z_{i,t}$ はある国のある年における（実質為替レートの水準など）金融危機に関連する特性をコントロールするためのさまざまな変数を示します。そして $FL_{i,t}$ はある国のある年において金融自由化が行われていれば 1 を、そうでなければ 0 をとるダミー変数です。Rancière, Tornell and Westermann（2006）は、銀行危機と通貨危機が過去によく発生し、またしばしば同時に発生していたことから、それらをまとめて金融危機としています。また、金融自由化のダミー変数も、最もデータのとりやすい株式市場の外国人投資家の参入緩和を基準にしています[3]。

　2 段階目は、1 段階目の結果をふまえて、危機のあった年となかった年にそれぞれ補正したうえで、金融自由化の経済成長への影響を見ます。

$$y_{i,t} = \alpha X_{i,t} + \beta FL_{i,t} + \gamma CR_{i,t} + \delta IMR_{i,t} + \varepsilon_{i,t} \tag{10.2}$$

ここで、左辺 $y_{i,t}$ はある国のある年における 1 人当たり実質 GDP 成長率であり、右辺の $X_{i,t}$ はある国のある年における（政府支出対 GDP 比など）経済成長に関連する特性をコントロールすることを示します。$FL_{i,t}$ と $CR_{i,t}$ は 1 段階目の（10.1）式と同じで、それぞれ金融自由化と金融危機のダミー変数です。$IMR_{i,t}$ は逆ミルズ比（Inverse Mills Ratio：IMR）で、1 段階目により推定されたものです。これを含めることで危機のあった年となかった年にそれぞれ異なる補正ができることがわかっています。なお、最後の $\varepsilon_{i,t}$ は、（IMR の補正があるため）正規分布に従う誤差項と仮定できます。

　1 段階目と 2 段階目の推定を合計すると、金融自由化の影響の期待値は、以

3） 必ずしも株式市場の外国人投資家の参入緩和自体が重要なのではなく、ある一国で、いろいろな種類の金融自由化が、ほぼ同時期に起きていることが多いのですが、この基準は金融自由化全体を示す指標として使えるということです。なぜ他の指標よりもよいかというと、この基準は先進国投資家にとって重要なために、データとして比較的正確に残っているからです。なお、このように実証研究では、金融自由化や金融危機について、国内的なものと国際的なものを区別せずに扱うことも多いです。

下のようになります。

$$E[y_{i,t}|FL_{i,t}=1]-E[y_{i,t}|FL_{i,t}=0]=\hat{\beta}+\hat{\gamma}E[\Phi(\hat{a}Z_{i,t}+\hat{b})-\Phi(\hat{a}Z_{i,t})] \quad (10.3)$$

ここで、「^」付きのものは推定値を示します。右辺の第1項の$\hat{\beta}$は金融自由化が経済成長率に与える直接的な影響であり、2段階目で正と推定されています。第2項のうち、$\hat{\gamma}$は金融危機がもたらす経済成長への影響であり、これは2段階目の推定で負とわかっています。その後に続く$E[\cdot]$は金融自由化がもたらす金融危機の発生確率の高まりであり、これは1段階目で正と推定されています。つまり、第2項全体では、金融自由化がもたらす金融危機の発生確率の高まりを通じて経済成長への負の影響を与えており、金融自由化の間接的影響を示しています。第2項全体では負ですので、問題はこれが第1項の直接的影響と比べて大きいかどうかということです。

Ranciére, Tornell and Westermann（2006）は60カ国の1981年から2000年のデータを用いて上記の推定を行ったところ、(10.3)式で、直接的影響（第1項$\hat{\beta}$）は+1.2％程度、間接的影響（第2項全体）は−0.3％程度、合計の金融自由化の経済成長に対する影響は+0.9％という結果であることを確認しました。これは、金融自由化後の成長率が、金融危機が時には起きる可能性を考えても、毎年平均的にはそれだけ高いということなので恒常的消費の増加とみなすことができ、かなり大きい正の効果だと言えます。

3 金融自由化後の金融制度

金融システムが全体的に自由化されたとしても、金融市場全体のルールを明確で効率的なものとして決める必要性があることは、理論的には当然のように思われます。そして、実際にそれが何なのか、どのように計測できるのか、どこを目指すべきなのかが、金融自由化が多くの国に行き渡ってから起きたアジア金融危機以降の研究から、次第にわかってきました。そこで、いわゆる**法と金融**（Law and Finance）という分野が、La Porta et al.（1998）を嚆矢として興隆したと言えるでしょう。この分野は大変に多岐にわたっていますので、ここですべてを網羅することは難しいのですが、筆者が関わってきたところを中心

に説明したいと思います。

　まず、第6章の債権の理論で解説したように、過重債務となった企業が、再生がしやすいか（フランス法体系）そうでないか（ドイツ法体系）、またその中でも微妙に債権者の保護の度合い（または債務者の保護の度合い）が異なることによって、デット・オーバーハングが回避されやすいかが決まります。しかしながら、あまりに簡単に債務が再編されるようであれば、そのリスクを考えると貸出が慎重となり、貸出金利が高くなったり、貸出量が抑えられたりする（信用割当の）可能性も考えられます。どちらが企業の投資や成長にとって良いかを考えるには、実証研究が必要です。

　同時に、特に上場企業の場合は、債権者だけでなく株主のことも考えなければ、資金調達のしやすさの全体像は見えません。特に、アジア金融危機で起きた、突然の外国人投資家による資金の引き揚げは、通貨危機、国際収支危機、銀行危機、そして場合によっては国家債務危機までを含めた連鎖をいくつかの国に引き起こしたわけですが、その一因と考えられたのが、「投資資金がしっかり使われていなかったことに、外国人投資家が気づいた」というものでした。そのため、第1章でも紹介したように、アジア金融危機以降、2000年代になってから、経済協力開発機構（OECD）、世界銀行、国際通貨基金（IMF）、アジア開発銀行（ADB）などのリードによって、世界的にコーポレート・ガバナンスの標準型を設定し、各国でそれを目指すという努力が始まりました。

　実際、日米以外の多くの国、ヨーロッパやアジア、ラテンアメリカなどでは、日本で言えば戦前の財閥のような財閥家族による主要な企業群の支配が強い状況です。しかし、その実態を見てみるとすべての資産を完全に保有しているわけではありません。たとえば、ヒエラルキー構造の中で、孫会社に30％出資している子会社を30％持っている親会社を、家族の持つ慈善団体が30％持つというように、末端の会社の直接的な**保有**（ownership）は3％弱といった具合です。それにもかかわらず、ほぼ完全に**支配**（control）できているわけです。実際には、蜘蛛の巣のような構造で、さらに入り組んでいる場合も多いです。また、議決権を倍増した株を発行して、それを持つのは財閥家族だけとするような例もあります。

　こうした中で、たとえば、末端の会社の株を何も知らない外国人投資家や国内の普通のサラリーマン投資家が購入して、それなりに圧力をかけたとしても、

まともな経営がなされない可能性が高いわけです。たとえば、配当金を増やす代わりに、会長室に飾る美術品を購入するなどの行為や、他の企業が安く部品を売り込んできても、関連企業からより高い価格で部品を調達するなどの行為が継続的にとられかねません[4]。

こうした状況を打破するために、どのように普通の株主（少数株主、minority shareholders）が支配株主に対して対抗するか、そして投資額に応じて民主的に意見を通すことができるという本来の姿にするかを考えることを、（狭義の）**コーポレート・ガバナンス（少数株主の権利の保護）**と呼びます。

これに対し、他の直接的なステークホルダー（債権者と労働者）、また間接的なステークホルダー（消費者、〔環境などに関し〕地域住民）を入れた考え方を、**広義のコーポレート・ガバナンス**と呼びます。特に日本のバブル期は、株主でなく銀行が企業を支配し、銀行によるコーポレート・ガバナンスが日本経済の（当時の強さの）中心であり、それを理解しようとする研究が多数ありました。また、銀行中心のモデルはそもそも大陸法体系でもあり、特にドイツでも盛んであり、銀行中心と株主中心の資本主義の比較をした議論なども多くありました（Allen and Gale〔1999〕など）。さらに、ドイツでは伝統的に労働者の代表が監査役会に入ることになっていたり、日本ではプロの経営者でなく労働者上がりの経営者が多かったりしたことなどから、労働者によるコーポレート・ガバナンスの違いについても多くの議論がありました。

なお、いずれにせよコーポレート・ガバナンスには、まず透明な会計が必要であることから、会計学の一分野としても発展してきました。また、法的な側面が強いことから、法学の一分野でもあります。それに対し、企業の行動という側面から研究するのが金融の一分野（である企業金融の一分野）ということになります。学会などでは、この3つの分野の専門家が同時に集まることも多々ありますが、本書では、金融の一分野として議論を進めます。

---

4) このように少数株主の本来の権利が保護されていない状況は、財閥家族などを中心とした富裕層が会社を私物化しつつますます富むことをもたらします。これは、貧富の差が広がっている発展途上国を中心に、大きな社会問題となっています。なお、こうした状況への対応の一環が、環境（Environment）、社会（Social）、コーポレート・ガバナンス（Governance）の要素に配慮したESG投資の推進、特にそのうちのGの部分であり、また、それは国際連合で定められたSDGsの1つの要素とも考えられます。

　La Porta et al.（1998）は、狭義のコーポレート・ガバナンス（少数株主の権利の保護）と債権者の権利の保護について、各国ごとの点数評価を示しました。少数株主の権利の保護については、たとえば、その国の法律が1つの株に1つの投票権を規定しているか、株主総会の場所に行かなくても郵送などで代理で投票ができるか（日本のように総会が集中して同じ日に行われる場合は、特に重要）、臨時株主総会を10%以下の保有でも招集できるか、などの項目があります。債権者の権利の保護については、再生手続きに債権者の合意が必要か、再生手続きに際し担保を差し押さえることに自動的に制限が付かないか、清算の際に担保権が最優先されるか、再生で存続した企業に経営陣が残ることが当然とされないか、などの項目があります。

　そして、La Porta et al.（1998）はそれらが各国がもつ法の伝統、つまり英米法か大陸法（その中でもさらにフランス法、ドイツ法、スカンジナビア法に分類）のいずれの影響が強いかにかなり依存していることを示しました。その後、国ごとの法体系、コーポレート・ガバナンス、そして債権者保護の分類や、点数評価について、主要な研究者がそれぞれ研究成果を発表し、今では多くの研究者が実証研究に使用する項目として、ほぼ確立されてきています[5]（さらに、企業ごとのコーポレート・ガバナンスを点数化する研究もあります）。

　なお、上述した日米独の企業を比べるなどの1990年代までの資本主義の比較制度論が、この方法論で変質したとも言えます。つまり、少数株主の権利や債権者の権利、また（第6章で紹介したClaessens and Ueda〔2020〕のような）労働者の権利などが、理論的に区別できるようになり、それを国ごとに数値で指標化できることになったわけです。そして、クロスカントリーのパネルデータ

[5]　国レベルの制度の指標についても、いくつか改善があります。まず、Spamann（2010）は法学者として、La Porta et al.（1998）の少数株主の権利の保護の指標について調べ直しています。また、そのような権利の重要なものの1つとして、家族や親戚などの関係者の保有する子会社などとの取引の制限があるか、という指標があります（Djankov et al. 2008b）。加えて、債権者および債務者ともに、倒産法制の効率性（迅速性など）が重要であるとし、それを指標化したもの（Djankov et al. 2008a）などもあります。Djankovの所属していた世銀がこうした研究の中心となったこともあり、世銀の運営する「Doing Business」（https://www.doingbusiness.org/）というウェブサイトで、さまざまな指標が公開されています。なお、そこでの指標は毎年改良されており、最近では貸借に関しては、債権者の権利の保護というよりは、債務者の権利の保護を多く加えたものに変化しています。

を用いた計量経済学の手法によって、それぞれの権利（または交渉力、発言力）が経済にどのような影響を与えるかを分析できるようになったという、学問の進化があります。このことから、たとえば日米独で何が違うかという比較分析から、どの制度をとることが望ましいかを考える研究に変容したと言えます。

　実務面でもそれらの結果をふまえ、2000 年代以降は世界各国で資本主義の制度の差が少なくなってきています。具体的には、資本と労働がより国境を越えることが多くなるとともに、制度もまた国を超えてハーモナイズ（協調）する方向に、OECD やバーゼル銀行監督委員会などの国際的枠組みを使うなどして、各国で改良されてきている状況です。

　さて、まだまだ違いのある国ごとのコーポレート・ガバナンスは経済成長に影響を与えるか、という問いに答えるため、40 カ国の 1994 年から 2003 年のデータを使い、国ごと年ごとのコーポレート・ガバナンスの評価を新たに作成したうえで、いわゆるパネル一般化モーメント法（GMM）で分析したのが、de Nicolo, Laeven and Ueda（2008）です。この研究では、この分野で初めて経済成長とコーポレート・ガバナンスの関係を推定し、その関係がプラスであることを明らかにしています[6]。

　なお、この論文では、法律（de jure）ではなく、現実のデータから（de facto な）コーポレート・ガバナンスの指標を作成しています。具体的には、会計および市場データから得られる以下の 3 つの企業情報に関する変数を集計した指標を構築しています。1 つ目はシンプルに、主要上場会社の報告している会計項目の、それぞれの国での年ごとの平均的な数です。多い方がよいわけです。2 つ目としては、税引き前でいろいろな特別損益のやりくりの前でもある営業損益に基づくそれぞれの国の中での企業ランキングと、そうしたいろいろな調整をした後での最終損益に基づく企業ランキングという、2 つのランキングの間の年ごとの相関係数です。この相関が低い場合、企業の本来の姿が見えにくいと解釈できます（Leuz, Nanda and Wysocki 2003; Bhattacharya, Daouk and Welker 2003）。3 つ目は、国ごと・年ごとの個々の株価の相関係数です。企業情報が少なければ企業ごとの区別がつかず、株式市場で株価の動きがより強く相関す

ると考えられるからです（Morck, Yeung and Yu 2000）。

4 コーポレート・ガバナンス、債権者保護と企業活動

4.1 投資水準を推定する際の問題

　ただ国レベルの研究では、なかなかその影響のチャンネルを把握することは難しい面もあります。そこで、Claessens, Ueda and Yafeh（2014）では、上場企業を研究対象とし、40 カ国の 1990 年から 2007 年の 7 万 8000 程度の年・企業パネルを回帰分析の最終的なサンプルサイズとして、コーポレート・ガバナンスと債権者保護が投資水準に与える影響を調べています。

　この研究では、投資の水準が、資金調達コストに影響を受けること、そして、その資金調達コストは、コーポレート・ガバナンスの各国での制度の違いにより、影響を受けることを明らかにしました。ただし、一元的にコストが上下するということではなく、コーポレート・ガバナンスの制度が優れている国では企業規模による資金調達コストの違いが少ないこと、つまり多くの企業がより等しく金融にアクセスができることが明らかになりました。一方、債権者保護の程度は特に結果に影響を与えていません。これは、やはり債権者保護による良い面（貸し手が貸出金を回収しやすいこと）と悪い面（借り手がデット・オーバーハングに陥りやすいこと）の双方の影響が重なって相殺されているためだと考えられます。

　なお、この研究では上場企業を対象にしており、株価情報を用いて計量経済学的に難しい問題を回避する新たな推定手法も確立しています。

　それに対し、それ以前の研究では、企業の投資に関する資金制約に対して、Fazzari, Hubbard and Petersen（1988）以来、投資のキャッシュフロー感応度の測定という方法が、広くとられてきました。それを簡単に説明すると、次式の β を推定するということになります。

$$I_{i,t} = \alpha + \beta CF_{i,t} + \gamma Q_{i,t} + X_{i,t} + \varepsilon_{i,t} \tag{10.4}$$

ここで、左辺はある企業（i）のある年（t）の機械などへの実物の投資、右辺の $CF_{i,t}$ はキャッシュフロー（営業利益〔EBIT〕または EBITDA で測定[7]）、$X_{i,t}$ は

その企業の産業や操業年数などの特徴をコントロールする変数を示します。

この伝統的な考え方では、投資の機会はランダムにやってくるので、その年のキャッシュフローに制約を受けずになされるべきとされます。そして、もしその年のキャッシュフローに制約を受ける場合には $\beta > 0$ となり、それは資金制約を示すという解釈となります。

ここで、(10.4) 式の $Q_{i,t}$ はトービンの Q であり、企業の市場での時価評価額（株式時価総額と社債等債務時価総額の総和）を機械や土地などといった資産の評価額（バランスシート上の資産額）で割ったものです。これはトービンが言うように、Q が1 より大きければ、市場がその企業をその資産の総和よりも高く評価しているので、さらにその企業は投資をして規模を拡大すべきということになります。Fazzari, Hubbard and Petersen (1988) 以来、投資のキャッシュフロー感応度の測定の多くの研究では、Q が企業ごとの成長機会（growth opportunity）を示すとみなし、投資がそれに依存するのは当然と考え、Q をコントロール変数として (10.4) 式のような形の回帰分析に含めることとしてきたわけです。

しかしながら、Gomes (2001) が明らかにしたように、Q は企業が資金制約に直面するときには高くなります。これは、第2章で見たように、Hayashi (1982) に基づくと、ある一定の条件のもとで Q は投資の限界生産性と比例し、それは資金制約が厳しい場合に高くなります。つまり、限界生産性が逓減するという通常の生産関数のもとでは、資金制約に直面して投資が細ることで、限界生産性が高止まりするわけです。すると、Q を (10.4) 式のようにコントロール変数として使うのは、資金制約を測定するという目的からは、理論的に難があると言えます。

さらに、よく知られていることですが、企業の利益（キャッシュフロー）にはある程度の自己相関があります。たとえば iPhone の最初のモデルを発売し、かなりの売上を記録した期のアップル社は、翌期の売上もある程度高くなることが期待できます。生産性（または需要）のショック（攪乱項）に正の自己相関があるわけです。そこで、(10.4) 式で、キャッシュフロー ($CF_{i,t}$) の係数 β

---

7) EBIT は「Earnings Before Interest and Taxes」、EBITDA は「Earnings Before Interest, Taxes, Depreciation and Amortization」のことです。なお、営業利益と EBIT はほぼ同じですが、厳密には異なります。

が正と推定されることは、資金制約がなくても大いにありえます。つまり、多くの研究の元となっている（10.4）式による資金制約の測定はそれなりに意味があるかもしれませんが、上記のような2つの理論的問題があり、正確な資金制約の推定になっているとは言い難いことになります。

4.2 推定上の問題の解決

そこで、Claessens, Ueda and Yafeh（2014）は、それまでのいくつかの研究に基づきつつ、資金制約コストを推定する方法を新たに提示しました。理論的には、次のような企業の価値最大化問題を考えます。

$$(1+r)V(k,\varepsilon) = \max_{k'} \pi(k,\varepsilon) - \chi\lambda(x,k,\varepsilon) \\ -\psi(i+\phi(i,k,\varepsilon)) + E[V(k',\varepsilon')|\varepsilon] \tag{10.5}$$

ここで、左辺の V は企業の市場における時価総額で、実物の今期首の（会計上の）資産 k と生産性ショック ε に依存すると考えます。また r は市場金利であり、この企業に株式・債券市場での投資をしたときに得られるリターンと考えられます。同時に、左辺全体は他の投資先（たとえば国債など）に投資していれば得られるはずの収入（裁定の機会費用）とも考えられます。右辺は、この企業が利益を最大化している場合の今期末に現れるキャッシュフロー π と、今期末（翌期首）の企業の市場時価総額（V'）の期待値で、今期末に株式を売却したときに得られる収入の期待値です（左辺の V との差はキャピタルゲインです）。なお、今期末の資産は k'、生産性ショックは ε' で表されています。

右辺の2項目と3項目についてですが、製造業を考えれば、i は企業による機械の購入など実物の投資、x は投資の際の外部資金、すなわち実物投資 i のうち今期利益 π で賄えない部分です。実物投資の調整コスト ϕ は投資の理論においてよく仮定されるコストです。実物投資がある場合だけなので、ψ というダミー変数（投資があるときに1、それ以外は0）が掛かっています。それに対して、株式、社債、銀行借入などの外部資金を得るときにも、似たような調整コスト λ があると仮定したことが、この研究で提示した新しい手法の1つ目です。なお、χ は外部資金を得ている場合には1、そうでなければ0をとるダミー変数です。

この（10.5）式は、新たな外部資金を得るときの調整コスト、すなわち資金

制約のコストの部分を除けば、かなり標準的な企業の動学的利潤最大化問題です。これを実証し、さらに制度面での各国の違いを入れるという点が、この研究で提示した新しい手法の 2 つ目です。

　ここで投資の調整コストに関しては、標準的に仮定されるような凸関数、

$$\phi(i, k, \varepsilon) = c_1 i + c_2 k + \frac{c_3}{2}\left(\frac{i}{k}\right)^2 k$$

と置きます[8]。また、これにならって外部資金の調整コストも、一般的な凸関数

$$\lambda(x, k, \varepsilon) = b_1 x + b_2 k + \frac{b_3}{2}\left(\frac{x}{k}\right)^2 k$$

と定式化します。

　そして、両辺をバランスシート上の資産（k や k'）で割って、資産に対する比率にします。そのうえで、右辺と左辺を入れ替え、2 つの調整コストを右辺に移せば、

$$\begin{aligned}
E[Q'|\varepsilon]\frac{k'}{k} + \frac{\pi}{k} = (1+r)Q &+ \chi\left(b_1\frac{x}{k} + b_2 + \frac{b_3}{2}\left(\frac{x}{k}\right)^2\right) \\
&+ \phi\left(c_1\frac{i}{k} + c_2 + \frac{c_3}{2}\left(\frac{i}{k}\right)^2\right)
\end{aligned} \tag{10.6}$$

となります。左辺は、今期末の企業の市場時価総額の期待値と今期末の利益（つまり株式投資に対する総収入）であり、右辺は裁定の機会費用と、この企業に投資したときに企業が支払った調整コストの埋め合わせ分の合計となります。

　ここで、外部資金を得るときの調整コストの係数 b_1、b_2、b_3 と投資の調整コストの係数 c_1、c_2、c_3 のそれぞれが、コーポレート・ガバナンスや債権者の権利などに依存するとします。こうすることで、そのような制度の違いによる調整コストの係数への影響を推定します。

　しかし、今期末（翌期首）の企業の時価総額の期待値は、直接にはわかりません。ただしデータ上には、常に翌期の実際の値があります。そこで、それを用いることにすると、

----

8) 最後の 2 乗の項は、今ある資本 k に対し、投資 i を大きく増やすと、急速にコストが増加することを示します。これは投資に関する「調整コスト」として、投資の研究で以前からよく理論で仮定され、実証されてきました。

$$Q'\frac{k'}{k} + \frac{\pi(k,\varepsilon)}{k} = (1+r)Q + \chi\left(b_1\frac{x}{k} + b_2 + \frac{b_3}{2}\left(\frac{x}{k}\right)^2\right)$$
$$+ \phi\left(c_1\frac{i}{k} + c_2 + \frac{c_3}{2}\left(\frac{i}{k}\right)^2\right) + \xi \tag{10.7}$$

となり、最後に ξ という誤差項が理論的に付きます。これは、(10.6) の右辺が、今期のデータを使って、左辺の来期のデータの市場の価格の期待値を表していることに鑑みれば、(10.7) 式の ξ という誤差項は、市場価格に対する**1期先の予測誤差**（one-step ahead forecast error）ということになります。そのような誤差項は、合理的期待形成のもとで、自己相関がなく、独立した同一分布（i.i.d.）に従うことがわかっています。これは、キャッシュフロー自体（生産性ショック）に自己相関がある場合でもそうなります。したがって、単純な回帰分析においても、(10.7) 式はバイアスなしで推定できることが証明されます。

4.3　上場企業と非上場企業の違い

　Claessens, Ueda and Yafeh（2014）では、上場企業を対象にその資金調達コストの違いの要因を研究したのですが、そもそもより厳しい資金制約に直面しているのは、非上場企業ではないかとも考えられます。そこで、非上場企業と上場企業には資金制約に関する違いがあるのか、それはコーポレート・ガバナンスや債権者の権利などの要因で説明がつくのかを明らかにした研究が、Ueda and Sharma（2020）です。なお、非上場企業を扱う場合は、Claessens, Ueda and Yafeh（2014）のように株価の情報を使った推定ができないことが難しいポイントです。

　上場企業と非上場企業では、まず企業規模が違います。理想的には、2つのそっくりな企業のペアが多数あり、片方が上場しており、もう片方が非上場であれば、それらを比べればよいのですが、そうした実験的な手法は適用できそうにありません。そこで Ueda and Sharma（2020）では、アメリカを除けば、企業は上場と非上場を行き来するのは稀だとみなし、ある程度上場が長い企業に絞って、それと同じ産業内で規模（資産）、操業年数などが似通った特性をもつ非上場企業を揃えます。

　より具体的には、まず、上場していれば 1、非上場であれば 0 をとるダミー変数を左辺において、企業のさまざまな特性を右辺においたプロビット推定を

します。そして、それぞれの企業ごとの特性に基づいた上場の確率を求めます。そうすると、上場企業にも非上場企業にも、同程度の推定された上場確率を持つ企業が現れます。そして、そのような企業をマッチしていきます。そのうえで、これらのマッチした企業ペアを多く集め、総資産利益率（キャッシュフローの総資産の比）を比較します。このような手法は、傾向スコアマッチング（Propensity Score Matching：PSM）推定と呼ばれます。この場合、上場と非上場をほとんど行き来することがなく、上場の意思決定が（少なくとも当面の間は）内部の経営戦略に基づいているわけでないような企業間では、上場によるさまざまな違いをバイアスなしで推定することができます[9]。

Ueda and Sharma（2020）では、33 カ国の 2008 年から 2017 年のデータを用いており、分析に使う変数にもよりますが、100 万から 150 万程度の年・企業パネルのサンプルをもとに、PSM で総資産利益率の上場による平均的な差（Average Treatment Effect on the Treated：ATT）を求めました。その結果、ほぼすべての国で、上場企業の方が総資産利益率が低いことがわかりました。

これには、2 つの理由があると考えられます。1 つは、先ほども指摘したように、非上場でいることで、資金制約がある場合に利益率が高止まりして、本来必要とされる投資水準まで拡大できないという状況です。もう 1 つは、非上場企業の方が、総じてそもそも革新的で利益率が高いということです。ただし、すでに産業や操業年数などの特性に基づいてマッチさせているので、この可能性は低いと考えられます。

実際に、1 つ目の資金制約の方が重要な要因であることを示すために、マッチした企業同士で、労働者 1 人当たりの資産（労働装備率）を比べました。その結果、多くの国々において上場企業の方が労働者 1 人当たりに多くの実物投資をしている（つまり資本装備率が高い）ということが明らかになりました。逆に言えば、非上場企業の方が上場企業に比べて、資金制約を受けているということです。

ほぼすべての国で似たような傾向が見られましたが、国によって上場企業と非上場企業の総資産利益率の差、つまり資金制約の差の程度には違いが見られ

---

9) この点、アメリカでは、戦略的に上場と非上場を頻繁に変えていることがあり、そうした選択は上場の影響の推計を別の計量経済学の手法で行う必要があります（Bharath and Dittmar 2010）。

ます（日本より大きい国が多い）。そこで次に、その差を左辺にとって、右辺でコーポレート・ガバナンスや債権者保護の程度などの制度を変数として、その差を生じさせている要因を探ったところ、コーポレート・ガバナンスでなく、債権者保護の強さに起因しているという結果が確認されました。この結果は、債権者を保護している国の方が、上場か非上場かによる差は少ない、裏を返せば非上場企業も上場企業に近い水準で容易に金融にアクセスができていることを示しています。

　なお、クロスカントリーのデータベースでは、詳細な変数までは得られないので、上場企業と非上場企業のマッチの正確性に多少の問題があるかもしれません。これについて Ueda, Ishide and Goto（2019）では、特により詳細な日本のデータを使用して、メインバンクをマッチの条件に加えるなどしてより正確なマッチを行うことで、上場企業と非上場企業の総資産利益率などの差を調べています。それによれば、Ueda and Sharma（2020）の日本部分とおおむね似たような推定結果が得られています。さらに、景気の悪いときにそれらの差が拡大することも確認されており、資金制約がその要因であることがより強く示唆されています。

4.4　効率的な資金配分と金融資本市場のルール

　まとめると、Claessens, Ueda and Yafeh（2014）では、上場企業に関しては（インテンシブ・マージンでは）、コーポレート・ガバナンスの制度が優れている国では、企業が直面する資金制約に企業規模に応じた違いが少なく、より公平で効率的な資金の配分があることを示しています。一方、Ueda and Sharma（2020）では、上場企業と非上場企業の違いに関しては（エクステンシブ・マージンでは）、債権者保護の強い国の方が、上場による資金制約の違いが少ないことを示しています。それは、逆に言えば、上場のメリットを低くし、非上場の（家族経営などの）企業を温存することにもつながると考えられます。

　第2章で見たように、Hsieh and Klenow（2009）は、企業全体の生産性のバラツキがアメリカより中国やインドで大きいことを示しました。そして、Abiad, Oomes and Ueda（2008）では、発展途上国の上場企業の総資産利益率、そのもととなる資金配分のバラツキが、1980年代から90年代初頭の金融自由化によって、縮小したことを示しました。Claessens, Ueda and Yafeh（2014）

と Ueda and Sharma（2020）は、そうした研究の後を受け、1990 年代から 2000 年代にかけて、金融自由化後の金融資本市場におけるルール、特に株主と債権者の保護が、どのように資金配分の効率性に影響を及ぼしたかを明らかにしたことになります。

第11章

デジタル・ファイナンス

イントロダクション

　金融業では 2007〜08 年に起きた世界金融危機の後、とりわけ技術革新が進み、フィンテック（FinTech）企業と呼ばれる新しい金融ベンチャーが世界的に興隆しました。また暗号資産や、それを支えるブロックチェーンなどの技術が急速に発展してきました。これらの企業や技術は直接的には、経済学というよりも、主にコンピュータ科学や工学が対象とする領域です。それ以前の例でも、2000 年頃からのインターネットの興隆や、1980 年代からのパーソナル・コンピュータの興隆など、当然経済に大きな影響を与えたものの、たいていの経済学の論文では、それらを「技術革新」とか「生産性の向上」というパラメータの変化として捉えるのみで、個別テーマに特化した研究を除けば、そうした技術自体を特に議論の対象とはしてきませんでした。同様に本書でも、さまざまなフィンテック企業自体や技術面の紹介は対象外とします。

　金融の経済学として研究すべきなのは、フィンテックや暗号資産、デジタル・カレンシーなどは、基本的に情報コストの削減やリアルタイムでの情報の入手を可能とするものとして扱い、それらに関する理論モデルの仮定が変化したときの理論的帰結を論じ、またその実証的検証を行うことです。とはいえ、そうした技術革新に関する多少のバックグラウンド知識がなければ、どの仮定をどのように変化させるべきかわかりません。そのため、現実に起きている金融業の革新については理解する必要があります。

　理論的にも実証的にも、研究成果として紹介できるものはまだそれほど多くな

いので、本章では関連する既存の理論に基づいて、今後どのような現象が起こりうるかを考察することにします[1]。特に、Diamond and Dybvig（1983）による銀行取付問題や TBTF 問題が、金融をめぐる新しい技術で解消できるかどうかを考えます。そして、最近の決済に関するフィンテック企業の興隆の意味を考えます。さらに、暗号資産と中央銀行デジタル・カレンシーのペイメント・システムにおける意義と銀行業への影響を考察します。

1 銀行取付と技術革新

　これまで本書で解説してきたように、市場を整備し（できるだけ完備市場に近づけ）、情報の不完全性などの制約があったとしても市場に委ねることで、経済が社会的に最適な均衡に到達します。逆に言えば、できる限り政府の役割を最小化することが最善となります。

　ただし、例外として第 8 章で示したように、どうしても金融規制、自己資本規制などの政府の介入が必要とされる理論が 2 つありました。その 1 つは、Diamond and Dybvig（1983）で説明されたような、銀行の要求払い預金と長期貸出を通じた満期（マチュリティ）変換機能と、それに伴う風評に起因する取付騒ぎの可能性の議論です。これは、他人が多く預金を引き出すことで自分の預金が失われかねないという負の外部性に基づくものです。

　ここで、金融のデジタル化という技術革新が進むことで、自己資本規制をなくすことができるか、という問題を考えてみましょう。第 8 章で紹介したように、Kilenthong and Townsend（2014, 2021）では銀行から引き出した現金で消費する権利の市場（あらゆる商品の先物市場）があれば、外部性による被害を防ぐことができると主張します。

　しかし筆者の解釈では、金融のデジタル化の進展によって、より明解なシステムが構築できると考えます。それは、ATM 利用手数料などのような形で、預金引き出し自体に引き出し総額に応じた外部性を内生化するように、銀行自体がピグー税的な手数料をリアルタイムにとることです。つまり、引き出し手

---

1) 本章の議論は、主に植田（2020）に基づいています。

数料のダイナミック・プライシングです。ダイナミック・プライシングとは、オンラインでの航空券の価格のように、シートの残席（供給）と最新の需要をできるだけ反映させる形で価格を上下させるもので、混雑しているフライトでは高い価格となり、そうでないものは安くなるように、プログラムされています。

　具体的に見ていくために、第8章で説明した Diamond and Dybvig（1983）の理論モデルにおいて、第1期に予定より多くの預金引き出しがある場合、その引き出し総額に応じて手数料を変えるということを考えてみましょう。つまり、予定されていた α％の引き出しよりも x％多くの人が引き出しに来た場合、$(\alpha+x)$％という預金の引き出しに対して α％の引き出しのために用意していた短期運用分で足りるように、引き出し手数料 τ を $\alpha = (1-\tau)(\alpha+x)$、すなわち $\tau = x/(\alpha+x)$ と高く設定するということです[2]。

　このような設定をすると、銀行は第1期に手数料収入の増分を使って、予定より多い x％の引き出しに対して、元利1で約束通りの預金を返すことができます（ただし手数料分を引いて、少ない現金を渡すことになります）。そして、長期運用分を換金する必要はないので、第2期には約束通り元利 R を返済できます。なお短期に余分に x％引き出された預金にも長期運用分 Rx が残っていますが、これは第2期には引き出されないので銀行の超過利潤となります。これを株主に配当として還元しても、あるいは第2期の預金者に特別金利として配分するような預金契約をつくってもよいでしょう。いずれにせよ、このようなダイナミック・プライシングによる手数料のもとでは、預金保険と同様、他の人々の第1期の行動は、第2期の利得に影響を与えません。つまり、外部性がなくなっているわけです。そこで、第2期まで待つことができる人は待った方がよいこととなり、銀行取付が生じません。

　ただし現状では、まだ技術がそれほどまでには進んでいないとも考えられます。というのも、預金引き出し手数料のダイナミック・プライシングは、マクロ経済における金利水準も反映しつつ、貸出先情報だけでなく、刻一刻と変わる預金者の引き出し情報も瞬時に反映させるものでなくてはなりません。それ

---

[2] なおここでは、予定していた α％の引き出しより少ない場合には手数料はゼロと仮定しています。現実には、実際のコストを賄う分はそもそもベースの手数料として徴収されているはずです。

は要求払いで、しかも現実には、0期、1期、2期と離散的に預金者が引き出しに来るわけでもなく、刻一刻と連続で状況が変わっています。それに対応するには、技術的によりハイスピードな情報のフローと集約が必要になります。そこで筆者の案としては、毎分0秒時点にその直前までの60秒間のすべての預金の純引き出しの要請量に従って、次の60秒間有効な引き出し手数料（ATM利用料など）をオファーするような仕組みをつくることが必要となると思われます[3]。

　では、いずれこのような引き出し手数料のダイナミック・プライシングが実現したときにも、預金保険のケースのように自己資本規制は必要なのでしょうか。規制がなくても、もしその銀行がリターンの平均が低くリスクの高い投資先で長期運用するのであれば、そしてそれが預金者から十分に観察されているのであれば、誰もその銀行に預金をしません。もちろん、貸出先が観察されていない場合は、預金者からは良い銀行と悪い銀行の差が見えなくなりますが、結局は自身が良い銀行である場合は自ら積極的に情報開示をして、預金者にそのことがわかってもらえるように努力するでしょう。したがって、預金者が預金をする時点で確かめられるような貸出先の情報開示がリアルタイムにできるようになれば、その情報開示までが経営戦略と捉えられ、預金者によって銀行の貸出行動はしっかりと監視されることになるでしょう。

　またこの仕組みにおいて、銀行はその財務の健全性を預金者に対して情報開示を行う必要があります。それに付随して、予定外の引き出し総額の定義を示す必要もあります。たとえば、手元の流動性（中央銀行に預けている準備預金や短期国債などでの運用）が十分にあり、預金者がそのことをよく理解していれば、風評による取付騒ぎは起きません。また、景気の悪化などのファンダメンタルな要因による不良債権が増加する場合にも、自己資本が十分あれば破綻までには余裕があることになります。したがって、それらの情報もリアルタイムで預金者に開示することと、それに見合った手数料の引き上げルールを示すことが必要となります。つまり、リアルタイムで銀行の財務状況と貸出先全体のリスクとリターンについて完全に情報が得られる技術が確立され、前述のダイ

　3）関連した指摘としては、Townsend（2020）、Budish, Cramton and Shim（2015）、Green and Lin（2003）などを参照。

ナミック・プライシング手数料が徴収できるようになれば、Diamond and Dybvig（1983）の理論モデルで規制は必要なくなるのです。

　そうなると、預金者は平時の金利水準といざというときの手数料の負担を天秤にかけながら、銀行を選ぶこととなるでしょう。もちろん、平時の自己資本では足りなくなってしまうようなケースでは、一般事業会社のような民事再生（預金も含めた bail in）を考えることになります。一般事業会社並みに規制をなくすということはそういう状況であり、こうした仕組みが実施できる水準の情報面でのアクセスが整った場合には、預金者の足による投票を促すためにも、銀行の破綻は淡々と認められるべきとなります[4]。

　なお、このダイナミック・プライシングのように外部性をなくす仕組みを金融システムに組み込んだ場合には、預金保険は不用なだけでなくむしろ有害となりえます。なぜなら、そのような金融システムに預金保険を導入すると、預金者が良い銀行を選ぶインセンティブがなくなり、リスクを気にせずにリターンだけを追い、結果的にリスクの高い預金先を選ぶというリスク・シフティングが起きるからです。また同様の論理に従えば、民間銀行が中央銀行から簡単に借入できないように、いわゆる中央銀行から市中銀行への最後の貸し手として、貸出の際の金利であるペナルティ・レートを高くすべきということにもなります。

　もっとも、マクロ経済全体への流動性ショックのケース（コロナ禍などのように一定期間のみ急にマクロ経済全体で預金引き出しがある場合）では、それを平準化することがよいことも知られているので、その場合は中央銀行による流動性供給が必要となります[5]。先述した Diamond and Dybvig（1983）の理論モデルを拡張すれば、第1期に流動性ショックを受ける人の割合 α％が、確率的に上下することになります。たとえば、コロナ禍や豪雨災害など経済に広範囲にわたってのショックがあるときには人の割合 α％が第0期で予想していた平均よりも高く、預金を引き出す預金者が増加することになります。この場合、市中銀行は中央銀行による元利 R（以下）の流動性供給を利用し、第1期に予定より多くの現金引き出しに対応し、第2期に返済されるローン（元利 R）で

（現金引き出しは第0期での予定より少ないので）、中央銀行に返済することになります⁶⁾。なおこれは、中央銀行の最後の貸し手機能ではなく、マクロ経済政策としての金融政策と捉えるべきであり、これに関する金融規制の必要性はないでしょう。

　また第8章でも述べたように、銀行業の本質は信用創造、すなわち満期変換機能とそれに伴う預金通貨の創出にあります。それは、貸出先ごとの特殊な事情などの情報を銀行がコストをかけて収集するという経営基盤に裏付けられています。このような銀行業は、技術革新が進めば、それに付随していた潜在的な取付騒ぎというデメリットを最小化しつつ、メリットは引き続き供給できるようになるでしょう。したがって銀行業の本質は、技術革新がどれほど進んだとしてもなくなることはないと考えられます。

2 TBTF とフィンテック

　政府が金融規制などといった形で介入するもう1つの理論的な柱は、第9章で触れた Chari and Kehoe（2016）で説明された「大きくて潰せない」（Too Big to Fail：TBTF）金融機関に関する時間非整合性の問題でした。すなわち、政府（政治家）は、経済理論的には放置しておくべきである倒産に伴う事後的コストを看過できず、結果的には銀行や企業を救済してしまうという理論です。政府のそうした行動は、倒産が免れないという事後的な状況で倒産コストを回避するという、その時点では最善の策をとっているものの、事前の状況で考えればそもそもファンダメンタルな要因によって破綻した銀行や企業も救済するという形で、政府は事業リスクに対する保険を、保険料もとらず、事業の審査もせずに提供していることになります。したがって預金保険の例と同様に、リスク・シフティングやモラルハザードが発生し、経済全体に悪影響を及ぼします。こうした理由でも、自己資本規制などの規制がさらに必要とされているわけです。

---

　6) ただし、財の需給まで考えた一般均衡理論では、貨幣の供給だけでなく、第1期に財の供給も必要となり、その場合はより複雑な理論モデルでの考察が必要となります。

　また、Chari and Kehoe（2016）は、レバレッジが大きく破綻しやすい銀行業
が、このような政府救済の対象となることが多いとします。私見ではそれに加
えて、銀行業界が全体として**ペイメント・システム**（支払い・決済システム）
を担っているということが倒産に伴う社会的コストを高めており、政府が救済
することになる理由だと考えます。とりわけ、金融システムにとって重要と思
われる金融業（systemically important financial institutions：SIFIs）は、救済対象
となる確率が非常に高いわけです。

　しかし、このようなペイメント・システムへの一銀行の影響という問題に関
しては、Suica や PayPay などを提供するフィンテック企業（とりわけ**ペイメン
ト・フィンテック**と呼ばれる企業群）の興隆とともに、資金移動業（支払い・決
済）が独立して繁栄してきており、銀行業（信用創造）とは別の業種として成
り立ってきています。逆に言えば、これまで銀行は銀行業以外に資金移動業も
範囲の経済（economy of scope）があるため、同時に提供することでそれらを単
独で行う場合よりもコストを下げることができていたわけですが、資金移動業
のみを担う企業が出てきたことで、銀行業により専念をせざるをえなくなって
きたというわけです[7]。

　フィンテック企業に加え、後述するようにデジタル・カレンシーが広く使わ
れるようになれば、最終取引者の間に入る仲介業者の倒産リスクにほとんど影
響を受けない、1秒単位のリアルタイムでのグロス取引の決済（セトルメント）
がなされるようにもなるでしょう。そして、そうした支払い・決済情報が瞬時
に多くの人に共有されるようになれば、一銀行の破綻からのペイメント・シス
テム全体のリスクへの影響は軽微なものとなるはずです。これら2つの意味で、
銀行業をペイメント・システムの意味で特別視する必要は、近い将来なくなる
ものと考えられます。そうなれば、政府（政治家）による救済を要求するよう
な土壌をなくすことができ、「大きくて潰せない」（TBTF）問題という観点か

----

[7] 日本では、2009年に資金決済法が成立し、資金移動業が銀行から明確に分かれました。
また同時に、銀行の業務が信用創造に特化されたと言ってよいでしょう。その後2020
年に資金決済法の改正がなされ、さまざまなフィンテックによるサービスが規定される
こととなりました。ただし、この分野は法律的には後追いであり、それを要請する実務
が先に立っています。そしてまた法律の善し悪しを判断する経済学的判断が常に求めら
れます。

らの金融規制も不要となる可能性があると考えられます[8]。

3 デジタル・ファイナンスの意味

3.1 ペイメント・システムのデジタル化

　金融に関する技術革新にはさまざまなものがありますが、筆者はフィンテック企業によるさまざまなサービス、暗号資産、中央銀行デジタル・カレンシーなどすべてを含めて、**デジタル・ファイナンス**と呼んでいます。もっとも、デジタル・ファイナンスと言ってもどの程度まで技術革新の歴史をさかのぼるかで、その意味は変わってきます。

　コンピュータが普及する前までの、紙と算盤で行っていた銀行業はもうありません。現在は、伝統的な銀行でも根幹部分ではすでにコンピュータが顧客口座を管理し、オンライン振込などでデジタル化された情報をやりとりすることで、銀行業の多くが行われています。その意味では、金融業はすでにデジタル化されていると言えます。

　しかし、第1節で述べた手数料のダイナミック・プライシングなど、ビッグデータをフルに利活用するために必要なことは、決済システムのリアルタイム化、またそこで得られる顧客データのリアルタイムの有効活用であり、ペイメント・システムにおいてさらに一歩進んだ技術革新です。それはデジタル・カレンシーとも密接に関わります。

3.2 フィンテック企業の興隆

　ペイメント・フィンテック企業は、従来は主に銀行が行っていた資金移動業に特化して、それをパソコンやスマートフォンを用いてインターネット上で簡単かつ安価にできるようにしたと考えられます。それ以外の機能を担うフィン

---

[8] ただし、そもそも大きい金融機関を倒産時どのように整理するかという「resolvability」の問題は、その方法を「living will」として引き続き明確化しておくとともに、国際的に活躍している金融機関の破綻に対し、各国の倒産法制を調和させる必要があります。特に、後者はまだまだ完全とは言い難い状況です。さまざまな論点整理については、たとえば Lambert et al.（2014）や FSB（2020）を参照してください。

テック企業も存在しており、銀行業のうち貸出については、預金をとらない貸金業と同じか、それ以上に長い歴史の中で競合してきました。その分野で、特に小口貸出（マイクロ・ファイナンス）に特化したフィンテック企業も多く存在します。さらに、証券業と考えられてきた（貸出でなく）株式的な資金供給を行うフィンテック企業もあります。

　これらのフィンテック企業の興隆には3つの要因が考えられます。1つ目は、簡単で安価なサービスという優位な技術を持っているところです。2つ目は、インターネット店舗などで商業活動を行いつつ、顧客情報を小売業と貸金業など2つ以上のサービスでうまく相互利用して、情報の完全性を高めるという優位な技術を持っているところです。3つ目は、既存銀行の弱みをうまく補完している点です。

　既存銀行の弱みは大きく2つあります。1つは預金を取り扱う銀行への金融規制が特に強く、そうした規制を遵守するためのコストが高くつくという点です。銀行は伝統的に、それに加えてペイメントのサービスを提供してきたのですが、そのペイメントの部分だけ、または貸出の部分だけを提供する企業であれば、銀行のように規制関連のコストを支払う必要はありません。

　2つ目の弱みは、長期間にわたる低金利です。銀行は顧客から預金を集めて貸出に回すことが唯一許された業種です。それに対して Suica や PayPay などを提供する決済業者は、基本的には顧客が支払いのために一時的に預けている額に応じた国債などの安全資産を100％保管しなければならず[9]、預け金に金利も付けられません。その一方、銀行は厳しい規制が課されているものの、たとえばかつては金利3％で預金を集めて金利6％で貸出を行うという形で、預金と貸出の利鞘で稼ぐことができたわけです。しかし長期間にわたるゼロ金利（特に預金金利）により、そもそも金利を付けられない決済業者と同じゼロ金利で競争しなくてはいけない状況になっているわけです。しかし裏を返せば、預金金利がプラスに転じたときに、フィンテック決済業者がどれほど生き残れるかという疑問もあります。

　こうした単純なフィンテック企業からさらに一線を画していると思われる技術革新が、ペイメント・システムのコアとなる技術の進化であり、暗号資産、

---

9) 法律用語では供託または保全といいます。

デジタル・カレンシー、それらを支えるブロックチェーン技術などであると考えられます。

3.3　カレンシー、トークン、コイン

　民間が発行するデジタル・カレンシーで、ビットコインのようなものは、日本では現在、**暗号資産**（crypto asset：日本の法令上の呼称）や**仮想通貨**（virtual currency：出現した当初使われた呼称）などと呼ばれます。一方、アメリカなどでは、**暗号資産**（crypto asset）と**暗号通貨**（crypto currency）を法令上も使い分けています。それに対し、中央銀行が発行するデジタル・カレンシーは、**中央銀行デジタル・カレンシー**（Central Bank Digital Currency：CBDC）という呼称が世界的に定着しています。本章では、どちらも「デジタル・カレンシー」または「デジタル通貨」と呼び、民間発行の場合は「民間デジタル・カレンシー」、中央銀行発行の場合は「中銀デジタル・カレンシー」または「CBDC」と呼ぶことにします。ただし、デジタル・カレンシーは暗号資産より広い概念であり、Suica（の中にある残高）や（デジタル化された）銀行預金なども含みます。

　これまで、そして2021年現在でも、ペイメント・システムの根幹をなす（国内）為替は、全国銀行データ通信システム（全銀システム）において、合意されたグロスの取引を、日次で銀行ごとにネットで残高を決定（クリアリング）し、その後日本銀行金融ネットワークシステム（日銀ネット）でネット取引残高を各銀行が日本銀行（日銀）に持っている当座預金間で決済（セトルメント）しています。より優れたデジタル・カレンシーなどを用いてこの流れをさらに早めてリアルタイム化することは、決済リスクをさらに低減させることになります（2020年末時点でも1億円を超える大口取引はすでにリアルタイム・グロス決済となっています）。もちろん、コンピュータ化という意味では、現状ですでに円はデジタル化されているので、これ以上早めるためには、場合によっては異なる仕組みを導入することになります。

　こうした為替の仕組みでは、最終的には、ある銀行の預金口座（アカウント）から別の銀行の預金口座に、デジタル帳簿上の残高を移す（書き換える）ことで、決済されます。これを**アカウントベースの決済**と呼びます。それに対し、日本銀行券（紙幣）をある人から別の人に手渡すことで、小口の決済は最終的

に、即時に完結します。これを**トークン**（またはコイン）**による決済**と呼びます[10]。

　大きく分ければ、アカウントベースの決済では口座保有者のところに価値がありますが、トークンによる決済ではトークンそのものに価値があります。そして、そのトークンが持つ価値を誰が以前保有していたかは、少なくとも紙幣の場合、簡単にはわかりません。一方、アカウントベースの決済では帳簿を残す必要があり、（それがなくならない限り）価値の以前の保有者がわかります。預金口座とそれに基づく決済に関しては、すでに1980年代からデジタル化がなされています（日銀ネットは1988年に開始されました）。そして、当座預金や普通預金は狭義の通貨（M1）ですので、その意味ではデジタル・カレンシーはすでにあるわけです。

　このように整理すると、2010年代以降、そして2020年代に入ってさらに進行しているのは、ビットコインに代表されるように、トークンのデジタル化だということがわかります。もちろん、その際に以前の持ち主がわからない（匿名性：anonymity）という、紙幣の特性を模倣するためや取引を確定させるためなどの理由で暗号が使われ、暗号資産という名称になりました。しかしながら、技術的には匿名性の濃淡をかなり付けることができる（捜査当局が保有者の履歴を特定できるトークンもあれば、特定できないものもある）という状況です。

4 中央銀行デジタル・カレンシーとペイメント・システム

4.1　CBDCをめぐる議論の3つの側面

　現在、CBDCをめぐり、学界でも実務の現場でも侃々諤々な議論がなされる一方、一部の中央銀行ではすでに導入され、日本銀行など世界の主要な中央

[10]　経済用語として、トークンまたはコインが使用され始めています。しかし、コインはあまりにも日常的によく使われる言葉であり、また「○○コイン」というようなサービスが、アカウントベースであるにもかかわらず出てきています。そのため、現時点で筆者はトークン（token）という用語がより専門的に使われていると判断しており、本書もそれに従います。なお、英語ではトークンも日常的な言葉であり、かつて欧米の地下鉄や路面電車などで使用されていた小さな丸い金属、または（厚紙の）切符が思い出されます。

銀行でも実験段階にあります。なお、デジタル・カレンシーの類型やその政策的含意についてはすでに多くのサーベイ文献があります[11]。

　議論は大きく分けて、次の3つの側面にまとめられます。1つ目は、伝統的な貨幣論の視点で、特に中央銀行からみた紙幣の代替物、そして金融政策のツールとしての側面です。2つ目は、市中銀行からみた預金通貨の代替物、そして場合によっては銀行業が崩壊しかねない懸念について考える金融システム安定化政策としての側面です。3つ目は、その便利さゆえに、現在ユーロ圏を除けばほぼ国際金融取引の通貨として独占状態にある米ドルに取って代わりうる新たな通貨を（中国やFacebookなどが）つくり、それによって国際通貨システムが大きく動くかもしれない、という国際金融の側面（さらに政治学者であれば安全保障を絡める可能性）です。

　ここでは、2つ目のペイメント・システムを通じて民間銀行と関わる論点を説明します。この3つの側面はいずれも重要で深遠なテーマです。1つ目と2つ目の側面に関しては、新しい研究が必要となることは言うまでもありませんが、既存の経済学の応用として考えることもある程度は可能です。そのため、本書ではそれらに関する議論を紹介したいと思います。一方、3つ目の側面は金融というより国際金融のトピックであり、また既存の研究がほとんどない状況で今後の研究課題となります。本章ではまず、2つ目の側面である金融システム、とりわけペイメント・システムを通じた銀行との関わりに焦点を当てて考えます。次に第12章で、1つ目と3つ目のトピックについて解説します。

4.2　ペイメント・システムとしてみた CBDC

　CBDCは、その取引先によって、次の2通りのタイプが考えられます。1つは、これまでと同様に中央銀行は銀行だけを取引先とする**ホールセール型**であり、もう1つは中央銀行が企業や家計と直接取引をする**リテール型**です。アカウントベースの決済の場合は、中央銀行の取引先が中央銀行に直接口座を持つようになり、トークンによる決済の場合は中銀発行トークンを直接（紙幣のように）取引先が持つことになります。

----

[11] たとえば Adrian and Griffoli（2019）、Auer and Boehme（2020）、BIS（2018）、Barontini and Holden（2019）、Boar, Holden and Wadsworth（2020）、Griffoli et al.（2018）、Yanagawa and Yamaoka（2019）を参照。

　リテール型の場合には、さらにいくつかの類型が考えられます。大きな類型の1つは、現状でもすでにデジタル化されている日銀当座預金に、家計と企業が任意または強制的に口座を持つ方法です。もう1つの大きな類型は、日銀当座預金は使わず、日銀がトークンを発行する方法です。これはデジタル版の紙幣のようなものであり、それによる取引を特に中央集権的に口座に記録していく必要はありません。

　ただし、トークンの場合は物質的な紙幣と異なり、「誰が誰にいくらで」という取引の具体的な記録の認証が、正しくなされるような仕組みを持たなくてはなりません。特に、暗号資産であるビットコインが非中央集権的にこの仕組みを持っていることは有名であり、ブロックチェーンを用いた**分散型台帳システム**と呼ばれます。この仕組みのもとでは、取引参加者全員の取引履歴が1つの台帳に記入されますが、それを多くの人々が同時に持ち、アクセスすることができます。そして、いわば衆人環視の場で、それぞれの取引記録の正しさが確認されます。日銀がこのような仕組みのトークンを発行する場合、日銀はあくまで発行主体であり、取引の認証や記録は分散型台帳、すなわち（銀行に限らない）民間が広く行うことになるでしょう。

　一方、同じ暗号資産であっても、リップルのようなものは、ブロックチェーンを用いつつも信頼のおける銀行などだけが取引の認証に参加するなど、ある程度中央集権的な仕組みです。日銀がこのようなトークンを発行する場合は、その認証や記録を行う主体の選択に日銀が深く関与でき、その体制のもとで半中央集権的に取引履歴を記録していくことになるでしょう。

　ビットコイン型の完全な分散型台帳と比べると、取引記録の認証に無駄な問題を解かなくてもよいことと、認証への参加者が限られることから、セトルメントの時間が短いことが知られています。現状、ビットコインはセトルメントに数分程度かかるのに対し、リップルやステラは数秒で完了します[12]。なお、

---

12) ビットコインやイーサリアムなどでは、暗号問題を早く解いた人（マイナー）が新しくコインを得るなど、取引認証（マイニングと呼ぶ作業）に従事するインセンティブを与えています。そこで、完全に非中央集権的な認証ができています。リップルやステラでは、信頼のおける認証参加者の中での多数決で認証がされていますが、新しくコインを得ることはなく、第三者が利益を得るため認証に関わるというインセンティブがありません。つまり、完全に分散的な認証システムは構築が難しいと考えられます。

全銀システムと日銀ネットでは、1億円以下の小口取引については、現在、毎日夕刻までセトルメントを待たなければなりません。

　もちろん、完全に中央集権的に日銀がリテール決済を遂行することもできるでしょう。この場合はブロックチェーンを用いずとも、Suica や図書カードのような既存のプリペイドカード方式でトークンを発行することもできます[13]。日銀がこのように発行したトークンをデジタル・カレンシーと名付けて国民に広く発行する場合は、既存のシステムとそれほど変わりません。ただ、ブロックチェーンを使用しない場合は、従来のアカウントベースのシステムとの差があまりなく、取引の成立メッセージと資金の受渡し（セトルメント）も時間的にかなり離れたままではないかと思われます。暗号化されたブロックチェーンを用いた場合、一元的に日銀（または委託先）コンピュータが行うのであれば、たとえばリップルやステラと同程度のセトルメントのスピードを実現できる可能性があります。しかし分散的に認証するシステムと比べると、既存のシステムと同様、サイバーテロなどに対する脆弱性が高いのではないかと考えられます。

　ここまで説明した「暗号化を行うのか、ブロックチェーンを使うのか」という選択は、さらに経済学的側面から議論ができると思いますが（Duffie 2019；Townsend 2020）、かなり工学的な要素が強い問題です。これはイントロダクションで述べたように、たとえば、取引や会計記録のシステムが紙からコンピュータに変わったときに、コンピュータ科学者や工学者が活躍した一方で経済学者はあまり研究対象としなかったことと同様です。しかし繰り返しますが、経

13） 法律用語では、かつてよく使われていた図書券、テレフォンカードのようなプリペイドカード（紙または磁気）と Suica のような IC カード、また PayPay のようなアプリは、それぞれ少々異なる細かい定義もありますが、すべて「前払い式支払手段」として定義されるものです。それを本書では、便宜上「プリペイドカード」と呼びます。なお、個人が利用できる決済手段としては、リアルタイムに銀行口座から引かれるデビットカード、法律的には一時的に借金となりますが庶民感覚としては（1回払いである限り）後払いをしているに過ぎないクレジットカードもあります。経済学的には、これらすべてを決済手段と考えてよいですし、特に現行のデジタル化されたものをここでは議論していると考えてください。つまり、「プリペイドカード」といっている箇所は、デビットカードや、（1回払いの）クレジットカード、またはそのような仕組のアプリを追加して考えても、議論の通じる箇所が多いです。ただし、決済前に裏付け資産の供託や保全が必要なものは前払い式支払手段のみです。

済学の視点で重要なのは、決済の速さとそれに伴う顧客データのリアルタイム
の活用が、経済学で議論されてきた理論モデルの前提をどのように変えるか、
それを新たに仮定して政策や制度を議論できるかです。

4.3 CBDC と銀行業

　さて、当座預金を用いるかトークンを用いるか、またトークンを用いる場合
には、完全な中央集権的にする（アカウントベースのプリペイドカード方式）か、
半中央集権的分散型台帳（リップル方式）か、また完全な非中央集権的分散型
台帳（ビットコイン方式）か、またはそれ以外の新たな方式をとるか、いずれ
の場合でも、中央銀行が家計や企業と直接やりとりを行うデジタル・カレンシ
ーを発行することは、中央銀行の安全性やネットワーク外部性を考えれば、民
間銀行や資金移動業者が駆逐される可能性が高くなります。この点は、Brun-
nermeier and Niepelt（2019）や Keister and Sanches（2019）などが示す通りで
す。強制的に口座を国民に付与する場合は、特にその可能性が高くなります。
たとえ任意だとしても、中央銀行が積極的に付利をして民間ベースの暗号資産
や Suica などのプリペイドカードを競争的に駆逐するということも可能でしょ
う。

　トークンであれば、現在の紙幣の代替となるだけで、銀行自体は残るのでは
ないかと思う読者もいるかもしれません。しかし、現在いわゆる狭義の通貨
（M1）に占める銀行預金残高は、図11.1のように直近ではほぼ90％を占めて
いるのですが、もし企業や家計が直接中銀トークンを持つ（デジタル化されて
いるのでオンライン上のどこかの口座に持つ）ことができるようになれば、銀行
預金から中銀トークンにかなり代替される可能性が高いと考えられます。まし
て、CBDC はこれまでの紙幣と違い、オンライン上の口座で管理するという
意味で既存の銀行預金に近い性質を備えているため、制度次第では利子を付け
ることもできます。その場合、銀行預金の利子の水準によっては強く代替され
ることになるでしょう。さらに預金金利がほぼゼロである現在の日本のような
状況では、CBDC に利子が付かなくてもその代替性は高いはずです。

　このような場合、既存の銀行の多くが破綻する可能性があります。そして、
銀行業の本質である満期変換機能と信用創造が失われる可能性が高くなります。
それは、社会的な損失です[14]。そのため、中央銀行はインターバンク市場だ

図11.1 マネーストックと通貨流通高

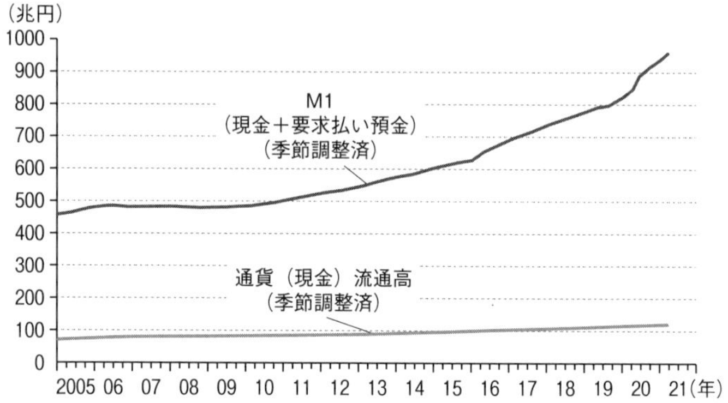

（出所）日本銀行ホームページより（https://www.boj.or.jp/statistics/index.htm/）。

けなどホールセールに特化すべきと考えられます。

　ただし、中央銀行がホールセールに特化するだけではまだ十分ではありません。その場合、民間銀行が（フィンテック企業などとともに）、CBDC を元手に自前でデジタル・カレンシーを発行するか、または民間デジタル・カレンシーを取り扱うことになります。それを行うに当たって、市中銀行には CBDC の100％担保を求めるようなナローバンク制度を考えるべきとの意見があります[15]。しかし、銀行の本質的な役割を考えれば、そうすべきではありません。あくまで、預金として預けられた民間発行のデジタル・カレンシーを貸出に回し、預金のバックには貸出があるというような、これまで通りの信用創造を銀

---

14) CBDC を論ずる多くのマクロ経済学の論文では、満期変換機能という銀行業がモデルにしっかりと取り入れられておらず、決済業しか入っていないため、それでよしとしています。なお、逆に（カナダのように）銀行が少なく、銀行が独占的利潤を得ていると考えられる経済では、中央銀行が積極的に競争相手として介入することで、経済全体としてよい結果が得られることもありうるとの議論もあります（Chiu et al. 2019）。

15) ナローバンク制度は元来、預金準備を 100％として、銀行は預金をすべて中央銀行に預け、貸出をすべきでないというものです。利点として、Diamond and Dybvig（1983）流の風評による取付騒ぎが起きないことから、連邦預金準備公社（Federal Deposit Insurance Corporation：FDIC）ができた 1933 年前後から、ときどき学界で議論されてきました。最近では、世界金融危機の際にも金融システムの脆弱性を究極的に解決するものとして一部で議論されました。それに対して通常の 100％準備預金を要求しない銀行のシステムは、部分準備銀行制度（fractional reserve banking）と呼ばれます。

行が扱えるように認めるべきでしょう。

　そもそも、中央銀行による決済システムの独占はよいことなのでしょうか。これは、中央銀行論というよりは、「民間に任せられることは民間に任せる」という資本主義の根幹に関する問題と考えられます。ここで具体的に、なぜ民間が決済業を行うべきかを考えてみましょう。暗号資産やそれを支えるブロックチェーン技術、それらを応用したさまざまな決済の仕組みなど、民間企業が競争を通じて、イノベーションの連鎖の結果として生み出してきたものを、中央銀行が独占することは、今後のさらなる進化の芽を潰しかねません。このことは、たとえば国策自動車会社に一本化すれば、その会社が（税金が投入できる限り）潰れることはないという意味では安全になるでしょうが、おそらく（かつて東欧やラテンアメリカで実際に起きたように）イノベーションが起こらなくなり、経済が停滞してしまったことからも明らかでしょう[16]。

　ただし、現状でもなされているように、銀行間の決済（ホールセールのセトルメント）に関して日銀が引き続き携わることには、金融システムの安定という側面で意味があると考えられます。日銀はいざというときの流動性供給が円でできる唯一の主体であるからです。改めてこのように考えてみると、中央銀行はデジタル・カレンシーを発行するとしても、企業や家計と直接取引（リテール）は行わず、金融機関相手（ホールセール）のインターバンク取引のみに携わるべきと考えられます。

　この場合、今のアカウントベースのサービスの高速化ができ、サイバーテロなどにも有効な技術があれば、トークンや分散型台帳を使う必要もないかもしれません。改めて言いますが、それらは技術の選択の問題であり、経済学的に決まる問題ではありません。もっとも、日銀がリテールに乗り出さず、トークン型の円のデジタル・カレンシーをホールセールでのみ発行する場合でも、銀

---

16) Fernández-Villaverde et al.（2021）は、中央銀行がリテールでデジタル・カレンシーを十分な利子を付けて直接流通させ、預金を独占的にとることになる一方でその運用は貸金業や投資ファンドなどに任せるという金融システムを考察しています。ここでも、中央銀行が付ける金利はその安全性を考慮すれば、かなり低くても預金独占が可能となります。そのため貸出まで考えると、このシステムでは必ずしも社会的に最適な満期変換をしていないことになると、彼らは指摘しています。加えて、彼らの論文ではどのように中央銀行がよい運用先を選別できるかについて考慮されていない点も問題であると筆者は考えています。

行などの金融仲介業者を通じて市中にそのトークンが（紙幣のように）出回り
かねませんので、そうならないような技術をしっかりと見極める必要がありま
す。

4.4 リテール CBDC と暗号資産

　前項では CBDC はホールセール型をとるべきと議論してきましたが、ここ
では逆に CBDC トークンがリテールとしても発行される場合について考えて
みましょう。この場合は、ブロックチェーンの仕組みを使って、グロスで取引
合意のメッセージと同時にリアルタイムで決済ができるようなトークンを日銀
の取引先の金融機関だけに発行しつつも、それが市中に出回ることを阻害しな
いという方法をとるべきでしょう。また、このような技術を使用する場合、全
銀システムのような取引の合意と資金のセトルメントの中間に位置するクリア
リング（とネッティング）のシステムは不要となり、わが国では日銀ネットに
集約されることになるでしょう。

　もっとも、上述のようなセトルメント・システムを、日銀でなく新しい全銀
システムで（クリアリングと同時に行うものとして）つくり、各銀行は必要なと
きのみ日銀からオーバーナイトの借入をする仕組みをつくってもよいわけです。
この場合は、日銀の役割はあくまでもデジタル・カレンシーの発行と銀行への
融資にとどまります。

　しかし、このような民間主体のセトルメントの仕組みをつくる方向で考える
と、そこで使う暗号資産が日銀の発行するものである必要もなくなるでしょう。
その場合には、次のような選択肢があります。1つは、あくまで円と一対一対
応とし円資産を担保とした（プリペイドカードのような）ステーブルコインとす
るか、もう1つは、ビットコインのように円とは価値が切り離された暗号資産
を利用するか、です。現状では、わが国の銀行の顧客の大多数が円を使用して
いる以上、円と切り離された暗号資産を使う方法では両者の間に為替相場リス
クが発生しますので、少なくとも内国為替に関しては、そのリスクを負っても
よいとする顧客がどれだけいるか疑問です。

　もし円のステーブルコインを民間銀行が共同で発行するのであれば、それと
円との間の「固定相場」を維持するために、その背後に日銀当座預金や国債が
100％準備として必要となります。これは、ある意味で Suica などプリペイド

カードと同じです。しかし、銀行もそうしたプリペイドカードのようなステーブルコインに軸足を移すべきなのでしょうか。将来的には国民の大多数が預金にデジタル・カレンシーを利用することになるだろうと考えれば、国全体として100％準備を要求するナローバンク制度を採用することと同じになってしまいます。つまり上述のように、預金を原資とした民間企業等への貸出ができず、銀行業の本質的な役割が実行されなくなり、社会的な損失となります。

　なお、満期変換機能に加えて長く銀行業のもう１つの柱であったペイメント・システムは、先にも述べた通り資金移動業などを中心に既存企業や新興のフィンテック企業によってもなされるようになっています。これは、決済の安全性を考えれば、ナローバンク型で信用を創造しない業態に侵食されてもある程度は仕方がないことです。そして経済理論的には銀行業の本質は、決済（ペイメント）ではなく満期変換機能なのです。

　そう考えると、やはり民間銀行が共同で発行するステーブルコインを一国の中心的な金融システムとするよりは、日銀が円のデジタル・カレンシーを発行する方がよいということになるでしょう。そしてやはり、日銀自体はリテールの預金をとらないこととすべきでしょう。預金者はデジタル・カレンシーの預金口座を銀行に持つ一方で、銀行はその預金をすべて日銀の当座預金に入れる必要はありません。これまで通り、預金として預けられているデジタル・カレンシーの一定額だけを法定の預金準備として日銀に預ける以外は民間企業等への貸出として利用できるように、100％準備を持つのでない、いわゆる**部分準備銀行制度**（fractional reserve banking）を維持するべきです。この場合、銀行のバランスシート上、預金の背後にあるのは今まで通りほとんどが貸出になります。これまでとの変更点は、日銀券が日銀デジタル・カレンシーに切り替わるだけです。

　繰り返しになりますが、この場合は経済学的に見れば制度上はこれまでとほとんど変化がありません。しかし、デジタル・トークンに切り替わることで決済のスピードが早まるとともに、情報の利活用がより大きく可能になるところに意味があります（仮に現行の日銀ネットと全銀システムの高速化で対応できるのであれば、それでも可です）。いずれにせよ、経済理論と実務において、より進んだ技術を前提として議論ができるようになるわけです。第１節の例で言えば、Diamond and Dybvig（1983）流の取付騒ぎをなくすような手数料のダイナミッ

ク・プライシングなどが可能になり、銀行業の本質たる満期変換機能、信用創造をより安定的に実行できるようになるわけです。

　また、中央銀行を中心とした安定性の高い金融システム以外にも、安定性には劣るけれども、利便性、匿名性、国際取引のしやすさなど、さまざまな目的に特化した暗号資産があっても当然よいわけです。実際そうしたものとして、ビットコイン、イーサリアム、リップル、ステラ、モネロなどといったものがすでに存在しており、一部では実際に実需取引にも使われています[17]。さらに、潜在的な需要への対応や技術の進展などによって、新しい暗号資産が今後も出現するでしょう。もちろん、日本の民間銀行やフィンテック企業などがそうした暗号資産を、顧客間、インターバンク市場、また国際取引で使用することも認められるべきです。いずれにせよ、そうした場合は貨幣・決済の機能だけでなく、銀行業の満期変換機能に内在する脆弱性にまつわる問題を引き起こさないかという観点からも、規制などを判断する必要があります[18]。

　なお筆者は、日銀自体が「円」と価値が切り離されたトークンをつくることには意味がないと考えています。民間でできることは民間に任せるべきであり、日銀はあくまで「円」のデジタル・カレンシーを発行すべきでしょう。それを発行する際にも、たとえば利便性が高いものや匿名性が高いものなど、いくつかの種類がありえるのですが、この点についても日銀はシンプルなもの1つに絞って発行すべきであり、それに加えるさまざまな利便性は後付けで民間業者が作り出すべきだと言えるでしょう。先にも述べたように、この点は利益を追求する民間企業の仕事であり、中央銀行や政府が乗り出す仕事ではありません。シンプルなコインについても、日銀はむやみに利子を付けるなどして民間の預金やトークンを駆逐するということは避けるべきだと考えられます。

---

[17]　実需取引とは、ここでは、物やサービスの購入などの商取引の裏付けを持って行われる暗号資産の取引のことです。

[18]　匿名性が高い暗号資産には、マネーロンダリングなど犯罪対策の側面から、何らかの当局の介入が必要となる可能性があります。しかし、匿名性自体も設計できるものであり、匿名性の観点から（Agur, Ari and Dell'Ariccia〔2019〕のように）一括りにデジタル・カレンシーを特徴付けることは困難と思われます。

第12章

デジタル・カレンシー時代における
貨幣の本質と、中央銀行の役割の再考

 イントロダクション

　実は、通常の金融論では貨幣を扱う機会はほとんどありません。しかし第11章で述べたように、決済システム、特にデジタル・カレンシーの興隆について議論する際には、貨幣と銀行の両者を同時に考える必要があります。

　そこで本章ではまず、デジタル・カレンシーを「貨幣論」の観点から見た場合の議論を俯瞰します。そのことは、経済学において以前から存在してきた貨幣論をふまえたうえで、デジタル・カレンシーについて考えるということでもあります。ここでは古典的な教科書である Sargent（1987）や、最近の暗号資産に関する経済学の概説書 Townsend（2020）を主に参考にしつつ、貨幣を導入した経済理論を解説したうえで、改めて中央銀行論を問い直してみたいと思います。そして最後に、国際通貨体制に関する私見を述べて、本書の結びとします。

　貨幣論においては、貨幣は必ずしも実体を持つ必要はありません。人々があるものを「貨幣」だと認識すればよいのです。そのフォーマルな議論を俯瞰します。そのうえで、それが法定通貨である場合、それを発行している中央銀行には貨幣価値を守る義務が要請されます。そして、政府としては、そのような中央銀行の機能が十分に発揮できるような制度設計が求められます。それが、中央銀行の独立性であり、物価の安定を一義的な目標とした金融政策ルールです。さらに、ブロックチェーン技術などの進展とともに、そうした中央銀行の優位性が脅かされ、民間の暗号資産や、外国の中央銀行デジタル・カレンシー（Central Bank Digital Currency：CBDC）との競争にさらされる状況となりつつあることを考察します。

1 異質な研究対象としての貨幣

　すでに何度か説明してきたように、完全情報・完備市場など典型的な仮定が満たされれば、市場を通じた完全競争均衡は社会的に最適となり、そこに政府（中央銀行も含む）が介入する余地はありません。一方で、経済学では銀行業は例外的に規制の対象とされてきました。そして第11章までに、その背後にある理由と、それがデジタル化によって変わりうることを説明してきました。同様に貨幣も経済学では例外とみなされ、両者をあわせて「貨幣・銀行論」（Money and Banking）という形で、よく一括りのカテゴリーとして研究されてきました。そして、通常のマクロ経済学では、インフレを論じる際など、貨幣発行については政府（中央銀行）による独占を当然のこととして考えており、研究対象としては異質な取り扱いを受けてきました。

　経済学でインフレについて論じる際には、そもそも貨幣の存在をあまり真剣に考えず、インフレと金利、それらと GDP や失業との関係性だけを見て、金融政策を論じることも多いです。それは議論の目的が、貨幣のあり方そのものよりも、景気循環論において物価水準（インフレ）と GDP や失業との関係を分析することが、ケインズ的金融政策を考えるに当たって重要だからだと言えます。また、国家債務危機の研究では、ハイパーインフレが起きる場合も往々にしてあるため、そうした観点からもインフレが研究されます。インフレは長期的には経済成長に対して中立であることが知られていますが、2〜3年の景気循環、また経済危機前後の数年というスパンでは、インフレと経済成長の間にもある程度の関係性が存在するということが、これまでの研究によって明らかにされてきました。これ以外にも、「インフレの及ぼす影響が多様な家計の間でどのように異なるか」など、分配面を考える研究もあります。しかしいずれにせよ、こうした一般的なマクロ経済学では、貨幣の存在そのものを深く考えることはあまりありません。

　これらに対し、貨幣がなぜ経済理論モデルの中で価値を持つのかを考え、それに基づいてマクロ経済を考察する研究分野もあります。たとえば、次の3つの場合で貨幣の価値を考えてみましょう。第1に、日本銀行券（日銀券）を考えればわかるように、貨幣（紙幣）という紙そのものにはほとんど使用価値が

ありません。そうでなく、何かモノ（財やサービス）と取引し、交換すること
ではじめて価値を持ちます。第2に、それを前提として、急な病気などのいざ
というときにモノとの取引に使うための備えとして手元に置いておくことでも
価値を持ちます。第3に、他の証券（株や債券）への投資に比べて貨幣への投
資が有利な場合にも、貨幣を資産として持っておくことの価値が高まります。
たとえば、低金利で債券からの投資収益がほとんどない一方、債券価格が乱高
下するリスクが高いときなどが挙げられるでしょう。これらは順番に、ケイン
ズによるカテゴリーを用いて、(1)取引動機、(2)予備的動機、(3)投機的動機
（貨幣保有からの期待収益に基づくもの）による貨幣需要、と呼ばれることもあ
ります。なお、これらの需要は日銀券だけでなく、要求払い預金も貨幣として
捉える場合には同様に当てはまります。

2 現金払い制約のモデル

　よりフォーマルな経済モデルで考えてみると、前述の通り、完全情報・完備
市場など典型的な仮定のもとでは貨幣が存在しません。たとえば1財モデルで、
家計 $i = 1, 2, \cdots, N$ が毎期（$t = 1, 2, \cdots$）財を外部から w_{it} だけ賦存される経済
（endowment economy）の場合、割引因子 β のもとで生涯効用（消費 c_{it} からの期
間効用 $u(c_{it})$ の割引現在価値の和）を、貯蓄 s_{it+1}（今期末の貯蓄）を通じて（毎期
の賦存量 w_{it} が確率的に上下することに対し、消費を平準化することで）最大化し
ます。ここで、消費財は翌期には持ち越せない（非耐久財）とし、消費財価格
を1とします（つまり、消費財をニューメレール、価値基準財とするということで
す）。また、グロス金利は $R = (1+r)$、つまりネット金利 r に1を足したもの
と表し、常に一定とします（閉鎖経済で、全体の賦存量の合計が時間を通じて変
化しない場合、金利は一定になります）。したがって、Rs_{it+1} が翌期首の時点での
貯蓄となります。なお、貯蓄 s_{it+1} は負の場合も許容されます。その場合は、
そのとき収入が多かった他の誰かから借金をしていることになり、逆に正の場
合はそのとき収入の少なかった誰かに貸していることになります。
　まとめると、家計 i は以下のように表される生涯期待効用最大化問題、

$$\max \sum_{t=0}^{\infty} \beta^t E[u(c_{it})] \tag{12.1}$$

を、初期の貯蓄 s_{i0} を所与として、予算制約

$$c_{it} + s_{it+1} = w_{it} + R s_{it} \tag{12.2}$$

のもとで解くというわけです（E は期待値をとることを示します）。

　ここでは閉鎖経済を考えているので、経済全体の資源制約は以下のようになります。

$$\sum_{i=1}^{N} c_{it} = \sum_{i=1}^{N} w_{it} \tag{12.3}$$

この経済全体の総資源（(12.3) 式の右辺）は常に一定であると仮定すると、完全情報のもとで資金を貸し借りできる金融市場があれば、常に一定の（実質）金利 R で、消費が必要な場合には（借用証書などを取り交わしたうえで）借りて（$s_{it+1} < 0$）消費する（つまり取引する）ことができます。また反対に、（借用証書の受け手として）貯蓄（$s_{it+1} > 0$）もできます。このとき、貨幣への需要はなく、したがって貨幣は存在できません。

　経済モデルの中で貨幣が特に取引動機で保有されるためには、何らかの追加的な制約、すなわち**金融面での摩擦**（financial friction）を仮定しなければなりません。最も簡単な制約は、「貨幣で財やサービス（以下、『モノ』とします）が買えるから」、または「貨幣でなければモノが買えないから」という仮定です。

　これは、単純な議論としては**法定通貨論**という形で展開されます。つまり、日本円や米ドルは政府が認めた貨幣であり、「法定通貨を持っていればモノと交換することができるから」という理屈です。換言すれば、政府がある通貨の使用を法的に義務付けているということです。

　しかし周知の通り、1980 年代後半から 90 年代前半のブラジルや 21 世紀に入ってからのジンバブエのように、激しいハイパーインフレが起きる場合があります。これは、たとえ政府が法的に使用を義務付けたものであっても人々が法定通貨を持とうとせず、できるだけ早く通貨をモノと交換しようとするため、通貨価値が暴落することがありうることを示しています。つまり、法律でモノとの交換を義務付けることと、法定通貨の価値が保たれることは別問題なので

す。

　一方、そもそも貨幣の起源の1つであった大昔の中国（および多くの国々）で使用された貝殻や、鎌倉時代初期など（公式に認められていなかったときでも）日本で流通していた（当時の中国の貨幣である）宋銭、また現代でも民衆が自国通貨よりも米ドルを多く使うことで広範囲に流通している（これを「実質上のドル化」と呼びます）国があるなど、その国の法定通貨でなくとも、さまざまなものが貨幣として流通する可能性があります[1]。

　もう1つの法定通貨論では、貨幣保有の動機として、「税金を法定通貨で支払わないといけないから」という説明がなされます。これはある意味その通りで、税金を支払う分だけは法定通貨としての最低限の価値があります。それに加えて、公務員の給与は法定通貨で支払うこととしている国も多く、ハイパーインフレが起きている国や、広く実質上のドル化をしている国でも法定通貨が完全になくならないことに対する説明にはなります。しかしこれでは、「なぜある貨幣が広く流通するのか」、つまり「なぜ本質的に『通貨』となるのか」についての説明にはなりません。

　フォーマルな経済モデルにおいて、「貨幣を使わなければならない」という制約は一般的に**現金払い制約**（cash-in-advance constraint）として定義されると考えてもよいでしょう。これは字義通り、「すべてまたは一部のモノは、昨日までに用意して現在は手元にある現金 M_{it} との交換を通じてしか購入できない」という仮定です。この場合、先ほどの (12.1) 式と (12.2) 式で表される家計の問題に、もう1つ、以下に示すような制約が付くことになります。

　ここで、ニューメレールを貨幣とすれば、消費財の価格は1でなく、一般的に p_t で表すことができます。貨幣には金利が付かないことを前提とすれば、前期末までに保有していた（名目）貨幣残高 M_{it} は今期首までに（借用証書を受け取ることでの貯蓄 s_{it} と異なり）増えることはないので、現金払い制約は以下のようになります。

----

1) 鎌倉時代でも、1226年から公式に宋銭が通貨として認められることになりました。同様に現代でも、米ドルをそのまま自国の法定通貨とする国（たとえば東ティモールなど）も少なくありません。一方でカンボジアなど、国が認めていなくても広くドルが使用されている国も多くあり、その状況が「実質上のドル化」です。

$$p_t c_{it} \leq M_{it}$$

ここで、消費財の量に対してすべてを実質で表せば、前期末に保有していた実質貨幣残高 $m_{it} = M_{it}/p_{t-1}$ を使って、今期の制約は以下のように書き直すことができます。

$$c_{it} \leq \frac{M_{it}}{p_t} = \frac{p_{t-1} m_{it}}{p_t} = \frac{m_{it}}{1+\pi_t} = R_{mt} m_{it} \tag{12.4}$$

ここで、π_t はインフレ率であり、そのグロスのインフレ率の逆数 $R_{mt} = 1/(1+\pi_t)$ は貨幣保有によるグロス収益率を表します。

　一方、先述の予算制約式 (12.2) にも現金を入れて拡張すると、以下のようになります。

$$p_t c_{it} + p_t s_{it+1} + M_{it+1} = p_t w_{it} + R p_t s_{it} + M_{it}$$

これを実質の形に書き直すと、

$$c_{it} + s_{it+1} + m_{it+1} = w_{it} + R s_{it} + R_{mt} m_{it} \tag{12.2}'$$

となります。つまり、貯蓄は金融契約 s_{it+1} と貨幣 m_{it+1} のどちらでも可能ということです。

　経済全体の資源制約は消費財と貨幣それぞれにあり、(12.3) 式は以下のように変更されます。

$$\sum_{i=1}^{N} c_{it} = \sum_{i=1}^{N} w_{it} \quad \text{および} \quad \sum_{i=1}^{N} M_{it} = M_t^s \tag{12.3}'$$

　ここで、M_t^s は一国全体の貨幣供給です。このとき、経済全体の問題は、(12.1)、(12.2)′、(12.3)′、(12.4) をまとめたものとして定式化されます（典型的なモデルについては Lucas and Stokey〔1983〕を参照）。

　なお、インフレ率が正であれば、貨幣保有のグロス収益率 R_{mt} は 1 より小さく（ネット収益率は負に）なり、前期に保有していた貨幣は実質的に目減りすることになります。やや脱線しますが、この理由からインフレは嫌われる傾向にあり、マクロ経済学における金融政策の伝統的な課題も「どうしたらインフレ率を小さくできるか？　貨幣価値を保つことができるのか？」というものでした。

　そして、貨幣保有の理由が、それが金利を生まなくても何らかの制約や金融面での摩擦があるために保有しないといけないということであれば、予算制約式 (12.2)′ を見ればわかるように、貨幣保有の収益率 R_{mt} は実質貯蓄の収益率 R にできる限り近い方がよいわけです。つまり、インフレでなくデフレがよいということになります。これを**フリードマン・ルール**と呼びます（Friedman 1969）。これによれば、アメリカでは歴史的に（150 年程度）平均実質金利は大まかに 2 ％前後ですので、その程度のデフレを目指せばよいことになります。なお、「名目金利＝実質金利＋インフレ率」なので、フリードマン・ルールのもとでの名目金利はゼロとなります。ケインズ経済学では、さらにさまざまな仮定を導入して、短期的なインフレ率は正の方がよいことを示しますが、それでも大きい正の値を正当化することは難しいことや、最適なインフレ率はゼロ近辺（名目金利は実質金利とほぼ同じ水準で正）ということが、理論的帰結としてよく導かれます。これは非常に簡単なモデル構造のもとでのフリードマン・ルールが、理論的になかなか無視できない頑健性を持っていることによります。

　さて、現金払い制約はかなりアドホックな仮定、つまりなぜそのような仮定が正当化されるのかについてまでは深く立ち入っていない仮定なのですが、単純にインフレと GDP の相関関係だけを仮定して論ずるよりは、一歩深い考察になっていると言えます。

　同様にアドホックなものとして、**貨幣愛**（money-in-the-utility）という仮定があります（Sidrauski 1967）。これはある意味、現金払い制約よりもさらにアドホックで、「人々が貨幣を持つのは、人々が貨幣を直接的に好むからだ」という仮定です。ギリシャ神話のミダス王を思い出せば、これは馬鹿げた仮定と思う人も多いでしょう[2]。しかし、仮定としてはおかしくても、経済学のモデルとしては実は現金払い制約のモデルと大差なく、その点理解したうえで分析に利用するのであれば、有用なモデルであるとも考えられます。

　フォーマルには (12.1) 式の中の効用関数を以下のように少々変更します。

$$\max \sum_{t=0}^{\infty} \beta^t E[u(c_{it}) + v(m_{it})] \tag{12.1}′$$

　2） ギリシャ神話において、ミダス王は黄金を愛し、触れるものすべてが黄金になるという願望が叶えられたものの、手にとった食べ物や飲み物までが黄金になってしまい飢えに苦しみ、また愛娘も黄金の像になってしまったことで大いに反省しました。

一方、予算制約式 (12.2)′ はそのままで、現金払い制約 (12.4) 式はなくなります。

　現金払い制約のモデル全体ではラグランジュ乗数付きで (12.4) 式の制約が最大化の対象として毎期入っていましたが、貨幣愛のモデルではそれがなくなり、その代わりに (12.1)′ 式の効用関数の中に、実質貨幣保有から得られる効用 $v(m_{it})$ が入っているという点だけが違います。つまり、この2つのモデルは、数学的には（ほぼ）同じであるとみなす（isomorphic）ことができるわけです（少々説明が異なりますが、同様のことは Fujiki and Mulligan〔1996〕でも説明されています）。

　より複雑なモデルでは、現金払い制約の定式化はそれ自体が制約であるために数式展開しにくい場合があることに比べ、貨幣愛の定式化の方が数式としての取り扱いやすさの面では有利な点もあるため、しばしば使われる仮定となっています。さらに、数学的には現金払い制約と同じであるため、たとえ表面的には貨幣愛の仮定であるとしても、分析結果の解釈としては現金払い制約モデルの結果であるかのように考えてよいというわけです。

3 不完備市場のモデル

　さらにもう一歩深く考え、なぜ「現金払い制約」、つまりある種の取引では現金しか受け付けないという制約が成り立ちうるのかについて考えていきましょう。これには金融面での摩擦として、現金払い制約よりもう一段原初的なところから考える必要があります。代表的なものとして、たとえば江戸時代の東海道で、西（京都）から東（江戸）へ行く旅人たち（Aタイプ）と、東（江戸）から西（京都）へ行く旅人たち（Bタイプ）が、宿場町ごとに必要に応じて小銭を稼ぎながら、モノを交換する状況を考えましょう（簡単化のため、各タイプの人数は同数とします）。

　ただし、Aタイプの旅人は京都から見て奇数番目の宿場町で小銭を多く稼ぐことができ、偶数番目の宿場町ではあまり稼げないと仮定します。また、Bタイプの旅人はその逆であると仮定します。具体的には、小銭の賦存量はタイプごとに、京都から江戸に向かう宿場の順に並べ（真ん中の宿場町〔袋井宿〕あた

りを中心に）以下のように仮定しましょう（ただし、フォーマルなモデルの仮定
では京都や江戸といった終点は置かれません）。

$$w_{At} = (..., 3, 1, 3, 1, 3, ...)$$
$$w_{Bt} = (..., 1, 3, 1, 3, 1, ...)$$

　2つのタイプの旅人は、それぞれ何も交換せずに消費をすると消費が平準化
されません。たとえ平均的な消費量が同じでも、消費を通時的に平準化するこ
とで効用が高まることはすでに説明した通りです（第2、7章など参照）。つま
り両タイプの旅人とも、できればどの宿場でも2ずつ消費したいわけです。

　もちろん、貸借契約を結ぶことができ、かつ履行できるのであれば契約を結
ぶのがよいのですが、残念ながらある宿場である日に会う旅人同士は、翌日に
は西と東へ行き別れ、二度と会うことはないでしょう。さらには自宅にいつ戻
るかもわからず、そもそも偽住所や偽名を使っているかもしれません。こうな
ると、金融契約を結ぶことはできません。つまり、法制度の不備や個人を特定
する技術の不備などにより、金融市場が不完備になるというわけです。

　ここで、唯一使えそうなものが貨幣です。具体的には、3を稼げた宿場町で
は2を消費するとともに、1だけ消費財を売って1の貨幣を取得し、次の宿場
町以降のためにその貨幣を貯蓄しておきます。そして、1だけしか稼げなかっ
た宿場町では、1の保有貨幣を使って1の消費財を購入し、稼ぎの1とともに
合計2を消費することができます。こうして、貨幣を用いることで消費の平準
化が可能になるのです。このシステムは両方のタイプにとってウィン・ウィン
な状況ですので、1人ひとりは二度と会わないとしても、各宿場町で別タイプ
の人同士で常に取引が成り立つわけです。

　予算制約式は、金融市場がなく貨幣での貯蓄しかできないので、(12.2)′式
が以下のように変更されます。

$$c_{it} + m_{it+1} = w_{it} + R_{mt} m_{it} \tag{12.2}''$$

　ここで、w_{it} は w_{At} か w_{Bt} のAかBのタイプの小銭の賦存量であり、タイプ
ごとの人数は同数とします。こうして、(12.1)、(12.2)″、(12.3)′式の連立の
数式で表される現金払い制約モデルに具体的な賦存量が与えられるとともに、
なぜそのような制約が現れるかについてより原初的な理論に基づいた説明が与

えられるわけです。

　つまり、金融契約が結べない環境（「取引相手の確認ができない〔匿名が保たれる〕」「倒産法制の整備がなく簡単に夜逃げできる」など）では、主に取引動機に支えられて貨幣が価値を持つということになります。これは、**Bewley-Townsend モデル**（Bewley 1980；Townsend 1980）と呼ばれ、特にここで説明した解釈については後者により Townsend の**ターンパイク・モデル**とも呼ばれています（ターンパイクとは高速道路の一種）。金融政策に関する教科書として標準的な Woodford（2003）で解説されており、また最近でも、Brunnermeier and Sannikov（2016）などで研究が進んでいます。

　なお、このモデルに金融契約を混在させることもできます。一緒に旅をしている同じタイプの人たちの中で、たとえば病気にかかるなどの別のショック（攪乱項）による影響があれば、その人たちの間ではフォーマルでもインフォーマルでも金融契約が結べることになります。実際、同じ村の中などよく知っている人々の間ではモノの貸し借りが頻繁に行われており、他所からの見慣れない物売り（祭りの露天商など）とは現金での現物売買しかしないというような光景は、日本でもかつては見られましたし、発展途上国では現在でも見られる状況です。

　将来時点で契約の履行ができないということが本質的な貨幣の存在理由であるとするならば、この考え方は別の2つの理論モデルを支える柱にもなっています。1つは、将来は生きていない高齢者を扱うモデルです。つまり、若い労働者と引退した高齢者が次々に現れる**世代重複モデル**（overlapping generations model）です。このモデルにおいて、他の制度などの可能性をなくし、貨幣だけを貯蓄手段と仮定したとき、若いうちに労働賃金の一部を貨幣として貯蓄し（残りは消費し）、高齢になり労働できなくなったときにあらかじめ貯蓄しておいた貨幣で消費を行うという形で、貨幣の存在理由が生まれます（Samuelson 1958）。

　ただしこの場合、取引需要というよりは貯蓄のための需要であり、仮定により他の金融契約の可能性を外しているために貨幣が使われているだけとも言えます。たとえば、ある程度永続する株式会社の株、銀行での預金、保険会社との年金契約などといったさまざまな金融契約を仮定から排除する理由はそもそもなく、むしろそうした金融契約を用いて、定年後に備えるべきとも言えます。

　なお、これを税制の優遇などで公的に後押しするのが確定拠出型年金制度です。
　また、世代重複モデルでは、想定する最初の期に貯蓄を持たない高齢者がいた場合（終戦直後の日本などを想像してください）、若年層から税を徴収し、それを高齢者に年金として与える制度（賦課方式の確定給付型年金制度）を永遠に運用することができます。ただし、そのためには人口分布が長年にわたってあまり変わらない（または若年層が増加していく）必要があります。そのため、世代重複モデルは社会保障制度の研究によく使われています。その一方で、貨幣の研究においてはこのモデルが用いられることは少なくなっています。

　Townsend（1980）のターンパイクのたとえでは、2つのタイプの人が逆方向に旅をしており、二度と会うことはないと仮定していました。この状況をより一般化して、さまざまなモノの中で1つを保有（たとえば生産者としてサンダルに特化）している一方、自分の保有していないモノのうち特定のモノ（たとえばケーキ）に需要を持つ人が一般的な空間に存在し、ランダムにそのうちの2人が出会い、そこで互いに欲しがっている財を交換するような経済を考えましょう。これは、昔の物々交換市場のような場所です。この状況ではこの2人が再び出会う確率は少なく、また匿名かもしれませんし、住所も嘘かもしれません。つまり Bewley-Townsend モデルのように、金融契約が成立できない状況です。これだけでも貨幣の存在理由があります。

　それに加え、2人の特定のモノへの需要がうまくマッチすることが物々交換では難しい状況（ここの例では、サンダルを売りたい人がケーキを買いたいと同時に、ケーキを売りたい人がサンダルを買いたいという状況）だとすると、これではなかなか交換が成り立ちません。それに対し、誰でも欲しいと思う貨幣との交換にはみんなが応じるでしょうから、サンダルを売りたい人はサンダルを買いたい人と出会って貨幣と交換すればよくなるため、そのサンダルを買いたい人が何を売る人でもかまわないわけです（まして、店を構えてどこにあるかを周知できればランダムに出会うどころか、客が場所を探して自ら来てくれること〔directed search〕になります）。

　こうして、貨幣の役割は**欲望の二重の一致**（double coincidence of wants）問題を解消することにもあり、それが存在理由として浮かび上がってきます。これは以前から言われてきた事象ではありましたが、Kiyotaki and Wright（1989）がフォーマルな形でモデル化して以来、**貨幣サーチ・モデル**（monetary search model) として多くの論文が書かれています。

4 貨幣の根源的価値

　前節で説明した不完備市場のモデルにおいても、「人々がある与えられた貨幣を次の取引相手も受け入れてくれるということを当然のように信じている」という前提があります。貨幣自体には、土地などと違って使用価値がまったくありません（紙幣自体に紙としての価値はほとんどありません）。それでも、通貨としての価値が生まれます。経済学的には、貨幣の持つ価値は使用価値から大きく乖離しているという意味で、純粋な「バブル」とみなすことができます。こうしたこと、つまり、無（の使用価値）から有（通貨としての価値）が生まれることが、前節のモデルでは暗黙のうちに仮定されていました。このことは、特に日本では岩井（1993）などで明示的に説明されてきました。さらに Chwe（1999）により、貨幣の価値はそれが誰にも受け入れられることを皆が知っていること、つまり**共有知識**（common knowledge）に基づくことが、フォーマルなゲーム理論の枠組みで示されています。

　歴史的にも理論的にも、むしろ使用価値がないからこそ、それが純粋に貨幣として使われるわけです。もちろん、戦後すぐの沖縄やアメリカの刑務所などでは貨幣がないためにタバコが代わりに流通した例がありますし、近年とりわけ中国人の間で著名銘柄のワインが贈答用に購入され値がつり上がっているとも言われますが、それも贈答用の一種の貨幣と思えば納得できます。しかしある財に使用価値がある場合には、それを消費する目的で欲しがる人がいて、その人の支払意思額を考慮して貨幣の価値を考えないといけないという複雑な問題に直面するため、純粋な貨幣としては扱いにくくなるわけです（ワイン価格などのより深い考察は、Jovanovic〔2013〕を参照）。

　こう考えると、ビットコインのような暗号資産はまったく裏付けされた価値がないから、通貨として用いられることはありえないという指摘がよくありますが、それが的を射た議論ではないことがわかります。また、より一般にバブル、つまり使用価値から乖離した値付けがされている状況は常に悪だ、という思考も捨てなければなりません。

　一方、そのような使用価値を持っていないものに市場で付けられている価値（通貨価値）は、人々がいったん「はたして他の人が今の価値のまま貨幣を受け入れてくれるだろうか」といった疑いを持ち始め、そしてそのような疑念が大きくなり、ある閾値を超えれば、一気に崩壊します。この点は、共有知識を仮定せず、ある通貨の価値を多くの投資家が一定程度疑念を持ちつつも投資している場合、どのように通貨危機が起きるのかを理論的に示した Morris and Shin（1997, 1998）を端緒に研究が進んでいます[3]。

　一国の通貨には、根源的価値がない以上、取引価値、すなわち為替相場がある程度安定していることが、その通貨は多くの人々に価値があると信じられているという証拠でもあります。通貨としての価値は、このようにある種トートロジカルに説明するしかないわけです。そこで、暗号資産についても実証研究が行われています。

　たとえば、代表的な暗号資産であるビットコインでは、短期的にはその取引市場がうまく機能せず非常に、そして異常に変動が大きいことが知られています（Li, Shin and Wang 2021；Aoyagi and Hattori 2019）。

　一方、円ドル相場なども毎日毎日、毎秒毎秒大きく価値が変動していますが、毎日の投機に参加せず普通に取引を行うだけの多くの人にとっては、そのような超短期の価値変動は気にならず、たとえば1カ月で平均した場合の変動があまりなければ、安心できるのではないでしょうか。このように考えたうえで、暗号資産も1カ月移動平均で価値の変動の安定性を見てみると、実は次第に代表的な株価指数であるアメリカの S&P500 程度には安定してきており、取引のための通貨としての安定性は満たされてきているのではないかとも考えられます（Kikuchi, Onishi and Ueda 2021）。また、現実にも2020年10月には大手のデジタル決済サービス業者である PayPal がビットコインやイーサリアムなど4つの暗号資産の利用を認めることを発表するなど、取引目的での利用も増加しつつあるようです。

3）通貨危機については植田・服部（2022）など、国際金融の教科書を参照してください。

5 中央銀行論

　伝統的に経済学では、どのように中長期的に通貨価値を安定させるかという問題は、通貨価値を共有知識と暗黙に仮定したうえで、中央銀行の構造的なあり方の問題として展開されてきました。これは、多くの教科書や解説書などで説明されているような「景気循環論における短期的なケインズ政策としてのインフレ操作」という金融政策の議論とは異なり、中長期的な構造の議論であることに注意してください。

　ここで中心となる課題は、第9章で解説した時間非整合性です。つまり、ゲーム理論におけるサブゲーム完全性（または逐次合理性〔sequential rationality〕）という概念に基づいた議論です。財政政策と金融政策の両方を実施できる政府であれば、事前には国債金利を低く抑えたいために「事後にインフレを起こすことはない」と約束をして、（名目金利と名目元本を約束している）国債を発行したいわけです。しかし事後には、インフレを起こすことで国債の実質価値、つまり実質負担を下げることができます。このように、政府に事後的にインフレを起こす誘惑が生じ、通貨価値が毀損されるという問題があるため、民主主義国家においても通貨価値の番人として中央銀行は政治的に独立であるべきという結論が出ています（Kydland and Prescott 1977；Barro and Gordon 1983）。さらに、それだけでは不十分で、実務的にはっきりと中央銀行の目的（インフレターゲットなど）とそれに伴う金融政策のルールを明らかにすべきとされ、こうした考え方は**テイラー・ルール**として、ゼロ金利政策に陥るまでは世界の主要国で主流とされてきました（Taylor 1993）。

　なお、それ以前にはフリードマンにより「インフレは貨幣数量の関数なので、貨幣供給のルールを一定にすべき」と提唱されていました（Friedman 1969）。これはビットコインなどのサプライ・ルールに近いものです。また、テイラー・ルールに基づく金融政策は市場金利操作を通して行われますが、市場（での民間債務）がゼロ金利になってしまうとそれ以上は下げることができず、通常の金融政策ができません。そこで Rogoff（2015）などでは、むしろ貨幣のデジタル化を進めることで、たとえば中央銀行デジタル・カレンシー（CBDC）に金利を付けるなどして、市場金利 R を下げるのでなく貨幣保有のグロス収

益率 R_m を上げることなどで、テイラー・ルール的な金融政策が常に可能になるというメリットが主張されました。

　なお、「そもそもインフレ連動債や（発展途上国で）米ドル建て債などを出してインフレを起こす誘惑を絶つことができるのではないか」という議論もあります。しかしそのケースでは、理論的には（外国人投資家が多い場合に）事後的に国家債務をデフォルトするという議論もあり、事後的に約束を守りたくなくなるという意味では結局同じことになります。この場合、すでに保有されている国債の価値が、新たな発行によるデフォルト・リスクの高まりで小さくなっていくことになります。このことは**債務希薄化**（debt dilution）の文脈で議論されています（Hatchondo, Martinez and Sosa-Padilla 2016）。なお、こうしたことは企業金融の世界でも以前から知られていて、株式希薄化を防ぐために新株発行などを行うためには株主総会による承認が義務付けられています。同様に企業の債務についても、銀行ローンなども含め、将来の借金に関する財務制限条項（コベナンツ）が契約時に付けられることが往々にしてあり、この点は理論的にも整合的です（Tirole 2006）。国債の議論でも、同様に上限を決めるなどの財政ルールの制定とその厳格な運用が必要と議論されてきています。

　また世界金融危機の後には、中央銀行は、「物価の安定」（price stability）だけでなく、「金融システムの安定」（financial stability）にも責任を持つべきだという議論がありました。これに対しては、かつて Kydland and Prescott（1977）や Barro and Gordon（1983）が展開した、経済成長の安定（output stability）、または失業率の安定は中央銀行の責任とすべきでなく、中央銀行には物価の安定に集中させるべきだという主張と似たような議論を行うことができます。

　Ueda and Valencia（2014, 2015）では、そうした議論がフォーマルに展開されました。具体的には、主要な（または多くの）金融機関が破綻しそうになるような金融システムの不安定化はたいてい、異常な信用の増大、地価や株価のバブル、そして外国からの投資の急激な増加などに裏打ちされた、国内企業や家計の債務の増加という形で現れます。そうした不安定化を直接防ぐために、銀行への資本規制など伝統的なプルーデンシャル規制が適用されてきましたが、それに加え世界金融危機以後は、状況に応じて、たとえば（住宅ローンなど）頭金規制などの直接ローンを規制することなどもありうる（マクロ・プルーデンシャル規制）と議論されました。しかしながら、こうした規制は債務が膨れ

上がる前に金融システムの不安定化を防ぐ仕組みであり、膨れ上がってしまった後では役に立ちません。その一方で、金融政策はインフレを通じて事後的にそうした民間債務を実質的に減少させることができます。このとき、もし中央銀行が物価安定に加えて金融システム安定という目的も持っているのであれば、事後的には金融政策が1人2役をすること（物価安定と金融システム安定を目指すこと）になります。国債とは異なり、民間債務は景気などにより政府の手の外で予想と異なり上下するので、実はインフレ期待は国債の場合と異なり事前には変わりません。しかし事後的には、2兎を追うために微妙な調整ができず、民間債務は最適レベルよりその変動が安定化するものの、インフレは最適レベルより振れ幅が大きくなることが証明できます。また、それを受けて GDP の変動も大きくなります。結果として、物価安定と金融システム安定という2つの目的を持つ中央銀行では、最適な社会厚生水準が達成できません。

　それに対して、中央銀行は物価安定だけを目的にし、別に金融庁が金融システム安定化政策に責任を持つとすれば、事後的に金融政策が1人2役をすることがなく、最適な社会厚生の水準を達成できることが証明できます。ここでの主張を端的に言えば、1つの組織には1つの目的を持たせた方がよいということです。

　その点、世界金融危機後、アメリカでは中央銀行である連邦準備制度（FRB）による金融システム安定への関与は深まったものの、依然として金融監督当局（通貨監督庁〔OCC〕、証券取引委員会〔SEC〕など）が中心となって行っています（ただし、FRB は失業にも責任を持つという二重の役割を以前よりずっと持っています）。欧州中央銀行の場合は、ユーロ発行後は金融庁のような組織になっていたメンバー各国の中央銀行からその権限を部分的に委譲され、ユーロ圏全体の金融システム安定へのある程度の責任を持つようになりました[4]。イギリスでは、金融庁が解体され主要な政策決定の役割は中央銀行であるイングランド銀行に吸収されましたが、（物価安定を目的とする）金融政策と金融システム安定化政策はイングランド銀行内部ではっきりと区別して意思決定をする仕組みを取り入れています。

　なお、経済学モデルでは現れにくい論点ではありますが、民主主義国家にお

4）実は多くの国では、以前から中央銀行が金融庁の役割も兼ねてきています。

いて例外的に、中央銀行はその政策を国会で審議されない、いわば独裁的な政府部門です。本来あるべき形ではないはずですが、通貨の安定を守るために仕方なくそのような政治からの独立性を保っているわけです。逆に考えれば、通貨の安定を図るためにも、また国会を通じた民主的意思決定の枠にできる限り多くの政策を委ねるべきという観点からも、中央銀行に通貨価値の安定以外のさらなる目的を正式に持たせることには問題があると言えます。そのような目的として経済成長や金融システム安定以外にも、たとえば不平等対策（所得再分配）や環境対策などが考えられます。これらの目的に対しては、たとえば日本では厚生労働省や環境省などの専門的行政組織が、民主的な政治手続きのもとで、引き続き任に当たるべきでしょう。

6 暗号資産の革命

　改めて整理すると、中央銀行の独立性は、通貨価値の安定という目的のために、金融政策ルールを明確化し、それを信頼できる人物や組織が遂行するということを保証するためにあります。

　逆に考えてみると、もし通貨発行益を最大化することを目的とする民間銀行が、勝手にいくらでも**不換紙幣**（fiat currency）を発行できたらどうなるでしょうか。大手銀行であれば、人々は信用するでしょうか。おそらく無理でしょう。いくら将来の金融政策ルールを約束しても、多くの人は、銀行はいつかは約束を超えて発行し、それまで発行してきた民間銀行発行紙幣の価値（中央銀行発行紙幣との交換比率）を希薄化させ、利益を得ようとする可能性が高いと考えるでしょう。そのため、民間銀行発行の不換紙幣制度はなかなか成立しません。

　実際、ハイエクなどは中央銀行による貨幣の独占に反対し、自由な競争のもとで実物商品との交換ルールを確保させたうえで、民間による貨幣発行を提案しています（Hayek 1978）。しかし繰り返しになりますが、その信頼をどのように得るのかなどの問題はあり、Friedman and Schwartz（1986）などからの批判を受けることになりました[5]。

　しかし、ここで**暗号資産の革命**があります。暗号資産では、コンピュータ・プログラムとして、マネーサプライ・ルールをしっかりと規定し、それを自動

的に（後で人為的に手を加えずに）実行させることにコミットできます。このように事前のコミットメントが可能な場合、時間非整合性の問題が解決します。以前は、Rogoff（1985）のように、「そもそも中央銀行総裁に物価安定に関して強固な意思を持っていることが明らかな信頼のおける人物を据えて、中央銀行のコミットメントを人々に信頼させる」という議論がありましたが、万人に明らかにされるコンピュータ・プログラムであれば、より信頼を獲得できる可能性があります[6]。

　このような信頼獲得は、民間営利企業が暗号資産を売り出しても同様に得られるでしょう。そして、現在多くの企業や団体が暗号資産をつくって売り出すことができますから、革新的な仕組みがついている暗号資産でなければ、理論的にそれらを売り出すことによる通貨発行益は期待値ではほぼゼロに近づいてきていると考えられます。こう考えると、ハイエクの議論が現実味を帯び、近い将来には中央銀行に通貨供給を任せなくてもよくなる可能性があることを考えるべきかもしれません。また、2021年9月からはエルサルバドルがビットコインを国の法定通貨として採用しましたが、国によってはそのように既存の暗号資産を通貨として用いるということも決して不思議ではありません。

　なお、兌換紙幣であれば、通貨としての銀行預金がすでにそうであると言え、一定の規制や監督のもとで十分に機能することはこれまでに説明してきた通りです。暗号資産でもステーブルコインや、より広くデジタル・カレンシーにお

----

5) ただし、航空会社が発行するマイルポイントなど、実際にその会社が作り出せる商品（飛行機の座席）に裏打ちされた貨幣もどきとも言えるものは、すでに広く流通していると言ってよいでしょう。その意味では、新商品を提供することを約束するトークンを暗号資産として発行するというInitial Coin Offering（ICO）も、この流れに位置付けられるでしょう。

6) さらに、購入したモノがすぐに壊れた場合に弁償するというコミットメントも、今まで祭りの露店などではできなかったと思います。しかしその場合、一種のトークンで支払うこととし、そのトークンの特性として、ある条件のもとで事後的に支払額を変える（弁償する）ようにプログラムを組んでおくことができます。こうした条件付きで支払いが変わるようなトークンを「スマート・コントラクト」と呼び、イーサリアムが典型的であり、DeFi（分散型金融）と呼ばれるアプリケーション群によって最近成立してきました。ただし、そうした条件付きトークンは、もはや「証券」であり、通貨のように転々流通するかは疑わしく、通貨とは呼べないとも言えます。一方、そのように市場が完備化されれば、貨幣はもはや不要かもしれません。

ける Suica などのプリペイドカードの類は、さらに明確で、その発行元がしっかりと 100％の資産保全に関する規制、監督のもとにあるのであれば、またその国内だけで流通するのであれば、どの民間企業が発行してもよいでしょう。米ドルとペッグしている香港ドルもその例の 1 つです。

しかしながら、多くの国にまたがる多国籍企業がステーブルコインを発行した場合には、どの国がどのように規制、監督するのかという問題が生じます。まだ国際的な仕組みが整っていないからです。また、ある国家がステーブルコインのようなものを発行する、すなわちカレンシー・ボード制の固定相場制を採用し、その通貨で多くの国債を国際市場で売り出すという以前のアルゼンチンのような仕組みを考えた場合には、国家資産は他国から不可侵であるという主権免除があるために、デフォルトの際にどのように対応できるか、またそうならないように誰が監視できるか、という問題点があります[7]。

7 国際通貨体制

本書の最後に、国際通貨体制について言及したいと思います。ただし、この件は本書執筆時点ではまだフォーマルな経済学的分析がほとんどない状況なので、あくまで私見を述べるだけにとどめておきます。

1944 年に開催されたブレトン・ウッズ会議においてイギリスの代表を務めていたケインズは、母国イギリスのポンドが国際基軸通貨の役割を終え、米ドルに取って代わられつつある状況に鑑み、新しい国際機関を管理者として、新たな国際通貨（ケインズは「バンコール」〔bancor〕と命名していました）をつくろうと提言しました。その後、新しい国際的な通貨体制を見守る機関（国際通貨基金〔IMF〕）は創設されましたが、アメリカの代表だったホワイトが提案した、すでに基軸通貨となっている米ドルを核とした国際通貨システムが構築されました。すなわち、（世界恐慌前までの金本位制の流れを受け）金との常時交換が可能な米ドルに基づいた世界規模での固定相場制です。それが今から約 50

7）こうした国家債務危機については、植田・服部（2022）などの国際金融の教科書を参照してください。

年前の 1971 年まで続きました。その年に米ドルは金との交換停止を宣言し（ニクソン・ショック）、その後主要各国は変動相場制へと移行し、米ドルはその通貨価値を大きく下げていくことになりました。それでも、現在もなお国際取引では米ドルが圧倒的に多く使用されています。

しかし、今後もそのような米ドルが支配的地位を占める体制が続くかどうかは予断を許しません。すでにビットコインやリップルなど、暗号資産を使った国際取引が行われるようになってきています。さらに、中国が積極的にCBDC の実験を進めるとともに、すでに日本を含むアジア各国のリテール店舗に端末のネットワークを張り巡らしているアリペイなどへの支配力も高めています。

CBDC と暗号資産は、第二次世界大戦直後のように、再び国際基軸通貨の座をめぐる競争が起きる可能性を、現在もたらしていると言っても過言ではありません。そのようなことが起きる場合、便利さが等しければ、一義的にはそれぞれのカレンシーの信任が問われることになるでしょう。CBDC であれば、その発行国および中央銀行の制度・政策に基づく競争になりえます。暗号資産であれば、取引の認証速度、信頼性など、プログラム全体が問題となります。結局のところ、通貨価値の安定に関する競争となるでしょう。

円に関して言えば、現在のところは国際的な信任の厚い通貨です。その信任のもととなっているのは、過去 30 年ほど続いているゼロ近辺のインフレであると考えられます。さらに、日本には世界一の対外資産があります。しかしながら、対外資産の中心は米ドル資産であり、その意味では米ドルの国際基軸通貨としての地位と一蓮托生でもあります。また、高い国家債務残高やかなり緩めの金融政策が続いていることなど、一般的に通貨価値の安定という観点からは、近年の財政・金融政策がよいものであるとは到底言えません。

近い将来起こりうる国際通貨体制の変動、また、それに伴うであろう金融システム全体の変動にしっかりと対応するためには、日本は（また、日本に限らずどの国でも）まずは財政・金融政策が正常に行われなければなりません。そのうえで、金融システムに関する規制・監督制度を、システムの安定化を保持しつつできる限り自由で開かれたものにしてイノベーションを呼び起し、金融面でのさまざまな摩擦を低下させていくことを目的に、不断の改革を実施していく必要があると言えるでしょう。

参考文献一覧

■ 日本語文献

岩井克人（1993）『貨幣論』筑摩書房。

植田健一（2019a）「政策提言――金融制度の今後のあり方」東京大学政策ビジョン研究センター。

植田健一（2019b）「フィンテックと金融制度」『サービソロジー』6(2): 14-20。

植田健一（2020）「金融のデジタル化と銀行業」『令和元年度金融調査研究会報告書』全国銀行協会金融調査研究会。

植田健一・服部孝洋（2022）『国際金融論概説（仮題）』日本評論社、近刊。

岡崎哲二・奥野正寛編（1993）『現代日本経済システムの源流』日本経済新聞社。

岡崎哲二・奥野正寛・植田和男・石井晋・堀宣昭（2002）『戦後日本の資金配分――産業政策と民間銀行』東京大学出版会。

金融審議会（2018）「金融制度スタディ・グループ中間整理――機能別・横断的な金融規制体系に向けて」金融庁（https://www.fsa.go.jp/singi/singi_kinyu/tosin/20180619.html）。

清水キワ（1972）「頼母子について――その歴史的な経過と現在の状態」『奈良教育大学紀要』21(1): 177-191。

■ 英語文献

Abiad, A. and Mody, A.（2005）"Financial Reform: What Shakes It? What Shapes It?" *American Economic Review*, 95(1): 66-88.

Abiad, A., Oomes, N. and Ueda, K.（2008）"The Quality Effect: Does Financial Liberalization Improve the Allocation of Capital?" *Journal of Development Economics*, 87(2): 270-282.

Abreu, D., Pearce, D. and Stacchetti, E.（1990）"Toward a Theory of Discounted Repeated Games with Imperfect Monitoring," *Econometrica*, 58(5): 1041-1063.

Acemoglu, D.（2009）*Introduction to Modern Economic Growth*, Princeton University Press.

Adrian, T. and Griffoli, T. M.（2019）*The Rise of Digital Money*, IMF FinTech Notes.

Aguiar, M. and Gopinath, G.（2007）"Emerging Market Business Cycles: The Cycle is the Trend," *Journal of Political Economy*, 115(1): 69-102.

Agur, I., Ari, A. and Dell'Ariccia, G.（2019）"Designing Central Bank Digital Currencies," IMF Working Paper, 19/252.

Aiyagari, S. R.（1994）"Uninsured Idiosyncratic Risk and Aggregate Saving," *Quarterly Journal of Economics*, 109(3): 659-684.

Allen, F. and Gale, D.（1999）*Comparing Financial Systems*, MIT Press.

Allen, F. and Gale, D.（2004）"Financial Intermediaries and Markets," *Econometrica*, 72(4): 1023-1061.

Alvarez, F. and Jermann, U. J.（2004）"Using Asset Prices to Measure the Cost of Business Cycles," *Journal of Political Economy*, 112(6): 1223-1256.

Aoyagi, J. and Hattori, T.（2019）"The Empirical Analysis of Bitcoin Market in the General Equilibrium Framework," available at SSRN（http://dx.doi.org/10.2139/ssrn.3433833）.

Arellano, M. and Bond, S.（1991）"Some Tests of Specification for Panel Data: Monte Carlo Evidence and an Application to Employment Equations," *Review of Economic Studies*, 58(2): 277-297.

Arrow, K. and Debreu, G.（1954）"Existence of an Equilibrium for a Competitive Economy," *Econometrica*, 22(3): 265-290.

Atkeson, A. and Lucas, Jr., R. E. (1995) "Efficiency and Equality in a Simple Model of Efficient Unemployment Insurance," *Journal of Economic Theory*, 66(1): 64-88.

Auer, R. and Boehme, R. (2020) "The Technology of Retail Central Bank Digital Currency," *BIS Quarterly Review*, March, 2020.

Bank for International Settlements (2018) "Central Bank Digital Currencies," CPMI, Markets Committee Papers, No.174.

Barontini, C. and Holden, H. (2019) "Proceeding with Caution: A Survey on Central Bank Digital Currency," BIS Papers, No. 101.

Barro, R. J. and Gordon, D. B. (1983) "A Positive Theory of Monetary Policy in a Natural Rate Model," *Journal of Political Economy*, 91(4): 589-610.

Barro, R. J. and Sala-i-Martin, X.- I. (2003) *Economic Growth*, 2nd ed., MIT Press.

Beck, T., Levine, R. and Loayza, N. (2000) "Finance and the Sources of Growth," *Journal of Financial Economics*, 58(1-2): 261-300.

Bernanke, B. and Gertler, M. (1989) "Agency Costs, Net Worth, and Business Fluctuations," *American Economic Review*, 79(1): 14-31.

Bertrand, M., Duflo, E. and Mullainathan, S. (2004) "How Much Should We Trust Differences-In-Differences Estimates?" *Quarterly Journal of Economics*, 119(1): 249-275.

Besley, T., Coate, S. and Loury, G. (1993) "The Economics of Rotating Savings and Credit Associations," *American Economic Review*, 83(4): 792-810.

Bewley, T. (1980) "The Optimum Quantity of Money," in Kareken, J. and Wallace, N. eds., *Models of Monetary Economies*, Federal Reserve Bank of Minneapolis: 169-210.

Bharath, S. T. and Dittmar, A. K. (2010) "Why Do Firms Use Private Equity to Opt Out of Public Markets?" *Review of Financial Studies*, 23 (5): 1771-1818.

Bhattacharya, U., Daouk, H. and Welker, M. (2003) "The World Price of Earnings Opacity," *Accounting Review*, 78(3): 641-678.

Bisin, A. and Gottardi, P. (2006) "Efficient Competitive Equilibria with Adverse Selection," *Journal of Political Economy*, 114(3): 485-516.

Black, S. E. and Strahan, P. E. (2001) "The Division of Spoils: Rent-Sharing and Discrimination in a Regulated Industry," *American Economic Review*, 91(4): 814-831.

Blundell, R. and Bond, S. (1998) "Initial Conditions and Moment Restrictions in Dynamic Panel Data Models," *Journal of Econometrics*, 87(1): 115-143.

Blundell, R. and Preston, I. (1998) "Consumption Inequality and Income Uncertainty," *Quarterly Journal of Economics*, 113(2): 603-640.

Boar, C., Holden, H. and Wadsworth, A. (2020) "Impending Arrival: A Sequel to the Survey on Central Bank Digital Currency," BIS Papers, No. 107.

Brunnermeier, M. K. and Niepelt, D. (2019) "On the Equivalence of Private and Public Money," *Journal of Monetary Economics*, 106: 27-41.

Brunnermeier, M. K. and Sannikov, Y. (2016) "The I Theory of Money," NBER Working Paper, 22533.

Budish, E., Cramton, P. and Shim, J. (2015) "The High-Frequency Trading Arms Race: Frequent Batch Auctions as a Market Design Response," *Quarterly Journal of Economics*, 130(4): 1547-1621.

Bulow, J. and Rogoff, K. (1991) "Sovereign Debt Repurchases: No Cure for Overhang," *Quarterly Journal of Economics*, 106(4): 1219-1235.

Caballero, R. J., Hoshi, T. and Kashyap, A. K. (2008) "Zombie Lending and Depressed Restructuring in Japan," *American Economic Review*, 98(5): 1943-1977.

Calomiris, C. W. and Jaremski, M. S. (2019) "Stealing Deposits: Deposit Insurance, Risk-Taking, and the Removal of Market Discipline in Early 20th-Century Banks," *Journal of Finance*, 74(2): 711-754.

Calomiris, C. W. and Khan, C. M. (1991) "The Role of Demandable Debt in Structuring Optimal Banking Arrangements," *American Economic Review*, 81(3): 497-513.

Chari, V. V. and Kehoe, P. J. (2016) "Bailouts, Time Inconsistency, and Optimal Regulation: A Macroeconomic View," *American Economic Review*, 106(9): 2458-2493.

Chernow, R. (1990) *The House of Morgan: An American Banking Dynasty and the Rise of Modern Finance*, Atlantic Monthly Press. (青木榮一訳『モルガン家——金融帝国の盛衰〔上・下〕』日経ビジネス人文庫、2005 年)

Chiappori, P.-A., Levitt, S. and Groseclose, T. (2002) "Testing Mixed-Strategy Equilibria When Players Are Heterogeneous: The Case of Penalty Kicks in Soccer," *American Economic Review*, 92(4): 1138-1151.

Chiu, J., Jiang, J. H., Davoodalhosseini, S. M. and Zhu, Y. (2019) "Central Bank Digital Currency and Banking," 2019 Meeting Papers 862, Society for Economic Dynamics.

Chwe, M. S. -Y. (1999) "The Reeded Edge and the Phillips Curve: Money Neutrality, Common Knowledge, and Subjective Beliefs," *Journal of Economic Theory*, 87(1): 49-71.

Claessens, S., Kose, A., Laeven, L. and Valencia, F. eds. (2014) *Financial Crises: Causes, Consequences, and Policy Responses*, International Monetary Fund.

Claessens, S. and Ueda, K. (2020) "Basic Employment Protection, Bargaining Power, and Economic Outcomes," *Journal of Law, Finance, and Accounting*, 5(2): 179-229.

Claessens, S., Ueda, K. and Yafeh, Y. (2014) "Institutions and Financial Frictions: Estimating with Structural Restrictions on Firm Value and Investment," *Journal of Development Economics*, 110: 107-122.

Cochrane, J. H. (1991) "A Simple Test of Consumption Insurance," *Journal of Political Economy*, 99(5): 957-976.

Cole, H. L. and Ohanian, L. E. (2004) "New Deal Policies and the Persistence of the Great Depression: A General Equilibrium Analysis," *Journal of Political Economy*, 112(4): 779-816.

de Nicolo, G., Laeven, L. and Ueda, K. (2008) "Corporate Governance Quality: Trends and Real Effects," *Journal of Financial Intermediation*, 17(2): 198-228.

Debreu, G. and Scarf, H. (1963) "A Limit Theorem on the Core of an Economy," *International Economic Review*, 4(3): 235-246.

Dell'Ariccia, G. and Marquez, R. (2006) "Lending Booms and Lending Standards," *Journal of Finance*, 61(5): 2511-2546.

Demirgüç-kunt, A. and Detragiache, E. (2002) "Does Deposit Insurance Increase Banking System Stability? An Empirical Investigation," *Journal of Monetary Economics*, 49(7): 1373-1406.

Devereux, M. B. and Smith, G. W. (1994) "International Risk Sharing and Economic Growth," *International Economic Review*, 35(3): 535-550.

Diamond, D. W. and Dybvig, P. H. (1983) "Bank Runs, Deposit Insurance, and Liquidity," *Journal of Political Economy*, 91(3): 401-419.

Diamond, D. W. and Rajan, R. G. (2001) "Liquidity Risk, Liquidity Creation, and Financial Fragility: A Theory of Banking," *Journal of Political Economy*, 109(2): 287-327.

Diamond, D. W. and Rajan, R. G. (2005) "Liquidity Shortages and Banking Crises," *Journal of Finance*, 60(2): 615-647.

Djankov, S., Hart, O., McLiesh, C. and Shleifer, A. (2008a) "Debt Enforcement Around the World,"

Journal of Political Economy, 116(6): 1105-1150.

Djankov, S., La Porta, R., Lopez-de-Silanes, F. and Shleifer, A. (2008b) "The Law and Economics of Self-Dealing," *Journal of Financial Economics*, 88(3): 430-465.

Dollar, D. (2018) "Is China's Development Finance a Challenge to the International Order?" *Asian Economic Policy Review*, 13(2): 283-298.

Donaldson, J. R., Piacentino, G. and Thakor, A. (2019) "Household Debt Overhang and Unemployment," *Journal of Finance*, 74(3): 1473-1502.

Dovchinsuren, K. (2021) "Understanding Excess Volatility of Consumption in Commodity-Dependent Countries: A Case of Force of the Trend Shocks in Mongolia," Ph.D. Dissertation, the University of Tokyo.

Dubey, P., Geanakoplos, J. and Shubik, M. (2005) "Default and Punishment in General Equilibrium," *Econometrica*, 73(1): 1-37.

Duesenberry, J. S. (1949) *Income, Saving, and the Theory of Consumer Behaviour* (*Economic Studies: No. 87*), Harvard University Press.

Duffie, D. (2019) "Digital Currencies and Fast Payment Systems: Disruption is Coming," for Presentation to the Asian Monetary Policy Forum.

Ellickson, B. (1993) *Competitive Equilibrium: Theory and Applications*, Cambridge University Press.

Fazzari, S., Hubbard, R. G. and Petersen, B. C. (1988) "Financing Constraints and Corporate Investment," *Brookings Papers on Economic Activity*, 19(1): 141-206.

Fernández-Villaverde, J., Sanches, D., Schilling, L. and Uhlig, H. (2021) "Central Bank Digital Currency: Central Banking for All?" *Review of Economic Dynamics*, 41: 225-242.

Figueroa, N. and Leukhina, O. (2015) "Lending Terms and Aggregate Productivity," *Journal of Economic Dynamics and Control*, 59: 1-21.

Financial Stability Board (2020) "Evaluation of the Effects of Too-Big-to-Fail Reforms: Consultation Report," Financial Stability Board.

Frederick, S., Loewenstein, G. and O'Donoghue, T. (2002) "Time Discounting and Time Preference: A Critical Review," *Journal of Economic Literature*, 40(2): 351-401.

Friedman, M. (1957) *A Theory of the Consumption Function*, Princeton University Press.

Friedman, M. (1969) *The Optimum Quantity of Money*, Macmillan.

Friedman, M. and Schwartz, A. J. (1986) "Has Government any Role in Money?" *Journal of Monetary Economics*, 17(1): 37-62.

Fujiki, H. and Mulligan, C. B. (1996) "Production, Financial Sophistication, and the Demand for Money by Households and Firms," *Monetary and Economic Studies*, 14(1): 65-103.

Gao, Y. and Ueda, K. (2022) "Imperfect Information and Costly Screening in Loan Market," mimeo, the Unversity of Tokyo.

Gerschenkron, A. (1962) *Economic Backwardness in Historical Perspective: A Book of Essays*, Harvard University Press.

Gertler, M. and Karadi, P. (2011) "A Model of Unconventional Monetary Policy," *Journal of Monetary Economics*, 58(1): 17-34.

Gertler, M. and Kiyotaki, N. (2010) "Financial Intermediation and Credit Policy in Business Cycle Analysis," Friedman, B. M. and Woodford, M. eds., *Handbook of Monetary Economics*, 3A, Chapter 11, Elsevier: 547-599.

Giné, X. and Townsend, R. M. (2004) "Evaluation of Financial Liberalization: A General Equilibrium Model with Constrained Occupation Choice," *Journal of Development Economics*, 74(2): 269-307.

Gomes, J. F. (2001) "Financing Investment," *American Economic Review*, 91(5): 1263-1285.

Green, E. J. and Lin, P. (2003) "Implementing Efficient Allocations in a Model of Financial Intermediation," *Journal of Economic Theory*, 109(1): 1-23.

Greenwood, J. and Jovanovic, B. (1990) "Financial Development, Growth, and the Distribution of Income," *Journal of Political Economy*, 98(5): 1076-1107.

Griffoli, T. M., Peria, M. S. M., Agur, I., Ari, A., Kiff, J., Popescu, A. and Rochon, C. (2018) "Casting Light on Central Bank Digital Currencies," IMF Staff Discussion Note, No. 18/08.

Grossman, S. J. and Hart, O. D. (1983) "An Analysis of the Principal-Agent Problem," *Econometrica*, 51 (1): 7-45.

Hansen, L. P. (1982) "Large Sample Properties of Generalized Method of Moments Estimators," *Econometrica*, 50(4): 1029-1054.

Hart, O. D. (1995) *Firms, Contracts, and Financial Structure*, Oxford University Press. (鳥居昭夫訳『企業 契約 金融構造』慶應義塾大学出版会、2010 年)

Hart, O. D. and Moore, J. (1994) "A Theory of Debt Based on the Inalienability of Human Capital," *Quarterly Journal of Economics*, 109(4): 841-879.

Hatchondo, J. C., Martinez, L. and Sosa-Padilla, C. (2016) "Debt Dilution and Sovereign Default Risk," *Journal of Political Economy*, 124(5): 1383-1422.

Hayashi, F. (1982) "Tobin's Marginal q and Average q: A Neoclassical Interpretation," *Econometrica*, 50 (1): 213-224.

Hayek, F. A. (1978) *Denationalisation of Money: The Argument Refined*, 2nd ed., Institute of Economic Affairs. (村井章子訳『貨幣発行自由化論——競争通貨の理論と実行に関する分析（改訂版）』日経 BP、2020 年)

Hennessy, C. A. (2004) "Tobin's Q, Debt Overhang, and Investment," *Journal of Finance*, 59(4): 1717-1742.

Holmstrom, B. and Tirole, J. (1998) "Private and Public Supply of Liquidity," *Journal of Political Economy*, 106(1): 1-40.

Hoshi, T., Kawaguchi, D. and Ueda, K. (2022) "Zombies, Again? The COVID-19 Business Support Programs in Japan," *Journal of Banking and Finance*, forthcoming.

Hsieh, C.-T. and Klenow, P. (2009) "Misallocation and Manufacturing TFP in China and India," *Quarterly Journal of Economics*, 124(4): 1403-1448.

Igan, D., Mishra, P. and Tressel, T. (2011) "A Fistfull of Dollars: Lobbying and the Financial Crisis," *NBER Macroeconomic Annual*, 26: 195-230.

International Monetary Fund (2017) "Japan: Financial System Stability Assessment," International Monetary Fund, Country Report 17/244.

Jacewitz, S. and Pogach, J. (2018) "Deposit Rate Advantages at the Largest Banks," *Journal of Financial Services Research*, 53(1): 1-35.

Jacklin, C. J. (1987) "Demand Deposits, Trading Restrictions, and Risk Sharing," Prescott, E. C. and Wallace, N., eds., *Contractual Arrangements for Intertemporal Trade, Minnesota Studies in Macroeconomics*, University of Minnesota Press, 1: 26-47.

Jayaratne, J. and Strahan, P. E. (1996) "The Finance-Growth Nexus: Evidence from Bank Branch Deregulation," *Quarterly Journal of Economics*, 111(3): 639-670.

Jensen, M. C. and Meckling, W. H. (1976) "Theory of the Firm: Managerial Behavior, Agency Costs and Ownership Structure," *Journal of Financial Economics*, 3(4): 305-360.

Jovanovic, B. (2013) "The 2012 Lawrence R. Klein Lecture: Bubbles in Prices of Exhaustible Resources,"

International Economic Review, 54(1): 1-34.

Kaboski, J. P. and Townsend, R. M. (2011) "A Structural Evaluation of a Large-Scale Quasi-Experimental Microfinance Initiative," *Econometrica*, 79(5): 1357-1406.

Kaminsky, G. L., Reinhart, C. and Végh, C. A. (2005) "When It Rains, It Pours: Procyclical Capitial Flows and Macroeconomic Policies," Gertler, M. and Rogoff, K. eds., *NBER Macroeconomics Annual 2004*, 19: 11-53.

Kareken, J. H. and Wallace, N. (1978) "Deposit Insurance and Bank Regulation: A Partial-Equilibrium Exposition," *Journal of Business*, 51(3): 413-438.

Karlan, D. and Morduch, J. (2009) "Access to Finance: Credit Markets, Insurance, and Saving," Rodrik, D. and Rosenzweig, M. eds., *Handbook of Development Economics*, vol. 5, Chapter 71, Elsevier: 4703-4784.

Keister, T. and Sanches, D. R. (2019) "Should Central Banks Issue Digital Currency?" FRB Philadelphia Working Paper, No. 19-26.

Kikuchi, T., Onishi, T. and Ueda, K. (2021) "Price Stability of Cryptocurrencies as a Medium of Exchange," *JPS Conference Proceedings of Blockchain in Kyoto 2021*, forthcoming.

Kilenthong, W. T. and Townsend, R. M. (2014) "Segregated Security Exchanges with Ex Ante Rights to Trade: A Market-Based Solution to Collateral-Constrained Externalities," NBER Working Paper, 20086.

Kilenthong, W. T. and Townsend, R. M. (2021) "A Market-Based Solution for Fire Sales and Other Pecuniary Externalities," *Journal of Political Economy*, 129(4): 981-1010.

King, R. G. and Levine, R. (1993) "Finance and Growth: Schumpeter Might Be Right," *Quarterly Journal of Economics*, 108(3): 717-737.

Kiyotaki, N. and Moore, J. (1997) "Credit Cycles," *Journal of Political Economy*, 105(2): 211-248.

Kiyotaki, N. and Wright, R. (1989) "On Money as a Medium of Exchange," *Journal of Political Economy*, 97(4): 927-954.

Kohara, M., Ohtake, F. and Saito, M. (2002) "A Test of the Full Insurance Hypothesis: The Case of Japan," *Journal of the Japanese and International Economics*, 16(3): 335-352.

Krishnamurthy, A. (2003) "Collateral Constraints and the Amplification Mechanism," *Journal of Economic Theory*, 111(2): 277-292.

Krugman, P. (1988) "Financing vs. Forgiving a Debt Overhang," *Journal of Development Economics*, 29 (3): 253-268.

Kydland, F. and Prescott, E. C. (1977) "Rules Rather than Discretion: The Inconsistency of Optimal Plans," *Journal of Political Economy*, 85(3): 473-491.

La Porta, R., Lopez-de-Silanes, F., Shleifer, A. and Vishny, R. W. (1998) "Law and Finance," *Journal of Political Economy*, 106(6): 1113-1155.

Laeven, L. and Levine, R. (2009) "Bank Governance, Regulation and Risk Taking," *Journal of Financial Economics*, 93(2): 259-275.

Lambert, F. J., Ueda, K., Deb, P., Dale, F. G. and Grippa, P. (2014) "How Big is the Implicit Subsidy for Banks Considered Too Important To Fail?" *Global Financial Stability Report: Moving from Liquidity- to Growth-Driven Markets*, April 2014, Chapter 3, International Monetary Fund.

Lambert, F. J. et al. (2015) "International Banking After the Crisis: Increasingly Local and Safer?" *Global Financial Stability Report*, Chapter 2, International Monetary Fund.

Landier, A. and Ueda, K. (2009) "The Economics of Bank Restructuring: Understanding the Options," IMF Staff Position Note, SPN/09/12, June 5, 2009.

Leuz, C., Nanda, D. and Wysocki, P. (2003) "Earnings Management and Investor Protection: An International Comparison," *Journal of Financial Economics*, 69(3): 505-527.

Li, T., Shin, D. and Wang, B. (2021) "Cryptocurrency Pump-and-Dump Schemes," available at SSRN (http://dx.doi.org/10.2139/ssrn.3267041).

Lloyd-Ellis, H. and Bernhardt, D. (2000) "Enterprise, Inequality and Economic Development," *Review of Economic Studies*, 67(1): 147-168.

Lucas, Jr., R. E. (1987) *Models of Business Cycles*, Basil Blackwell.

Lucas, Jr., R. E. and Stokey, N. L. (1983) "Optimal Fiscal and Monetary Policy in an Economy without Capital," *Journal of Monetary Economics*, 12(1): 55-93.

Mace, B. (1991) "Full Insurance in the Presence of Aggregate Uncertainty," *Journal of Political Economy*, 99(5): 928-956.

Markowitz, H. (1952) "Portfolio Selection," *Journal of Finance*, 7(1): 77-91.

Mas-Colell, A., Whinston, M. D. and Green, J. R. (1995) *Microeconomic Theory*, Oxford University Press.

McDonald, C. A., Schiller, C. and Ueda, K. (1999) "Income Distribution, Informal Safety Nets, and Social Expenditures in Uganda," IMF Working Paper.

Mendoza, E. G. (2010) "Sudden Stops, Financial Crises, and Leverage," *American Economic Review*, 100(5): 1941-1966.

Merton, R. C. (1974) "On the Pricing of Corporate Debt: The Risk Structure of Interest Rates," *Journal of Finance*, 29(2): 449-470.

Morck, R., Yeung, B. and Yu, W. (2000) "The Information Content of Stock Markets: Why Do Emerging Markets Have Synchronous Stock Price Movements?" *Journal of Financial Economics*, 58(1-2): 215-260.

Morris, S. and Shin, H. S. (1997) "Approximate Common Knowledge and Co-ordination: Recent Lessons from Game Theory," *Journal of Logic, Language and Information*, 6(2): 171-190.

Morris, S. and Shin, H. S. (1998) "Unique Equilibrium in a Model of Self-Fulfilling Currency Attacks," *American Economic Review*, 88(3): 587-597.

Myers, S. C (1977) "Determinants of Corporate Borrowing," *Journal of Financial Economics*, 5(2): 147-175.

Nash, Jr., J. F. (1950) "Equilibrium Points in *N*-Person Games," *Proceedings of the National Academiy of Sciences*, 36(1): 48-49.

Negishi, T. (1960) "Welfare Economics and Existence of an Equilibrium for a Competitive Economy," *Metroeconomica*, 12(2-3): 92-97.

Obstfeld, M. (1994) "Risk-Taking, Global Diversification, and Growth," *American Economic Review*, 84(5): 1310-1329.

OECD (2003) *White Paper on Corporate Governance in Asia*, Organisation for Economic Co-operation and Development.

Ogaki, M. and Zhang, Q. (2001) "Decreasing Relative Risk Aversion and Tests of Risk Sharing," *Econometrica*, 69(2): 515-526.

Paulson, A. L., Townsend, R. M. and Karaivanov, A. (2006) "Distinguishing Limited Liability from Moral Hazard in a Model of Entrepreneurship," *Journal of Political Economy*, 114(1): 100-144.

Phelan, C. and Townsend, R. M. (1991) "Computing Multi-Period, Information-Constrained Optima," *Review of Economic Studies*, 58(5): 853-881.

Philippon, T. (2010) "Debt Overhang and Recapitalization in Closed and Open Economies," *IMF Economic Review*, 58(1): 157-178.

Pistolesi, N. (2014) "Income and Consumption Risk: Evidence from France," *Annals of Economics and Statistics*, 113/114: 347-377.

Prasad, E. S., Rogoff, K., Wei, S.-J. and Kose, M. A. (2003) *Effects of Financial Globalization on Developing Countries: Some Empirical Evidence*, IMF Occasional Paper, No.220, International Monetary Fund.

Prescott, E. C. and Shell, K. (2002) "Introduction to Sunspots and Lotteries," *Journal of Economic Theory*, 107(1): 1-10.

Prescott, E. C. and Townsend, R. M. (1984a) "General Competitive Analysis in an Economy with Private Information," *International Economic Review*, 25(1): 1-20.

Prescott, E. C. and Townsend, R. M. (1984b) "Pareto Optima and Competitive Equilibria with Adverse Selection and Moral Hazard," *Econometrica*, 52(1): 21-45.

Rajan, R. G. and Zingales, L. (2003a) *Saving Capitalism from the Capitalists: Unleashing the Power of Financial Markets to Create Wealth and Spread Opportunity*, Crown Business. (堀内昭義他訳『セイヴィングキャピタリズム』慶應義塾大学出版会、2006 年)

Rajan, R. G. and Zingales, L. (2003b) "The Great Reversals: The Politics of Financial Development in the Twentieth Century," *Journal of Financial Economics*, 69(1): 5-50.

Rancière, R., Tornell, A. and Wastermann, F. (2006) "Decomposing the Effects of Financial Liberalization: Crises vs. Growth," *Journal of Banking and Finance*, 30(12): 3331-3348.

Ravallion, M. and Chaudhuri, S. (1997) "Risk and Insurance in Village India: Comment," *Econometrica*, 65(1): 171-184.

Reinhart, C. M. and Rogoff, K. S. (2014) "Financial and Sovereign Debt Crises: Some Lessons Learned and Those Forgotten," in Claessens, S., Kose, A., Laeven, L. and Valencia, F. eds., *Financial Crises: Causes, Consequences, and Policy Responses*, Chapter 3, International Monetary Fund: 141-156.

Rogoff, K. S. (1985) "The Optimal Degree of Commitment to an Intermediate Monetary Target," *Quarterly Journal of Economics*, 100(4): 1169-1189.

Rogoff, K. S. (2015) "Costs and Benefits to Phasing Out Paper Currency," *NBER Macroeconomics Annual 2014*, 29(1): 445-456.

Romer, P. M. (1986) "Increasing Returns and Long-Run Growth," *Journal of Political Economy*, 94(5): 1002-1037.

Rothschild, M. and Stiglitz, J. (1976) "Equilibrium in Competitive Insurance Markets: An Essay on the Economics of Imperfect Information," *Quarterly Journal of Economics*, 90(4): 629-649.

Samuelson, P. A. (1958) "An Exact Consumption-Loan Model of Interest with or without the Social Contrivance of Money," *Journal of Political Economy*, 66(6): 467-482.

Sargent, T. J. (1987) *Dynamic Macroeconomic Theory*, Harvard University Press.

Sidrauski, M. (1967) "Rational Choice and Patterns of Growth in a Monetary Economy," *American Economic Review*, 57 (2): 534-544.

Spamann, H. (2010) "The 'Antidirector Rights Index' Revisited," *Review of Financial Studies*, 23(2): 467-486.

Stahl II, D. O. (1988) "Bertrand Competition for Inputs and Walrasian Outcomes," *American Economic Review*, 78(1): 189-201.

Stokey, N. L. and Lucas, Jr., R. E. with Prescott, E. C. (1989) *Recursive Methods in Economic Dynamics*, Harvard University Press.

Taylor, J. B. (1993) "Discretion versus Policy Rules in Practice," *Carnegie-Rochester Conference Series on Public Policy*, 39(1): 195-214.

Tirole, J. (2006) *The Theory of Corporate Finance*, Princeton University Press.

Townsend, R. M. (1978) "Intermediation with Costly Bilateral Exchange," *Review of Economic Studies*, 45 (3): 417–425.

Townsend, R. M. (1979) "Optimal Contracts and Competitive Markets with Costly State Verification," *Journal of Economic Theory*, 21(2): 265–293.

Townsend, R. M. (1980) "Models of Money with Spatially Separated Agents," in Kareken, J. and Wallace, N. eds., *Models of Monetary Economies*, Federal Reserve Bank of Minneapolis: 265–303.

Townsend, R. M. (1983) "Theories of Intermediated Structures," *Carnegie-Rochester Conference Series on Public Policy*, 18: 221–272.

Townsend, R. M. (1994) "Risk and Insurance in Village India," *Econometrica*, 62(3): 539–591.

Townsend, R. M. (1995) "Financial Systems in Northern Thai Villages," *Quarterly Journal of Economics*, 110(4): 1011–1046.

Townsend, R. M. (2020) *Distributed Ledgers: Design and Regulation of Financial Infrastructure and Payment Systems*, MIT Press.

Townsend, R. M. and Ueda, K. (2006) "Financial Deepening, Inequality, and Growth: A Model-Based Quantitative Evaluation," *Review of Economic Studies*, 73(1): 251–293.

Townsend, R. M. and Ueda, K. (2010) "Welfare Gains from Financial Liberalization," *International Economic Review*, 51(3): 553–597.

Ueda, K. (2013) "Banks as Coordinators of Economic Growth and Stability: Microfoundation for Macroeconomy with Externality," *Journal of Economic Theory*, 148(1): 322–352.

Ueda, K. (2018) "Comment on 'Is China's Development Finance a Challenge to the International Order?'" *Asian Economic Policy Review*, 2018, 13(2): 299–300.

Ueda, K. (2019) "Speedy Bankruptcy Procedures and Bank Bailouts," RIETI Discussion Paper, 19-E-108.

Ueda, K. and Sharma, S. (2020) "Listing Advantages Around the World," *Journal of the Japanese and International Economies*, 58, 101089.

Ueda, K. and Valencia, F. (2014) "Central Bank Independence and Macro-Prudential Regulation," *Economics Letters*, 125(2): 327–330.

Ueda, K. and Valencia, F. (2015) "Corrigendum to 'Central Bank Independence and Macro-Prudential Regulation' [Econom. Lett. 125 (2014) 327–330]," *Economics Letters*, 136: 243–244.

Ueda, K. and Weder di Mauro, B. (2010) "The Value of the Too-Big-to-Fail Subsidy to Financial Institutions," Claessens, S., Keen, M. and Pazarbasioglu, C. eds., *Financial Sector Taxation: The IMF's Report to the G-20 and Background Material*, Chapter 6, International Monetary Fund.

Ueda, K. and Weder di Mauro, B. (2013) "Quantifying Structural Subsidy Values for Systemically Important Financial Institutions," *Journal of Banking and Finance*, 37(10): 3830–3842.

Ueda, K., Ishide, A. and Goto, Y. (2019) "Listing and Financial Constraints," *Japan and the World Economy*, 49: 1–16.

Wheelock, D. C. and Wilson, P. W. (2012) "Do Large Banks Have Lower Costs? New Estimates of Returns to Scale for U.S. Banks," *Journal of Money, Credit and Banking*, 44(1): 171–199.

Woodford, M. (2003) *Interest and Prices: Foundations of a Theory of Monetary Policy*, Princeton University Press.

Yanagawa, N. and Yamaoka, H. (2019) "Digital Innovation, Data Revolution and Central Bank Digital Currency," BOJ Working Paper, No. 19-E-2.

Yanelle, M.-O. (1997) "Banking Competition and Market Efficiency," *Review of Economic Studies*, 64(2): 215–239.

Yanelle, M.-O. (1998) "Can Intermediaries Replace the Walrasian Auctioneer?" Unpublished Manuscript, an earlier version（1996）is DELTA Working Paper, 96-23.

Zeldes, S. P.（1989）"Consumption and Liquidity Constraints: An Empirical Investigation," *Journal of Political Economy*, 97（2）: 305-346.

索　引

事項索引

人名索引

■ 著者紹介

植田 健一（うえだ・けんいち）

東京大学大学院経済学研究科兼公共政策大学院教授。

1991年、東京大学経済学部を卒業後、大蔵省（日本）にて勤務。

2000年、シカゴ大学経済学博士号（Ph.D.）取得後、国際通貨基金（IMF）にてエコノミスト、同シニアエコノミストとして勤務。その間、マサチューセッツ工科大学経済学部CFSPポリシーフェローも務める。

2014年、東京大学大学院経済学研究科兼公共政策大学院准教授に就任し、2021年より現職。2022年度より東京大学金融教育研究センター長。

主著：

「マクロ開発経済学」（『経済セミナー』2022年2・3月号より連載中）、『国際金融論概説（仮題）』（共著、日本評論社、近刊）。その他、国際学術雑誌に多数の論文を発表している。詳細は、著者ホームページ（http://www.e.u-tokyo.ac.jp/fservice/faculty/uedak/uedak-j/uedak01-j.html）を参照。

きんゆう　けいざいがく
金融システムの経済学

2022年3月20日　第1版第1刷発行

著　者　植田健一
発行所　株式会社日本評論社
　　　　〒170-8474　東京都豊島区南大塚3-12-4
　　　　電話　03-3987-8621（販売）　03-3987-8595（編集）
　　　　https://www.nippyo.co.jp/　振替　00100-3-16
印刷所　精文堂印刷株式会社
製本所　井上製本所
装　幀　図工ファイブ